湛庐CHEERS

与最聪明的人共同进化

HERE COMES EVERYBODY

当灯光暗淡之后

ADVICE AND DISSENT

[美] 艾伦 · 布林德（Alan S. Blinder）著　　朱晨路 徐 冰 译

浙江教育出版社 · 杭州

ADVICE AND DISSENT

WHY AMERICA SUFFERS WHEN ECONOMICS AND POLITICS COLLIDE

| 序言 |

当经济学家遇到政界人士

经济学家经常会提出一些可以提高经济政策质量的建议，但大多数通常都会被政界人士拒绝。尽管这样做的结果往往会给经济带来伤害，但出人意料的是，政界人士往往都有充分的理由拒绝这些良好的政策建议。

要解决这一问题，需要经济学家和政界人士共同做出改变。经济学家必须调整他们定义问题、制订政策计划和提出建议的方式。政界人士则需要提高对基本经济学的理解能力，更多地将其作为政策的指引，而不是影响舆论的工具。然而这对双方来说都不是易事，因为经济学家和政界人士思考问题的角度截然不同，双方的思维经常发生冲突。本书将尝试弥合双方的分歧。

在前言中，我们提出了“灯柱理论”：政界人士利用经济学的方式，就像醉汉倚靠着灯柱，不是为了照明，而是为了获得支撑。第 1 章～第 4 章详细阐述了灯柱理论的起源，研究了造成理想经济学和理想政治之间频繁，甚至有时激烈冲突的原因。第 5 章与第 6 章讨论了大部分经济学家，至少是其中支持改革的那部分人，认识到理想经济学是由一种所谓“理智与善良”的思考方式来构造的。这部分内容会改变很多人的固有观念。

无论是左翼还是右翼，像经济学家一样思考问题的政界人士可谓凤毛麟角。然而，做出政策决定的是政界人士，而不是经济学家。第 7 章～第 9 章探讨了政治对经济的主导地位如何在国际贸易、收入不平等和税制改革这三个关键的政策领域发挥作用。本书会阐释在每一个场景下，政治与经济学的冲突是如何导致经济停滞或倒退的，这种影响不是随机的，而是遵循了灯柱理论的逻辑。

好消息出现在最后两章和结语中。在第 10 章与第 11 章中，我寻找补救措施，确切地说是寻求权宜之计，从而促进政界人士和经济学家的相互理解并缓和他们彼此间的冲突。简单总结来说，我们需要把更多的经济学理论融入政治实践中去，并把更多的政治理解融入经济学的运用中去。具体如何操作，详见正文。

本书中提出的观点在我脑海中酝酿了 40 多年。在我漫长的职业生涯里，从开始教本科生经济学，写数以百计的专栏（最近在为《华尔街日报》写专栏），到为很多政界人士和总统竞选提出建议，担任克林顿总统最初的经济顾问委员，再到担任美联储副主席，我一直从不同的视角密切地关注着华盛顿。其间的收获，我将在本书中与大家分享。

本书的部分内容，尤其是第 6 章与第 7 章，是我大约 30 年前出版的《理智与善良》（*Hard Heads, Soft Hearts*）的延伸。在计划写本书的时候，我重读了那本书，书中的道理依旧没有过时。因为《理智与善良》是我到华盛顿之前写的，所以现在有很多新的内容可以补充。在过去的 30 年里，我对经济学的态度几乎没有改变，而对政治的态度却经历了几次转变，最近一次转变主要是因为特朗普。

在提到美国的第45任总统时，我想把我的个人政治观点表达清楚。我一直认为自己在美国政界属于中立偏左。如果还有洛克菲勒式共和党人，那么我可能会是其中之一。但是现在，我是一个彻头彻尾的民主党人。我并不是要在左翼民主党人和右翼共和党人之间画一条无关紧要的线，而是要解释为什么大多数经济学家认为极右翼卑鄙，而极左翼幼稚。

在这里讨论特朗普，主要是因为我希望用新案例来阐明老观点。事实上，这本书在特朗普当选总统之前就开始酝酿并草拟了初稿。书中的核心理念早在特朗普上任之前就已经确定，并将与时俱进。

约吉·贝拉（Yogi Berra）说得对：通过观察可以学到很多。当思考某件事超过40年的时候，你已经积累了很多想法，其中很多连你自己都意识不到，例如：我何时何地第一次冒出了这种想法？我遇到过很多良师益友，包括很多名人，比如我曾为他工作过的克林顿和我曾与他共事过的格林斯潘①，许多政界人士、记者、政治学家、评论家以及经济学家。

本书能够顺利出版，我要感谢亨利·阿伦（Henry Aaron）、本·伯南克（Ben Bernanke）、约瑟夫·布拉西（Joseph Blasi）、巴里·博斯沃思（Barry Bosworth）、加里·伯特利斯（Gary Burtless）、菲利普·弗里德曼（Philip Friedman）、迈克尔·弗罗曼（Michael Froman）、卡罗尔·格雷厄姆（Carol Graham）、布拉德利·哈迪（Bradley Hardy）、约翰·赫达克

① 格林斯潘是美国第13任联邦储备委员会主席，历经6届美国总统，许多人认为他是美国国家经济政策的权威和决定性人物。其传记《格林斯潘传》的中文简体字版已由湛庐引进，浙江人民出版社于2019年1月出版。——编者注

（John Hudak）、约瑟夫·肯尼迪（Joseph Kennedy）、阿伦·克莱因（Aaron Klein）、唐·科恩（Don Kohn）、罗伯特·勒曼（Robert Lerman）、阿维·勒纳（Avi Lerner）、伊弗雷姆·利布塔格（Ephraim Liebtag）、奥弗·马拉默德（Ofer Malamud）、诺曼·奥恩斯坦（Norman Ornstein）、埃斯瓦·普拉萨德（Eswar Prasad）、杰米·拉斯金（Jamie Raskin）、乔纳森·劳赫（Jonathan Rauch）、理查德·里夫斯（Richard Reeves）、艾丽斯·里夫林（Alice Rivlin）、霍华德·罗森（Howard Rosen）、莱斯利·塞缪尔（Leslie Samuels）、伊莎贝尔·索希尔（Isabel Sawhill）、艾伦·施瓦茨（Alan Schwartz）、菲利普·沃勒奇（Philip Wallach）、维恩·韦伯（Vin Weber）、戴维·韦塞尔（David Wessel）和克里夫·温斯顿（Cliff Winston）。感谢上述所有人。若本书存在任何谬误，与上述所有人无关。

其中许多人是我在布鲁金斯学会（Brookings Institution）的同事，书中的大部分内容都是我在2016—2017年休假期间完成的。感谢普林斯顿大学的准假以及格里斯沃尔德经济政策研究中心（Griswold Center for Economic Policy Studies）对我的研究的持续支持。感谢布鲁金斯学会以及学会经济研究主任特德·盖尔（Ted Gayer）为我介绍了一位优秀的研究助理埃里克·凯普克（Eric Koepcke）。如果没有在布鲁金斯学会的那一年，这本书就不会问世。布鲁金斯学会为我提供了静谧舒适的环境，那里还有志趣相投的同事，这是激发我创作灵感的最重要的两个因素。

把初稿整理成书是一个艰苦的过程，感谢约翰·布鲁克曼（John Brockman）、马克斯·布鲁克曼（Max Brockman）和基础读物出版社（Basic Books）的同仁，尤其是编辑总监凯莱赫（T. J. Kelleher）、编辑助理凯莉·纳波利塔诺（Carrie Napolitano）和三重奏书局（Trio Bookworks）的出版编辑科林·特蕾西（Collin Tracy）、排版编辑贝丝·赖特（Beth Wright）。我还要特别感谢布赖恩·迪斯特伯格（Brian Distelberg），他的宝贵建议使我对全书做出了几个重要的调整。在市场推广方面，我要感谢伊莎多拉·约翰逊

(Isadora Johnson)、凯特·霍华德(Kait Howard)和康妮·卡彭(Connie Capone)的贡献。

初稿拟好后，大部分工作都是通过邮件来完成的。感谢普林斯顿大学出色的助理凯瑟琳·赫利(Kathleen Hurley)，她热情高效地完成了许多重要的工作，给予我很大的帮助。

最后，衷心感谢我挚爱的妻子玛德琳·布林德(Madeline Blinder)。50多年来，她源源不断地为我建言献策，尽管我对其中的小部分持保留意见，但她的大部分建议我都有幸采纳。谨以此书献给我挚爱的妻子。

ADVICE
AND DISSENT
WHY AMERICA SUFFERS WHEN
ECONOMICS AND POLITICS COLLIDE

| 前言 |

经济政策的灯柱理论

政界人士利用经济学的方式，就像醉汉倚靠着灯柱，不是为了照明，而是为了获得支撑。

——对安德鲁·兰理论的变形

我可以从一个假象讲起吗？许多人似乎认为经济学家对公共政策有着巨大的影响。毕竟，经济学家经常出现在电视上，在白宫有着自己的经济顾问委员会；他们身兼数职，有时甚至担任内阁职务，主导着美国政府最强大的机构之一——美国联邦储备委员会[①]。所有这些表象似乎都为一种普遍的误解提供着证据，即经济学家在公共政策的决策中即便不是决定性角色也是关键角色。

① 在杰尔姆·鲍威尔（Jerome Powell）之前，追溯到 1970 年的 6 任美国联邦储备委员会（以下简称“美联储”）主席中有 5 位是经济学家，另一位非经济学家在职仅 17 个月。

但这只是个假象。本文的文首隽语更能概括事实：政界人士利用经济学的方式，就像醉汉倚靠着灯柱，不是为了照明，而是为了获得支撑。[1] 以特朗普为例，他于 2016 年当地时间 11 月 9 日当选美国总统，并于 2017 年 1 月 20 日就职。如果他需要的话，其间他有大量的时间找到很多经济顾问，更不用说获得经济建议。然而，特朗普宣布退出《跨太平洋伙伴关系协定》（*Trans-Pacific Partnership Agreement*），向国会提交以激进的议案来取代奥巴马医改计划的预算，这在后来遭到参议院的否决；特朗普还宣布美国退出有关气候变化的《巴黎协定》（*Paris Agreement*），并放松银行监管。这些都发生在他成立经济顾问委员会之前。

“重大”时刻发生在 2017 年 9 月 12 日，凯文·哈塞特（Kevin Hassett）被确定为白宫经济顾问委员会主席。在那之前，一位名叫彼得·纳瓦罗（Peter Navarro）的竞选顾问是特朗普团队唯一的经济学博士。这是谁？你从来没听说过这人？这就是我想说的：但凡特朗普认为经济学家的“照明”功能抑或是“支撑”功能至关重要，他都不会那么做。

作为经济顾问委员会的长期成员，我相信经济学家是经济政策拼图中不可或缺的部分。但这是一个假象，这本书的目的之一就是要打破假象。其实早于特朗普总统几十年的灯柱理论描述的才是事情的本质。诚然在某些时候，经济理论对政策产生了深远甚至决定性的影响，比如 20 世纪七八十年代对卡车和航空运输的放松管制，以及 1986 年的税制改革，但是我们很难找到一个近期的案例。在更多的情况下，政界人士知道自己应该做什么，他们依靠经济学理论（有时甚至是不恰当的经济学理论）来寻求“支撑”。

灯柱理论对政界人士是有好处的。许多政界人士希望经济学家在公开场合支持他们的政策。至少他们认为，这对政策信息的传播有好处，因为这能够给政策镀上一层有学识的外表。特别是在一个几乎没有人相信政界人士的世界里，经济学家可以在政策讨论中加入一些“公正的”甚至是“科学的”声音。

经济学家的这种“支撑”功能甚至有其特有的称谓——“背书”。我曾无数次为民主党充当背书人，他们通常会要求我就自己没有参与制定的政策表示赞同。毕竟，如果你参与制定了一个政策，你又如何为自己背书呢？我如果认同这个政策，通常就会接受这项任务。我如果不认同，便不会接受。许多经济学家也是如此，包括民主党人和共和党人。值得注意的是，背书只是给予“支撑”，起不到“照明”的作用。在经历了 2016 年大选对专家的各种贬低和轻视之后，现在就连经济学对政治的“支撑”作用都遭到了质疑。

灯柱理论对经济学家有好处吗？不太可能。虽然被用作舞台道具通常没有坏处，一些经济学家也喜欢在媒体上抛头露面，但事实上，我们大多数人天生就是杜鲁门曾经看不起的“两面”派（一方面……，另一方面……）。复杂的政策建议很少是完美无瑕或一无是处的。在这个复杂的世界，最纯粹的解决方案几乎不可能存在，即使存在，在政治上也是不可行的。因此，现实世界中的政策建议各式各样，从最具吸引力但有一些缺点的，到最不理想但有一些优点的。选择总体很好但略有瑕疵的政策，比起选择总体很差但稍有亮点的政策来说是一个巨大的进步。

真正的“照明”将呈现全貌，包括每种政策的所有优缺点，但当你作为一个背书人时，政界人士寻求的是“支撑”，而不是“照明”与启发。说出“另一方面”的政策缺点可能会授人以柄，对自己却毫无帮助。这种政治环境给许多学者制造了紧张的情绪，对他们来说，例外、细节和灰色地带在经济领域中司空见惯。所以大部分学者不愿在政治舞台上冒险，那些愿意冒险的人也会小心地扮演背书人的角色。用政治术语来说，他们有言论偏离党派政治主张的风险，而政界人士绝不希望看到这种事情发生。

关于这种风险，我最常举的例子发生在 1982 年：里根政府试图请乔治·斯蒂格勒（George Stigler）出山，这位芝加哥大学杰出的保守派经济学家刚刚获得诺贝尔奖，政府希望他能为供给经济学唱赞歌，支持里根的减税政策。他们一定认为斯蒂格勒是一个非常合适的背书人，因为这位里根的支持者刚刚被奉为经济学界的泰斗。但当斯蒂格勒站在聚光灯下，被问及供给经济学时，这位经济学家竟然说："这不过是个噱头，或者说是个口号。"[2] 唉！这个回答对里根没有任何帮助。我想这应该对斯蒂格勒也没什么好处。果不其然，斯蒂格勒很快就离开了政治舞台，但这并没有损害他在学术界的声望。

灯柱理论会对公众理解经济政策有好处吗？肯定不会。面对一群持对立观点的经济学家，大众很容易感到困惑，认为经济学家也不知道自己在说什么，然后无视他们。在大选辩论中，往往获胜的是最具说服力的候选人，而不是有最佳论点的候选人。在美国，困惑的选民们有时候会为糟糕的政策打开大门。

供给经济学诞生于20世纪70年代并沿袭至今，它给我们提供了一个很好的例子。在里根总统任期的早期，供给经济学有很高的政治地位，但它从未脱离过经济学领域。当时，大概有18 000名美国经济协会的成员会告诉你，里根的减税政策根本不会刺激出足够多的新增经济活动来为减税本身买单。可能只有千分之一的人会告诉你减税政策可以奏效，尽管我并不知道这几个人都是谁。意见"分歧"的存在就意味着，每个电视台为了保持中立都需要安排意见相左的两方经济学家来展开辩论。这并不是真正的学术层面的辩论，而是少数人在鼓吹自己站不住脚的立场。媒体依然会尽职尽责地报道经济学家在这个问题上的不同立场，所以公众总是一头雾水。

目前最重要的问题是：灯柱理论对公共政策有好处吗？答案是否定的，而且风险系数很高。在美国，公共舆论的重要性比大多数人心里认为的更加重要。从某种意义上说，竞选运动永远不会结束。由于国会的投票受主流观点的影响，政界人士经常进行激烈的舆论战，这一过程更像商业广告而不是林肯和道格拉斯之间的辩论——最好的说客笑到了最后。遗憾的是，最好的政策制定者碰巧也是最好的舆论创造者的可能性微乎其微。

这样看来，灯柱理论对政界人士来说似乎是有好处的，但对其他人来说则不然。不过，现在还没到下结论的时候。接下来的章节并不是为了赞美经济学家，我不会建议国家把最重要的政策制定权交给一群拥有经济学博士学位的理论派。除了美联储货币政策等为数不多的例外，由经济学家提供建议、民选政界人士做出决定的分工基本上是正确的。我们称之为民主。

那么问题来了：能否以某种方式来改善现状，即更多地使用经济学来指引政策，尽量少让经济学来为政策背书？如果答案是肯定的，那该如何实现呢？

接下来，我们将开启探寻之旅。第 1 章的主旨是理解政界人士和经济学家之间的文明冲突到底是什么。这一章详细分析了政界人士如何以及为什么寻求支持，而经济学家则用他们的认知作为对政策的“照明”。同样地，冲突也是第 2 章和第 3 章的主题。第 2 章集中讨论了政界人士的超短期时间视野和经济学家的超长期时间视野之间的差异。第 3 章讨论了政界人士和经济学家在信息表达技巧方面的截然不同（剧透：经济学家在这方面表现得相当糟糕）。

在第 4 章中，媒体作为信息中介的作用，重点从利用经济学来获得“支撑”转向利用经济学来获得启示，这种改变对社会更加有用。我们将看到，媒体在影响着每一个人。

第 5 章和第 6 章将更详细地阐述我所说的经济学启示的真正含义。如果政界人士更好地利用经济学，那么经济政策的质量将会如何提高？

接下来的三章讨论案例，将前六章的基本思想和结论应用到当代政策的三个主要问题上：第 7 章将讨论为什么政界人士总是在国际贸易方面产生争端，然而经济学家却意见一致；第 8 章将讨论如果政治上无法避免不平等现象，我们该如何从经济角度来缩小收入差距；第 9 章讨论单纯从政治角度出发而不考虑经济影响的做法会如何搅乱税制改革。

有些问题是要解决的，而有些问题是只能敷衍的，灯柱理论就属于后一类。政治文明和经济文明之间的冲突是如此深刻和多元，没有人可以假装能够解决它，我也不例外。因此，我会在第 10 章和第 11 章讨论如何寻找权宜之计，而不是解决办法。那么，有哪些可行的改变可以使经济建议对政界人士更有用，从而提高经济政策的质量呢?

首先，我们需要理解为什么这些扮演灯柱角色的经济学家更多地用于“支撑”而不是“照明”。

ADVICE
AND DISSENT
WHY AMERICA SUFFERS WHEN
ECONOMICS AND POLITICS COLLIDE

目录

你是否了解政治与经济学间的棘手问题

扫码鉴别正版图书
获取您的专属福利

扫码获取全部测试题及答案，看看你是否了解政治与经济学间的棘手问题

- “要成就任何有意义的作为，都需要非凡的政治能量”——这是美国经济学家、美联储委员会前副主席艾伦·布林德提出的吗？（　）

  A. 是

  B. 否

- 经济学家和政界人士思考问题的角度截然不同，双方的思维经常发生冲突。这是真的吗？（　）

  A. 真

  B. 假

- 政界人士和经济学家，谁更适合向公众传达信息？（　）

  A. 政界人士

  B. 经济学家

扫描左侧二维码查看本书更多测试题

ADVICE AND DISSENT

WHY AMERICA SUFFERS WHEN ECONOMICS AND POLITICS COLLIDE

| 第一部分 |

灯柱理论的起源：政治文明和经济文明之间的冲突

你不应该去看香肠的制作过程，尤其是如果你还打算吃的话。虽然最后的成品或许是美味的，但它的制作过程不宜公布于众。

ADVICE AND DISSENT

WHY AMERICA SUFFERS WHEN ECONOMICS AND POLITICS COLLIDE

第1章

文明的冲突

在许多问题上，美国两党的经济学专家会站在各自对应党派议员的对立面各抒己见。

——阿瑟·奥肯

政界人士和经济学家经常鸡同鸭讲，不仅如此，他们的分歧越来越深。毫不夸张地说，政界人士和经济学家生活在两种截然不同且经常冲突的文明之中。

很久以前，我作为团队新人加入了候任总统比尔·克林顿的新经济团队，进入了一个陌生的领域。1993年1月，我们在小石城（Little Rock）州长官邸的第一次会面令我不知所措。那个冬日，所有人围坐在一张大红木桌子旁，其中包括罗伯特·鲁宾（Robert Rubin）和罗杰·奥尔特曼（Roger Altman）等华尔街巨头，劳埃德·本特森（Lloyd Bentsen）、莱昂·帕内塔（Leon Panetta）和罗恩·布朗（Ron Brown）等经验丰富的政界人士，还有像乔治·斯蒂芬诺普洛斯（George Stephanopoulos）、吉恩·斯珀林（Gene Sperling）和罗伯特·赖克（Robert Reich）这样的竞选人物。除了本特森和布朗已经去世，其他人现在都已经和我成为朋友，但当时他们对我来说大多还是陌生人。对这里规矩的不熟悉让我感到不安，直到后来我才知道其他人也是如此。

另外两名来自学术界的劳拉·泰森（Laura Tyson）和拉里·萨默斯（Larry Summers）也出席了这次会议。我接受了泰森的邀请，加入了经济顾问委员会。该委员会是由三位经济学家组成的一个小组，通常是由大学里的知名教授组成，就所有经济问题为总统提出建议。萨默斯后来任职于财政部。

我搭乘从纽瓦克到孟菲斯的商业航班，很早就到了会场，而大多数人都是坐包机从华盛顿一起过来的。作为简报会里规模最小、权力也最小的组织的二号人物，我深知在所有重要人物到来之前，我不能落座。候任副总统艾伯特·戈尔先走了进来，打了一圈招呼，然后他和候任财政部部长本特森坐在靠近门一侧的桌边。这就意味着总统应该也会坐在那边了吧，于是我小心地挪到另一边。

过了一会儿，摄影师们冲了进来，把戈尔挤到我这边，几乎快把他推到我腿上了。我挪开两把椅子，给本特森和马上要出场的大咖腾出地方。但是，当候任总统克林顿走进房间时，他却没坐过来，而是去了戈尔原先的座位附近，抢椅子游戏又重演了一番。这一天，我学习了关于等级制度的第一课：你坐在哪里取决于你站在哪里。

整整一周后，团队又回到了小石城。这一次，我和其他人一起坐小包机从华盛顿飞来。那些级别最高的人（本特森和鲁宾）坐在舒适的前排；我们则在靠后的长沙发上挤作一团。好笑的是，当天早上的《华尔街日报》的一篇文章正好提到美国《职业安全与健康法案》（*Occupational Safety and Health Act*）里有关过于拥挤的工作场所的新规定。我跟即将上任的劳工部部长莱克开玩笑说，咱们正处于新规定里要求避免的状况。

克林顿迟到了！经过漫长的等待，我们被引进了餐厅，在擦得锃亮的红木桌旁坐下。这里的装饰已经从早期美国风格转变为早期搬家风格，到处是移动纸箱、装在箱子里的镜子等，因为几天后总统一家就要搬去华盛顿了。这一次，克林顿的总统座席标记得非常醒目，所以我径直朝另一端走去。

根据级别，泰森坐在我的左边，离候任总统近一个座位。等候中，我小声和泰森说："我预测在未来所有的经济会议里，来自财政部的人会最多，美国行政管理和预算局（Office of Management and Budget）准备的文件会最多，而我们经济顾问委员会会带来最好的点子。"这听起来有点讽刺意味，但基本属实。

克林顿到了，后面跟着一个勤务员，端着一碗汤。我当时认为，可怜的总统一定是一整天都没吃东西了。后来我才知道，他整天都在吃东西。泰森首先简要地回顾了经济状况和削减联邦预算赤字的基本设想，然后由我详细阐述。

打开幻灯片，我开始根据表格和数字展开阐述。我刚说了三个字，一位年轻的助理就冲了进来，宣布媒体马上要进来拍照，没有记者，只有摄影师。这让我很兴奋，之前听说过很多次这种场面却未曾得见，而我的第一次媒体见面会即将来临！

候任总统意识到我在他的文明中是一个异类，他放下手中的汤碗抬起头，亲切地指导我应当如何拍照："艾伦，你现在不需要讲什么，只需要表现得富有深度即可。"桌旁响起沙哑的笑声。我镇定了一下，回答说："候任总统先生，这个挺有趣的。在我之前的工作中，我不需要表现得怎样，只需要讲出深度。"这引发了更多笑声。

两秒钟后，我们就被一群摄影师包围了，闪光灯此起彼伏。我对自己说：艾伦，这是一个新世界。

政治世界的三位一体：政治、话术和程序

是的，对于没有亲历的人，政治世界看起来混乱不堪。起初，我认为它完全没有逻辑可言。但如果稍加留意，你就会发现其中潜在的逻辑，就像我在克林顿时期的白宫、在美联储任职期间以及随后参与的几次总统竞选活动期间学到的那样。这不是你在学校学到的并运用在经济学中的亚里士多德逻辑，这是政治逻辑。

在进一步讨论之前，我要先澄清一下：这本书不是想啰唆地抱怨那些政界人士愚昧的思考方式，并企图纠正他们。坦白地讲，稍微有一点，但这不是核心，因为事实上，政界人士不能也不应该用亚里士多德逻辑去思考。政府高层那些有头有脸的人物，必须切实具有不同于商界或学术界成功人士的性格、才能和不足。他们的工作与其他职业的完全不同，他们完全遵从达尔文的适者生存法则。他们面临着截然不同的激励方式，更重要的是完全不同的游戏规则和目标。政府高官，尤其是民选官员，不会像企业高管或教授那样思考或行事，他们也不应该那样。特朗普在任期前期就印证了这一点。

在学校里，政策讨论总是以案例的是非曲直开始并止步于此的。普世的原则，尤其是占据道德制高点的原则是在讨论中优先考虑的，而那些乏味的实施细节通常会被略去。这个政策的目的是什么？目标恰当吗？各种选择的利弊和可能的副作用是什么？哪些政策最有可能成功？哪些与其他政策和原则最一致？这些问题都是完全合理的，也是不可或缺的。忽视它们所制定出的政策往往会导致灾难。

政府内部的政策讨论方式基本上也是从案例的实质出发的，但是与学校里的讨论方式不同，它们不会到此为止。最受重视的是政治、话术和程序这三个方面，其重要性有时达到看似荒谬的程度，甚至超过对实质的关注，我称之为三位一体。要想解决这个问题，我们先要了解这里的三位一体具体代表什么。

首先，政治指的是政治考量，主要是那些显而易见的烦心事，比如：这项政策举措是否与总统在竞选时的承诺一致？（据我所知，这个问题对大多数政界人士来说非常重要，与大众观点相反，他们希望信守诺言，即使他们的内心更希望食言而肥。）国会里哪些人会支持我们，哪些人会站在另一边？还有那些利益集团，尤其是那些可以影响大量选民或拥有巨额资金来购买广告位的利益集团会支持哪边？我们是否会为了赢得这场竞选花费掉太多宝贵的政治资本？更糟糕的是，我们会输掉竞选吗？当选总统的政治成本和政治收益是什么？一群所谓的政治“专家”专门处理这些不那么崇高，有时甚至是非常现实的却不得不面对的问题。

尽管经济学家不像记者和政治学家那样总讨论政治问题，但他们也知道政治考量对于政界人士来说有多么重要。在学术领域，经济学家从来不需要对选民负责，政治考量很少被认为是问题的核心，问题的实质才是最重要的。

如果你在白宫或国会大厦工作的话，情况就会大不相同。在那里，政治的紧迫性从来都是工作的核心。我们应该感到悲哀还是报以不屑呢？经济学家和其他技术官僚往往同时持有这两种态度。一个国家还能在什么地方解决政治分歧，并调和不同的声音呢？华盛顿的决定是讲政治的，也应该是讲政治的。关键的问题是，他们不能仅仅只讲政治，而排除其他一切因素。

其次，话术指的是销售术语和游说手段。不管你喜不喜欢，公共政策必须在我们受到严重制衡的政府体系中被大力推广。如果政策不像智能手机或啤酒那样被商品化推广，那么它们将不为人所知。詹姆斯·麦迪逊（James

Madison）和他的同僚们在 1787 年就意识到了这一点，当时他们创造了一个宪法制度，有意或无意地使得任何事情都难以完成。我称之为“麦迪逊诅咒”。

要推动一项政策提议通过美国政府这个复杂的迷宫，你必须首先让政界人士相信你可以赢得内部支持，然后还得去说服选民，获得外部支持，但实际上顺序反过来可能效果更好。因此，美国的政策制定者们总是全神贯注于这样的宇宙哲学问题：我们要表达的是什么？它将如何在皮奥里亚市（Peoria）发挥作用？我们在哪些地方容易受到新闻报道的攻击？因为反对意见会一直存在，我们如何应对反对意见？虽然麦迪逊很聪明，但我怀疑他是否把这些都考虑进去了。英国的乔治国王并不担心话术，现代的政府也无须担心。即使在议会制民主国家，如果首相所在的政党在议会里占据绝大多数席位，游说也不那么重要了。

话术在学术界不受重视，甚至被嘲笑。教授们经常讨论一项政策建议是否对美国有益，但很少考虑美国人对它的感受。当对话术发表评论时，经济学家往往流露出惊人的不屑。在大多数情况下，他们的评论还算克制。但在一个充满活力的民主国家，话术是至关重要的，这是政界人士与选民沟通的一个重要桥梁。本书后面有一整章都是关于话术与游说的。

最后，程序指的是一些不起眼的问题：我们如何达成共识并做出这个决定？无论是字面意义还是象征意义，谁应该坐在谈判桌前？哪些政府机构和机构内的哪些人应该负责哪项具体的任务？什么是合适的时间表？如何找到正确的立法语言和立法机构？数不清的繁杂工作，做到面面俱到简直会让人筋疲力尽，例如预算、政治、立法和人事等诸多方面的事情似乎没有尽头。但是毫无疑问，程序很重要，因为不同的程序会导致不同的结果。这是学院派经济学家和公众很少考虑的另一个主题。你如果不嫌惹人烦，那就开始讨论政府的组织结构或立法语言的细节吧（别担心，这本书不谈这些）!

这个不神圣的三位一体中的三个要素——政治、话术和程序密不可分。其中每一个都和政策的实质紧密相关，比如关于程序的讨论不可避免地涉及话术、政治考量和政策的实质。政治考量包括恰当的程序、一致的话术以及问题的实质。信息的表述在构思时既考虑了政策的实质，也顾及了政治考量。例如，政界人士经常把国际贸易协定当作就业机会的创造者来游说，这充其量只说对了一半，因为在《北美自由贸易协议》（*North American Free Trade Agreement*）通过后和 2016 年美国大选之后，这一说法让自由贸易的支持者们感到困扰。真实的情况是，贸易确实创造了一些高薪工作，但它也毁掉了其他一些低薪工作。谁会愿意讲这么复杂的故事呢？换个片面的错误说法就简单很多：贸易要么创造了数百万就业岗位，要么毁掉了数百万就业岗位。

由于制定政策的所有政治、话术、程序和实质交织在一起，其整体效果就像快进的马克斯兄弟[①]（Marx Brothers）主演的电影。其中的关键是，要让哈勃处于足够的控制之下，这样泽伯才不会完全迷失在滑稽的动作中。

1993 年，在克林顿任职仅几周后，我对新生活有了一个恰当的比喻。每个人都知道这句格言：你不应该去看香肠的制作过程，尤其是如果你还打算吃的话。虽然最后的成品或许是美味的，但它的制作过程不宜公布于众。我很快意识到，我们这些克林顿手下的新人，都像是处于制作香肠的过程中，混乱不堪又见不得光。

① 马克斯兄弟是知名的喜剧演员组合，共有五人，年龄从大到小分别是奇科・马克斯（Chico Marx）、哈勃・马克斯（Harpo Marx）、格鲁乔・马克斯（Groucho Marx）、古莫・马克斯（Gummo Marx）和泽伯・马克斯（Zeppo Marx）。——编者注

经济政策失败的三大根源

当进入华盛顿工作，观察华盛顿的政治体制时，我意识到经济政策的混乱是由许多因素共同造成的，主要有三个根源：对基础经济学的无知、意识形态和利益集团。

经济学在传统上分为两个分支：第一个是宏观经济学，主要研究国民经济、繁荣与萧条、通货膨胀与通货紧缩；第二个是微观经济学，主要研究社会应投入多少资源用于制作电子游戏，而不是种植西红柿之类的资源配置问题，以及谁应当得到多少的收入分配问题。而经济政策的三个失败根源在不同领域有着不同的体现。

把经济学当作灵丹妙药的做法困扰着宏观经济政策，主要原因在于政策制定者对基础经济学知识的浅薄理解与极端的意识形态。经济学家之间的分歧也会助长这种风气，他们通常也不确定正确答案是什么。在宏观经济学中，利益集团的角色一直都很重要，但当宏观政策走错了方向，对经济学的无知和意识形态通常是罪魁祸首。

与宏观政策形成鲜明对比的是，当微观经济问题上的诸如贸易协定或税收法案的“细节”等好的建议没能通过时，利益集团通常会起决定性作用。可以肯定的是，对经济学的无知和极端的意识形态令问题更加混乱，让民众更加迷茫。如果政界人士意识到追求稳健的经济政策会让自己失去选票，他们就会站在激进的一边。因此，原则总是让位于资本。

让我们依次讨论这三大失败根源，第一个根源是大众认为最容易解决的：对基础经济学的无知。

像销售商品一样，政治主见可以是短小精悍的口号，短到可以印到 T 恤或棒球帽上，例如“让美国再次强大”。毕竟政界人士是在和智能手机以及能收看 500 个频道的有线电视争抢人们短暂的注意力。

全面而缜密的政治主见往往是枯燥而冗长的，但是当那些在推特和短视频中长大的选民开始投票时，你就得想一个宣传自己政治主张的新招。纽特·金里奇（Newt Gingrich），可能是你至今发现的最精明的政界人士，他几十年前就建议他的众议院同僚们“练习把任何大道理在 40 秒内于镜头前讲完”。[1] 那是 1986 年。如今，这个长度应该缩短至“10 秒或 140 个字”。在这样的政治口号中，准确性并不重要，缜密也不再重要。

这样的例子比比皆是。例如，贸易保护主义者坚称，限制贸易的举措“拯救了美国人的就业”。谁不希望把美国的就业机会从“不公平”的国际竞争中挽救回来呢？但是冷静地分析一下，现实远没有这么简单，通过限制进口来挽救一些工作的代价往往是牺牲其他一些工作，这将在本书后面章节展开讨论。然而，支持这个结论的论据却很微妙，而且多少有些复杂，它们甚至还涉及令人头大的汇率问题。此外，还涉及诸多限制条件。自由贸易并不总是最好的政策，只是通常如此，就像每个务实的经济学家都会从两个方面来讨论问题一样（对不起，杜鲁门）。只是在政治层面，微妙是一个巨大的劣势。

另一个例子是：虽然事实已经证明了经济学家的主张，但一些环保主义者仍然对通过碳排放税或碳排放权交易体系来发放“污染许可证”的做法感到恐惧。仔细想想，那些听起来糟糕的污染许可证，其实是社会以更低的成本和更少的工业监管来保护空气和水质的一种极好的方式。听起来不是挺好的吗？在得出结论之前，你需要对意识形态做个梳理。即便如此，以市场为导向的政策相对于直接管控的优越性并非一直存在，因为例外在所难免。例如在重度雾霾或化学品泄漏威胁生命时，你不会寄希望于只依赖污染税去管理。

其他情况也是如此。供给学派的支持者吹捧里根或特朗普的减税措施实际上会增加税收，这实在好笑，因为你实在没办法通过减法来得到加法的结果。毋庸置疑，供给学派的支持者指出的高税率会对税收产生抑制作用。鹰派货币政策人士对于美联储2009年至2014年增发大量货币会立即带来通胀的顾虑也实属夸张，至今我们仍未等到这令人担忧的时刻。没有哪个经济学家会质疑货币与物价之间存在长期关系。削减国家债务对于长期增长计划的必要性是切实存在的，但你会指望你最喜欢的电视主持人在20秒内解释清楚这些问题吗？

当经济学家们意见不一致时，从大众媒体或社交媒体上基本得不到帮助的公众便很难区分可靠的经济建议和骗人的鬼话。政界人士趁机将后者伪装成前者，来达到他们的目的。此时，大众又有什么办法呢？有几个经济学家会跳出来反对呢？这在很大程度上解释了缺乏经济学家支持的不切实际的政策方案有时会大获全胜。

导致这些问题的原因是什么？经济学家认为，知识是无知的死敌。从长远来看，通过艰苦的研究获得的更深入、更可靠、更量化的经济学知识将有助于经济学家达成更广泛的共识，从而形成更好的经济政策，至少我们希望如此。然而，这一过程极其缓慢，而且从本质上充满了不确定性。但若是无知导致了糟糕的政策，性质就完全不同了。关键问题不在于经济学家知道得太少，尽管这可能是事实，更确切地说，是社会没有很好地利用经济学家所掌握的知识，而且政界人士经常习惯性地忽视他们。由于立场不同，经济学家的建议难以被政界人士采纳。

若要影响公共政策讨论，我们必须让民众获取、理解和相信那些经济学知识，哪怕只是弄清基本事实。这也是我写这本书的初衷。然而，与我在做相同事情的人并不多，而且经济学家的著作只能触及一小部分选民。这少量的读者很难和每天被铺天盖地的新闻、博客、微博和帖子影响着的庞大受众相提并论。真正需要做的是，铲除像花园里的杂草一样扎根在大众舆论中的错误观念。如今，由于对经济学常识的普遍缺乏，选民很容易为利己的演讲家所游说。

我们应当如何来改善这个问题？因为公民个体几乎没有动力去自学经济学，所以更高水平的经济新闻报道，尤其是电视报道，对于提高公民个体的经济学知识会有所帮助。学校里更多更好的经济学课程也会大有帮助，我所说的学校不仅包括大学，还包括高中和初中。由于精通经济学的记者和教师严重短缺，这些艰巨的目标很难在短期内实现。

与此同时，一位美国总统在一个任期内可以为提高全民经济素养方面所做的效果，有时可能比一群经济学家一辈子所能做的效果还要惊人。例如，肯尼迪总统将财政政策从困境中解放出来，使得经济蓬勃发展。感谢福特总统和卡特总统，尤其是卡特总统对民众的宣传，他们解除了对航空运输和卡车运输的管制，让经济学家的梦想变成了现实。对不公平且极其复杂的税收系统的批评已是司空见惯，但当它从里根总统嘴里说出来时，声音显得格外洪亮。克林顿总统被奥巴马总统称为“宣传部部长”。这些总统都对社会做出了一定的贡献。

遗憾的是，这个国家的头号讲坛也不总能带来正面的启示，例如：约翰逊总统坚持认为，美国可以在不加剧通胀的情况下同时兼顾国防和民生；里根总统向美国人保证，即使税率下降、国防开支增加，供给学派创造的奇迹也会保持预算平衡；克林顿总统把《北美自由贸易协议》说成是大量就业机会的创造者，这虽是一项好政策，但并非好论点。每一次这样的事件都会阻碍民众经济知识的进步。

特朗普总统把这个问题又升级了好几层，他不仅否认了基本经济理论（比如国际贸易会带来好处），还经常提出有悖于常理的主张（例如他的“了不起的”医保计划要用更低的成本覆盖每一个人，但如何实现呢），甚至违背基本事实，还要去声称所谓的“另类事实”。

对比结果异常鲜明：开明且富有领袖精神的总统在一定程度上依靠长期树立的形象，确实可以引导出更好的经济政策；相应的坏消息是，总统也可以在他们的横幅上写上简单教条的口号，结果可想而知。因此，通往更好政策的道路说起来容易做起来难。我们真的需要一位好总统。

导致经济政策失败的原因还有意识形态，它是稳健经济政策的劲敌。需要明确的是，我不认为经济决策中应该排除哲学考虑和道德价值观，因为许多深刻的经济问题都涉及道德问题，比如减少不平等现象和保护地球免受气候变化的恶劣影响。遗憾的是，意识形态就像神话，相信的人会毫不犹豫地相信。

反对自由市场的左翼人士认为贸易自由是愚蠢的，废除《格拉斯－斯蒂格尔法案》（*Glass-Steagall Act*）导致了金融危机，而且市场化的环境保护措施理应予以废除，所以他们坚决拥护施加各项政府管制。右翼人士则认为，降低富人的税率将加速经济增长，针对企业的税收优惠将刺激生产，金融市场的效率将令人震惊，所以他们坚决拥护累退税制①。

但是僵化的意识形态并不基于逻辑和事实，尤其是当有效但错位的意识形态更关注手段而非目的时，合理的经济政策将难以形成。实用主义者并不关心一项政策是通过贴上“支持市场”还是“反对市场”的标签来发挥作用的，他们更关心政策是否有效，尤其是它的经济效益是否大于成本支出。

好的经济政策可以利用市场机制的优点（比如保持贸易自由和减少税收漏洞），弥补市场机制的不足（比如限制污染和打击垄断），纠正市场机制的问题（比如对收入的公平分配和对银行体系的安全保障）。这种折中主义要求将事实和逻辑置于虚构和意识形态之上，以结果为导向。遗憾的是，太多的人通过扭曲的意识形态来看待世界，用没有逻辑的语言甚至“另类事实”来代替理

① 累退税制是指纳税主体的纳税额随税基的增加而降低的一种税制。——编者注

性的思辨。

意识形态不会轻易消逝。纵览全球历史，意识形态对逻辑和事实有着强大抵抗力，尤其是当它被用作某个特殊利益集团的障眼法时。正如厄普顿·辛克莱（Upton Sinclair）所讽刺的那样："如果一个人的薪水不足以刺激他去理解某事，那么想让他理解这件事是相当困难的。"[2]

幸运的是，意识形态并不总和经济学作对。有时纯粹是运气使然，意识形态会向着建设性的方向前进。多年来，美国人所谓的对自由贸易的大力支持，其实是对所有特殊贸易保护诉求的有力制衡。几十年来，美国几乎一直走在自由贸易的前沿，尽管这种情况最近有所改变。同样地，美国人对自由市场的认同限制了租金管制的蔓延，尽管各地的租户数量远远超过房东数量。

在其他一些情况下，良好的经济政策通过利用意识形态的吸引力来获得支持。解除对卡车运输和航空运输的管制之所以受到欢迎，部分原因是这项措施既吸引了支持消费者的左翼的同情，也获得了崇尚自由市场的右翼的认可。在通货膨胀率居高不下的时候，它还被当作反通货膨胀的工具使用，尽管这具有误导性。

上述事件是偶然的，而非系统性的。当推行良好的经济政策时，功劳几乎总是归于那些精明的政界人士，他们在正确的时机抛出了正确的话题，并知道如何营销它。这里存在利好的一面，但我们不能指望它们经常发生。一般规律是，良好的经济政策在务实的氛围中可以蓬勃发展，在扭曲的意识形态的压力下会萎靡不振。但我没有冷却狂热的意识形态的良方，而政界人士往往通过煽动意识形态之火而一举成名。

还有一个严重影响经济政策质量的根源是利益集团，主要是因为经济学家和政界人士思考问题的出发点不同。不考虑政治因素的话，经济学的量化既简单又直接。例如，如果一项政策提议会让 1 000 万人每人损失 2 美元，而另外 10 人每人可获得 100 万美元，那么很容易算出来全国累计净损失是 1 000 万美元。经济学家必然不会支持这个提议。我们却很难证明这样的想法全然不对，因为可能会有一些理由来支持这 10 个赢家而不是那 1 000 万个输家。尽管如此，经济学家还是会本能地质疑这种说法。如果反复采取这样的负和政策，那么社会最终会变得更穷。

然而，只有单纯的经济学家才会因为简单的算术问题而烦恼。相反，政界人士掌握着政治命脉，可以接收到完全不同的信号。毕竟，谁会真的在乎区区 2 美元的损失呢？政界人士明白，相比于 1 000 万个默默无闻的美国百姓，10 个有头有脸的大人物对国家的影响力要大得多。另外，其中一些人可能会给政客们带来大笔竞选资金。由于很少有政界人士为广大群众的利益站台，所以大多数的政治层面利好政策会给经济层面带来负面影响。

这个例子可能看起来有些牵强，但它实际上反映了一个根深蒂固的普遍问题：政界人士和经济学家的行事逻辑经常指向相反的方向。保护主义和税收漏洞对政治的强大诱惑力都存在以下道理：它们的好处是集中的、引人注目的、容易看见的，而代价是分散的、微妙的、几乎看不见的，像小雨一样落在选民身上，不易被察觉。

政治思维和经济思维之间的冲突在很大程度上解释了经济思维很少在国会或州立法机构中流行的原因。为了大多数人的利益而造成少数人损失的政策，虽然会引来经济学家的拍手叫好，但政界人士不可能附议。在一个民主国家，这些政策意见经常不被采纳。

部分原因归结于政界人士的视野短浅狭隘。正如里根的第一任预算主管、前国会议员戴维·斯托克曼（David Stockman）多年前所说：“政界人士很少向前看或环顾四周。两年的时间长度和一个国会选区的范围就是他们全部的视野了。”[3]

我们再谈一下贸易自由和贸易保护之间的选择。纺织品配额或许对南卡罗来纳州的纺织工人有利，却损害了其他各州消费者的利益；日本进口汽车配额对密歇根州有利，但是伤害了其他 49 个州中的大多数；对钢铁工业的保护虽然帮助了俄亥俄州，但是那些购买钢铁而不生产钢铁的州要付出更高的成本。这样的例子不胜枚举。所以南卡罗来纳州的代表提出要纺织品配额，密歇根州的代表提出要汽车配额，俄亥俄州的代表提出要限制钢铁进口。很快，所有的州都争相效仿，政府逐个妥协。一切都显得很民主。

由于没有人对美国的整体经济福祉给予足够的关注，事情照这样发展下去就会失控。人们仿佛意识不到：在答应了一个州的请求后，你就很难不妥协于下一个州。但若把国家利益放在第一位考虑，我们就会发现，所有的保护主义措施加在一起，会给整个国家造成巨大的损失。尽管南卡罗来纳州的人们从纺织配额中获得了就业和利润，但当为汽车、钢铁产品等花更多钱时，他们才会意识到算总账无疑是亏了。

既然对纺织业的保护符合南卡罗来纳州的自身利益，那它就也符合其选出的国会代表的利益。同样地，任何一个州都可以为自己州的主导产业谋求保护，让其他州来买单。每个州自谋生路，反正事不关己，高高挂起。

如果每个州和地区都实施保护主义，那么整个国家的损失可想而知。但如果你尝试过向一位来自主要产业受到进口威胁的地区的议员阐述这个道理的话，那么你会非常同意众议院前议长蒂普·奥尼尔（Tip O'Neill，马萨诸塞州民主党议员）的著名观点：所有政治都是地方性的。

这是一种同舟共济民族感的缺失。可以想象，当南卡罗来纳州、密歇根州或俄亥俄州以牺牲邻州为代价而获利时，它们对美国整体经济而言没有任何好处。一个小家庭往往都可以抵挡以牺牲邻居代价来获得自己利益的诱惑，因为他们期望邻居也会给予他们同样的尊重，但国会议员却做不到，他们认为这会害他们丢掉选票。我们经常看到在外交或国防问题上符合国家利益的合作，有时甚至是两党合作，此时地方利益远没有那么重要。当然也有例外，比如军事基地的选址。但当政策涉及地方经济利益时，国会议员很少会站在国家立场。爱国主义经不起金钱的诱惑。

新泽西州、堪萨斯州或俄勒冈州的选民选出了自己的参议员。纽约第四区、加利福尼亚州（以下简称“加州”）第二十八区或得克萨斯州第十二区的选民有自己的众议员。当选的代表维护选民的权利无可厚非。无论他们是无私地为了选民，抑或是自私地为了自己连任，都是可以理解的。不管是哪一种情况，选区的代表都会本能地倾向于选区的利益，而非国家利益。你如果质疑这一点，就想想为什么美国海军会在印第安纳州和田纳西州设有军事设施吧。所以问题的重点不在于我们没有把优秀的人选出来（远不止这么简单），而在于地方性的政治体系。

然而，特殊的利益集团并不总能如愿以偿：贸易保护的请求并不总会得到满足，某些税收漏洞还是会被堵上，工业污染者还是要面对严厉的环境法规。在《多德－弗兰克华尔街改革和消费者保护法》（*Dodd-Frank Wall Street Reform and Consumer Protection Act*，以下简称《多德－弗兰克法案》）提高监管门槛之前，银行家就已经受到了严格的监管。要理解为什么多数人的利益有时会受到重视和保护，我们需要看看美国的政治体系中那些被全国民众选举出来的代表，排在第一位的就是总统。

总统的政治视角与国会议员完全不同，只有总统是由全体美国人民选举出来并应对全体美国人民负责的人。即使只考虑狭隘的政治利益，总统也应意识到在不同地区之间顾此失彼的政策终究是行不通的。有更高追求的总统应当心怀为国家服务的愿望，承担促进公众福利的宪法义务，重视历史的客观评判。

总统与国会在经济政策上的制度差异比在外交政策上更为明显，因为不同州和地区在外交政策上的利益相差无几，而经济利益有时却有着天壤之别。有人曾经开参议员的玩笑，说他们分别是钢铁参议员、化工参议员、农业参议员等。这种绰号并非毫无道理，但几乎不会有人这样形容总统，因为总统理应有更广阔的视野。

原则上，总统并不是唯一一个代表全国选民的政治角色。两大主要政党的领导人为了生存也会考虑大多数选民的意愿，尽管根据选区的划分会略有调整。因此，被广泛讨论的领导人权力的下降，以及相应的国会话语权的上升，可能对国家整体的经济政策没有什么好处。同样地，国会委员们肩负的责任要求他们对国家有一个更全面的认识，他们有时表现得不错，但近几十年来，他们的权力确实削弱了。联邦法院也应服务于广泛的国家利益，而不仅仅是伊利诺伊州、肯塔基州或佛罗里达州的地方利益。我们知道，美国人引以为傲的政府机构的制衡体系能够防止优待特定的行业或特定的地区，平衡了公共利益和利益集团。在这一方面，麦迪逊总统的做法堪称完美。

结论并不出人意料，那些着眼于国家利益最大化的政治领袖会成就更好的政策。领袖的政治家风范滋养了公民的公益精神，而这种精神对于一个民主国家能否制定出健全的经济政策至关重要，指引我们走向更美好的未来。我们每个人都需要更广阔的视野来看待问题。

但别理解错了，我并不是说美国多元的政治体系精确地平衡了特殊利益与公共利益。相反，利益集团在政界人士的帮助下过得太滋润了。虽然有的政治家具有崇高的风度和公益精神，但也不乏一些政界人士心胸狭窄只想着政治分肥，只不过有一些彼此制衡的力量使这个体系不至于分崩离析。

我们真的可以削弱利益集团的力量吗？也许吧。毕竟争取特殊利益的代表也并不总能成功，但所有可能的失败都来自政治因素，而不是经济原因。经济学家本能地拥护广大的公共利益，反对特殊利益团体，这实际上是一种条件反射。举例来说，广泛的贸易协定之类的政策承诺的好处是分散的、公众不易感知的，而对受影响行业施加的成本是集中的、容易察觉的，我们依然会认为这是一项好的政策，即便它在政治上是失败的。

政界人士看问题的角度不同。所有政见自然都会被描绘成符合国家利益的表达，但是如果不从选民的角度出发，政界人士的政治生涯也不会长久，所以他们还是会把所在州或选区的利益放在第一位。与经济学家和其他技术专家不同，成功的政界人士永远不会忘记是谁选他们到华盛顿的。

具有讽刺意味的是，政界人士和经济学家都明白政治世界里成本与收益的关系：以牺牲大多数人每人少量的利益来换取少数人明显可观的利益，比如特殊的税收优惠，往往可以赢得更多的选票。那些为广大百姓谋福利的行为，比如自由贸易协定，若是伤害了利益集团，其政治生涯也就到了尽头。

政界人士和经济学家在这一观察结果的政策含义上存在着严重分歧。除非经济学家受雇于特殊利益集团，否则他们总是原则性地反对利益集团。毕竟，既然你不参加选举，为什么不做一个高尚的人呢？经常参与选举的政界人士，自然不希望自我牺牲，而是更加注意自我保护。正如我前面所说，他们来自不同的文明。

游戏的本质：政治智慧与非凡的毅力

良好的经济和良好的政治之间有着本质的差异，这使得在华盛顿工作的经济顾问常有挫败感。并不是说这些经济学家对政策的观点是错误的，我相信在很大程度上他们是正确的。政界人士的目光实在太短浅了，因为公众最终会承担政策实施的后果，所以政策的实际价值将比用于游说的口号重要得多。奥巴马的医改计划便是典型的案例之一。广泛的公共利益比狭隘的特殊群体利益更重要。作为政策制定的依据，证据通常会战胜直觉。话虽说得轻巧，但是变幻莫测的政治世界往往不这么简单。

在这个复杂的社会里，恰当地考虑各种相关因素并制定出明智的社会政策是非常具有挑战性的。很少有政策分析师能完成好这项工作，更不要说处理好那些“细节”，比如政治上的投票交易、疯狂的决策速度、富有感染力的说辞、与不合作的国会斗智斗勇等。这些都是相当棘手的问题，解决它们需要非凡的毅力和政治智慧。

这就是游戏的本质。这些看似无关的政治考量却并非无关紧要，因为在民主国家，几乎每一个重大的政策决定都是而且必须是立在民主政治这块基石之上的。这就意味着这些政策是由民众来决定的，而不是由技术官僚来决定的。民选官员肯定比技术官僚更能认同和接受普通公民的信仰与愿望。如果你寄托于技术官僚来全面负责制定政策，那么结果会让你大失所望。

首先，我们来说说口号的作用。学者们对标语口号的看法如果不是鄙视，至少也是不屑一顾。麦迪逊诅咒的潜在含义是，要成就任何有意义的作为，都需要非凡的政治能量。你必须设法唤醒沉睡的选民，并动员相关的利益集团。在这样的竞选活动中，标语口号和象征标志比学术论文更有效，因为大众对长篇大论缺乏耐心。所以，民选官员不但关心政策本身，更关心它们听起来顺不顺耳。

其次，我们来聊一下短期视野。政界人士对当下的过度专注无疑是不对的。当我还为克林顿政府工作的时候，在很多次会议上我都会自言自语：“选举日又不是下周二。”确实不是，但是政界人士经常表现得像下周二就要选举一样。

另外，经济学家也常常犯类似的错误，他们存在的第一个盲区就是把注意力过度集中在遥远的未来。经济学家独特的分析方法倾向于教条性地关注长期影响，而忽略了许多在普通人的生活中非常重要的过渡性问题。凯恩斯曾经带有讽刺意味地说过，从长期来看，我们都会死去。这意味着我们中的许多人都活不了那么久，看不到那所谓的“长期”的到来。因此，选民和政界人士更关心未来一年、两年或五年会发生的事情，这既不能说是愚蠢，也不能算是自私。经济学家有时会忽略这么重要且明显的事情，以致他们所提出的政策建议可能会是灾难性的。

一些经济学家还有第二个盲区：分配后果。在思考税收、贸易或监管政策等方面的变化时，经济学家通常总会提及效率问题：这一政策会使我们的市场体系运行得更顺畅还是更不顺畅？它会提高还是降低 GDP ？这是为了达到既定目标的最经济有效的路径吗？

这些都是很好且值得考虑的问题。民众想知道约翰和简到底谁得到了好处，谁付出了代价。他们想知道为什么政策提议中的输家会被要求为了赢家的利益做出牺牲，尤其是当他们自己可能成为输家的时候。有些情况他们是可以接受的，毕竟人们不总是百分之百地自私，但有很多情况他们不能接受。提出这些问题是完全合理的，拒绝考虑这些问题的经济学家并没有为改善经济政策做出贡献，他们只是在确保自己不卷入其中。

举例来说，在游说扩大自由贸易领域的国际协议时，比如美国宣布退出《跨太平洋伙伴关系协定》，政界人士明白，他们必须解决民众对失业和动荡的担忧。在特朗普赢得选举后，谁能忘记这件事呢？经济学家可能会向你保证，因出口机会增加所创造的高薪工作岗位将多于因外国竞争而失去的低薪工作岗位。这听起来很不错，但是那些在圣安东尼奥失去低薪工作的人并不能在旧金山找到新的高薪工作。为什么要让这些不幸的人付出代价呢？除非采取措施补偿这些受害者，否则自由贸易也并非完美无缺，但补偿的情况极少发生。

同样，那些为从征收所得税转向消费税提出详尽的效率论证的经济学家，或者那些主张将社保私有化的经济学家，应该更多地停下来思考一下：这样的变化将如何影响我们税收转移体系的累进程度？如果这两个提议都会降低税收累进程度，那么公众肯定会认为这是恰当的。

虽然计算付出和回报分析涉及许多技术难题，它们至少完全属于主流经济分析的范畴，但是到底谁才能真正决定谁应该得到好处、谁应该承受损失，经济学家必须向政界人士做出让步。这并不像经济学家所说的，政界人士比他们更受重视，这是由民众票选出来的政界人士的职责。

麦迪逊诅咒并非偶然，我们引以为傲的权力制衡机制就是故意被设计成难以成事的。在这方面，美国的宪政民主与多党掌控局面的议会制截然不同。没有哪位美国总统拥有像英国首相那样的权力，就连在 1964 年以压倒性优势赢得参众两院的约翰逊总统也不例外。总统需要恳求、哄骗和威胁国会议员，甚至罗斯福总统也会被最高法院阻挠。

人们常说，妥协是政治的精髓，在美国尤其如此。重大的政策举措，比如税制改革或社会保障制度改革，在传统上都需要获得两党的广泛支持。然而，这一传统从克林顿 1993 年提出第一份预算起被打破了。奥巴马于 2010 年提出的医疗改革计划，以及特朗普于 2017 年提出的医疗和税收议案，更是让这个传统完全被摧毁。

两党合作意味着建立联盟、选票交易、互相投票、拆分分歧，以及妥协、妥协、妥协。从这种政治交易中产生的政策，不太可能完全遵循经济学家设计的轮廓。更有可能的是，它们将是四不像，风马牛不相及，我们很难辨别出其核心组织原则。但政策专家必须学会适应和这些怪物共处，即使永远无法爱上它们。

例如，在我看来，2010年通过《多德－弗兰克法案》是一项出色的立法成就。它解决或者至少改善了许多让我们在毁灭性的金融危机面前不堪一击的问题。然而，它并没有给金融监管机构带来什么变化。为什么？因为众议员巴尼·弗兰克（Barney Frank，马萨诸塞州民主党议员）和时任财政部部长蒂莫西·盖特纳（Timothy Geithner）都决定不和那些指望着保护自己地方利益的国会议员打这场没有胜算的仗了。同样，如果我们进行移民改革，它的代价也会是一系列没有原则的政治妥协。如果这类立法斗争的最终结果只是让一些不太熟稔于政治的经济学家感到沮丧，那代价倒是可以忽略不计。政府的工作会被历史记载并评判。

虽然不考虑政治的政策既不可行，也不可取，但政治是分级别的。任何社会都应该最大限度地利用高级政治，以调和利益和思想的冲突，而最小化低级政治（角斗士战斗的武器）。在这个方面，美国的表现多年来一直不尽如人意，2016年的总统竞选更是突破了底线。

高级政治是我们在公民课上学到的。这是罗斯福对抗胡佛、林肯对抗道格拉斯、汉密尔顿对抗杰斐逊的政见之争（尽管最后双方闹得很不愉快）。高级政治是关于竞争哲学和政治愿景之间的冲突，是关于不同的政策理念如何在竞选舞台上被更多人拥护的争辩。政见之争可能是艰苦而曲折的，意识形态驱动的冲突是特别痛苦而严肃的，但核心还是思想之争。

那些绝对遵守规则的人和圣人不会当选，他们都不会成为成功的政界人士。就像政治动机一样，政治斗争往往不那么纯洁，政治辩论也往往不那么高尚。利用话术、操纵议会和原始的政治权力都可能比专业能力和实证发挥更大的作用。利益、选票、支持和妥协都是可以交易的。整个过程更像是一场重量级的拳击比赛，而不是牛津和剑桥的辩论会。

即使在高级政治环境下，在华盛顿的辩论中，经济学的价值通常也不是讨论的核心，有时甚至不在讨论范畴之内。毕竟，经济政策太重要了，轮不到经济学家来决定。尽管如此，这也比低级政治环境要好得多，至少经济学的重要性多多少少地获得了认可。

如果说高级政治像拳击，那么低级政治就更像在泥地里摔跤。低级政治充斥着我们的电视节目、博客和推特。在这里，竞争哲学被花招伎俩和恶意中伤取代；争论的焦点从思想之争堕落到党派之争或个人利益之争；立论和辩论让位于恶语与谎言；关于权利主张的调解变成了吵架，争吵的焦点是谁将是真正的主导者。整个场景混乱不堪。

在当代的华盛顿，政治小动作已经泛滥到了荒谬的程度，甚至取代橄榄球成为这个城市最狂热的运动。如今的政治冲突往往不是关乎理念，甚至也不是关乎政策，而是单纯地关乎输赢。然而，比输赢更重要的是中伤对手。以下是奥巴马政府第一届任期内的两个提案。

2009 年初，美国经济几乎呈现自由落体式下滑，公众对接下来可能发生的事情充满恐慌。奥巴马总统听取了经济学家的建议，提出了一项大规模的财政刺激计划，即增加政府支出、降低税收，以刺激需求，遏制经济下滑。这是他的第一个主要的立法提案。按理说，民主党当时控制了国会两院，但民主党向来就是令人难以琢磨的，正如威尔・罗杰斯（Will Rogers）的名言一样：“我不属于任何有组织的政党，我是民主人士。”一直存在的阻挠意味着参议院的“多数”实际上需要 60 票。此外，奥巴马是以后党派候选人（Post-partisan Candidate）的姿态参加竞选的，他急于把美国描绘成紫色，而不是红色或蓝色[①]。所有这一切使政治妥协成为当时的规则，至少他是这么认为的。

① 红色与蓝色代表美国的政治派别，红色代表共和党，蓝色代表民主党，而紫色是红色和蓝色的结合，象征着两党团结。——编者注

事实上，国会的共和党人基本上反对除了减税以外的所有提案，迫使白宫接受更多的商业税收减免政策（即使没有多少刺激效果）。对于其他提案，他们纷纷投下反对票，这几乎是完全针对个人的行为。[①] 显然，忠诚的反对派更感兴趣的是给新总统一个下马威，而不是设计一个更好的激励政策。参议院的共和党领袖米奇·麦康奈尔（Mitch McConnell，肯塔基州共和党议员）后来承认，他的主要目的是阻止奥巴马总统连任。

奥巴马的第二大举措是前文提到的医疗改革。总统再一次带着妥协的态度进入了辩论，但是共和党人采用了“对一切说不”的策略，这与他们在克林顿执政时期成功阻止医疗改革的策略一样。然而这一次没有成功，因为他们被当时的众议院议长南希·佩洛西（Nancy Pelosi，加州民主党议员）智取了。2010 年 3 月，这项只有民主党人支持的法案勉强在参众两院通过。尽管如此，共和党人还是通过在一部分公众中引起共鸣，制造了一种反对奥巴马医改的声音，赢得了这场外部竞争，但民主党人对此视而不见。

这里的重点并不是想说民主党人在医改问题上的观点是正确的，而是共和党人从未认真地提出过一个替代方案，他们只是想把政治上的失败归咎于这位年轻的总统。事实上，在奥巴马总统的剩余任期里，众议院曾 60 多次投票废除奥巴马医改，特朗普在竞选演说中也高调回应了这一承诺。然而，直到特朗普就职那天，共和党人（包括特朗普本人）也从未提出过一个他们以为更好的方案。

后来，废除医改方案于 2017 年 3 月 7 日引起轰动，但没有持续多久。这个特朗普和保罗·瑞安（Paul Ryan，威斯康星州共和党议员）最初提出的“废除并取代”奥巴马医改的计划几天内就在众议院夭折。民主党人赢得不费吹灰之力。2017 年 5 月，“废除并取代”计划在众议院的第二次尝试以 217 ∶ 213

① 该提案在参议院只获得了三张共和党的投票，在众议院没有拿到一张共和党投票。

票的微弱优势获得通过。接下来，参议院粉墨登场。尽管参议院多数党领袖米奇·麦康奈尔进行了大量交易并施加压力，但共和党人永远无法就如何“取代”医改的部分达成一致。后面还有几次失败的尝试，最后一次发生在 2017 年 9 月。

我意识到自己在这里可能持有党派偏见，因为在这两个例子中，我都把共和党人描绘成了反面人物。主要是因为民主党人赢得了 2008 年和 2012 年的两届总统大选，使共和党人成为潜在的反对党。但角色互换的话，民主党人也会这么做，他们也确实在这么做。在特朗普执政初期，民主党并没有真正明确地表明自己的立场，而是有效地玩起了“直接说不”的策略。从取代奥巴马医改开始，虽然新的医改提案在共和党控制的众议院艰难地通过了（民主党全票反对），但没能在参议院获得通过。相似地，民主党人也极力反对总统的第一个年度预算中对社会保障制度的广泛改革，他们也不想在政治上助特朗普总统一臂之力！

低级政治的丑陋还表现在其他方面，比如谩骂、人身攻击和散布丑闻。当然，当代政治运动的这些伎俩并非始于特朗普总统。正如我所提到的，它们从汉密尔顿和杰斐逊时代就已经存在，只是正变得越来越糟糕。华盛顿资深观察人士报告称，美国低级政治 20 多年来的丑陋程度一直像潮水一样汹涌。所有这些诽谤带来的一个主要影响是，越来越多的民众开始换台，不再关注政治。因为，关注政治还不如看看政治幸存者，他们身上有着更友善、更温和的一面，他们制定的规则也更加清晰。更有甚者，民众情愿推选一个没有政治经验、不尊重政治规则甚至没有规矩的局外人来主持政务。

你如果想知道为什么越来越多的民众不再关心政治，不妨问自己一个简单的问题：如果麦当劳和汉堡王经常通过广告轰炸来声讨对方的产品是肮脏且有害健康的，而不是赞美自己的产品，那么你认为民众还会想吃汉堡吗？顺便说一句，这似乎是对 2016 年总统大选的一个恰当比喻。

但这些都是表面的东西。低级政治的许多真正可悲的方面都没有出现在电视屏幕上，实际上大多数公众都被蒙在鼓里。背地里发生的事情只有政界人士自己、他们的工作人员和 K 街（白宫前街）上的政治说客等参与者知道。

我们先从国会委员会结构造成的问题来说起。最重要的参众两院拨款委员会（也就是花纳税人钱的组织）被分成了 12 个小组委员会，每个小组对一部分预算有管辖权，这些小组的主席对待他们的管辖范围更像是私人领地而不是公共信托。总统甚至国会领导人都要带着礼物以恳求者的姿态与他们会面，就像中世纪的君主寻求地方骑士和贵族的支持一样。小组委员会可以选择给予或拒绝帮助，他们管辖的地盘是受保护的。试想一下减少高速公路示范项目（你见过没有出口的公路吗）或者削减海事补贴的后果（后文会加以详述）吧。

有时，某些国会议员所掌握的权力是相当惊人的。公众甚至不知道这些权力的存在，更不知道掌握权力的这些人是谁。看起来新上任的特朗普总统在会见国会议员之前似乎也不了解，2017 年一些共和党议员就曾反对特朗普的议案。

接下来，我们来探讨公共权力。公共权力以各种眼花缭乱的方式授予政治上有权势和有关系、有背景的人。对这种权力的委婉说法是“成员特权”，这是一个经过粉饰的描述，实质就是通过某种方式来获得夸张的特殊利益。常见的手段是，在深夜将定制的条款塞到税收法案中，然后不经讨论而通过，或者在一个大型贸易协定的第 583 条中写入特殊的保护主义条款，抑或在某些监管规定里给某一家公司开绿灯。2011 年被大肆吹捧的“专项拨款”政策并没有消除这些问题，公共权力问题还需要更多的创新方案和建设性意见。

我最喜欢的例子是《新共和》（*New Republic*）杂志的记者雅各布·威斯伯格（Jacob Weisberg）于 1986 年在当时国会起草的税制改革法案里发现的内容。具有讽刺意味的是，这是国会通过的最具原则性的法案之一。[4] 在这份长得惊人的草案的第 651 页，一份关于全面打击滥用市政债券的例外情况的清单中，含糊地提到“第（4）（c）节所述的城市地区”。如果翻到这一段，你找不到这个城市的名字，但你知道它有 250 多万居民和一支美国职业棒球大联盟的球队。没错，筛选下来只剩纽约（洋基队）和芝加哥（白袜队）。如果你继续搜寻，那么第 145（d）（3）节中有更多的信息（第 569 页）。这里提到的城市只有位于 1971 年 7 月 1 日新宪法生效的那个州。答对了（如果你是行家的话）：伊利诺伊州的芝加哥市。

真是匪夷所思。随后，芝加哥众议员丹·罗斯滕科斯基（Dan Rostenkowski，伊利诺伊州民主党议员）出任众议院筹款委员会主席。翻回草案第 651 页，你会发现，在 1986 年 7 月 1 日前获批的再开发项目，位于 1975 年 11 月 14 日被市议会宣布经济衰退的地区。你认为能有多少项目符合这个描述？你觉得这个开发商认识丹·罗斯滕科斯基吗？你认为他们中有谁在乎国家利益吗？

我可以举出更多的例子，但在这类事情上，我实在是个外行。真正的专业人士比我强太多了，更重要的是，他们比选民站得更高、看得更远。

单就这件事来看，普通民众是看不到这样的劣行的，民众对国会那些不寻常的特殊利益偏向也是不明就里的。但总的来说，人们早晚会知道这类事情，一些诡计最终会被无畏的记者揭露，就像 1986 年的税制改革法案。另一些则由于愚蠢或意外而暴露出来，总有人肆意妄为。长此以往，民众开始以为每天都有阴谋诡计发生。公众可能只看到冰山一角，但这一角足以让大多数美国人认定，政府总是偷偷地干着损害公众利益的事，用特朗普的话来讲就是“非法操纵”。这给了人们足够的理由远离政治。

到目前为止，我举的例子可能给人的印象是，所有这些盗取公共资金和中饱私囊的行径都来自国会。远非如此。许多州的立法机构更糟糕，行政部门也精通此道。事实上，除非白宫阻止它们，否则许多政府部门和机构将它们的使命误认为是保护它们选区的既得利益者不受到公共利益的侵害。这种想法大错特错！下面这个例子是20多年前我在克林顿执政的头几个月里亲身经历的。

为了在1993年削减预算，我们这些经济学家在众多备选方案中把目光投向了海事补贴，这是有经济学理论支撑的。美国曾经有一支庞大而繁荣的商用船队，但是随着时代变迁，美国在这个行业中不再拥有比较优势——其他国家能够而且确实提供了比美国更经济的商业海运服务。美国海运业主要靠联邦政府补贴和限制性立法维持生计，比如1920年生效的《琼斯法案》(*Jones Act*)和起源于1904年的货物优先权强制规定，美国海运业务必须靠美国海运公司承运。每年，美国消费者要支付数十亿美元，却供养着美国海运业微不足道的工作岗位，这是美国海运被欧洲人称为“柠檬社会主义”的最典型的例子之一，维系海运业也是最糟糕的贸易保护主义。

你可能会问，为什么让纳税人来承担这部分成本？通常得到的答案是：国家安全。给美国纳税人一个建议：无论何时，当你听到“国家安全”这个词时，你都要下意识地捂住钱包。美国可能拥有强大的海军，但五角大楼仍担心，如果爆发战争，美国可能没有足够的运力——我指的是那种为舰队提供补给的老式商船。是的，比如“弗吉尼亚号”①。我们生活在一个电子战争的时代，但是海军却担心没有足够的护卫舰。有什么解决方案吗？给私人商船插上美国国旗，这样海军就可以在必要的时候征用它们了。

好吧，让我们接受现实吧。毕竟在1991年的海湾战争中，商船实际上是被征用了。此外，我们这些经济学家凭什么质疑五角大楼对国家安全的判断？让我们想象一场规模大到足以超过整个美国陆军、海军和空军的军备能力的战争，但战争节奏缓慢，以至商船可以及时改装用于军事方面。即使这样，我们

① “弗吉尼亚号”是美国联邦海军建造的第一艘蒸汽动力铁甲舰，参加了美国南北战争。——编者注

也必须对数量加以限制。1993 年 6 月，在一次大型多机构会议上，我提出了一个简单的原则：五角大楼对于商船最大需求量的预估就应该是我们考虑船只补贴的上限。显然，每个人都应该同意这个原则。

实则并不是每个人都这样想。运输部代表对此表示震惊：不，我们需要至少维持对 92 艘船的补贴，而不是五角大楼所说的战争时期可能需要的 34 艘。[①]此外，一些参议员因为其所在州的工作机会将减少而表示非常不满。事实上，他们已经与总统进行了沟通。你大概能猜到结果，海事补贴被保留了，它们完好无恙。

贸易政策是另一个提供特殊优惠的渠道。总的来说，美国在特朗普之前主张自由开放的国际贸易，并且身体力行。从第二次世界大战至今，不管总统是共和党人还是民主党人，美国一直是跨国自由贸易领域的先锋。事实上，克林顿总统和奥巴马总统不顾党内反对，坚定地推动贸易自由。当贸易自由取得成功时，它们总是符合广泛的国家利益，尽管某些特定群体会蒙受损失。

近距离观察美国的贸易政策，你将会有截然不同的发现。在那里，似乎每一个寻求保护的行业都得到了同情，至少可以得到国会的保护，一个又一个特殊利益条款历历在目。虽然美国已经与北边和南边邻国签订了自由贸易协定，但是让那些加拿大人和墨西哥人向美国输送过多的原木或者西红柿，恐怕是痴心妄想。在你还没来得及说《北美自由贸易协议》的时候，奥巴马政府就已经让商务部和美国贸易代表站在了他们的立场上，修订及制定了反倾销法、反补贴税法、针对进口激增的法律、1964 年《民权法案》（*Civil Right Act*）第七章、1935 年《农业调整法（修正案）》（*Agricultural Adjustment Act Amendment*）第 22 条、《1974 年贸易法》（*Trade Act of 1974*）第 301 条。美国的保护主义有装备齐全的"工具箱"，当然，"工具箱"的使用是由国内政治决定的。

① 这些数字是虚构的。当时这是保密信息，但具体数字我早已经忘记了。

顺便提一句，这是一个不涉及党派的事情。至少在特朗普总统之前，共和党人总体上比民主党人更支持自由贸易。然而，里根在 20 世纪 80 年代对进口日本汽车设置了严格限制，小布什为钢铁行业提供了保护，而这些曾在早些时候被克林顿废止。另外，特朗普退出了《跨太平洋伙伴关系协定》，开始重新谈判《北美自由贸易协议》，并将各种经济困境归咎于“不公平”的进口。

俾斯麦曾建议我们不要去看法律或香肠的诞生过程，这个观点或许比他理解到的还要深刻。麦迪逊通过加入党派斗争和政治功能障碍，巧妙地设计了一个制衡体制，也造成了当代美国的停滞不前。问题出现，却没有解决方案。

当你把所有这些或聪明或误导的口号与导致经济政策失败的三种根源（对基础经济学的无知、意识形态和利益集团）结合起来，就算政策的制定没有党派倾向，也会成为对健全的经济政策造成致命伤害的组合拳。在你所处的环境中，政界人士选择像醉汉利用路灯灯柱一样利用经济学家——为了获得“支撑”，而不是为了“照明”。在这种环境里，即便是好的经济建议也会遭到政治异议。

问题的一部分我已经提过，但到目前为止尚未强调。它们源于政界人士的短视，他们的目光短浅是不争的事实，但经济学家的视野又太过长远。会存在黄金分割点吗？我们将在下一章中探索。

ADVICE
AND DISSENT
WHY AMERICA SUFFERS WHEN
ECONOMICS AND POLITICS COLLIDE

| 第 2 章 |

视野的冲突

时机关乎一切。

——佚名

2010 年是美国经济政策具有里程碑意义的一年。

2010 年 3 月，经过激烈的党派斗争，美国国会通过了奥巴马总统签署的《患者保护与平价医疗法案》(*Patient Protection and Affordable Care Act*)，后来被称为“奥巴马医改”计划。它对美国的医疗保险制度做出了几项重大改革，其中最引人注目的是将许多以前没有保险的美国人纳入了医疗保险的范畴。从法案通过到特朗普上任，废除奥巴马医改计划已经成了共和党人的口头禅。

2010 年 7 月，《多德 – 弗兰克法案》在国会通过，并由奥巴马总统签署生效，该法案重新制定了美国金融体系在金融危机之后的管理规则。共和党人再次一致反对。从那时起，许多华尔街人士和许多共和党人不断尝试削弱甚至废除《多德－弗兰克法案》，并取得了一些进展。特朗普就任总统之初，曾承诺“废除”《多德－弗兰克法案》，但没有具体计划，也没人知道这意味着什么。

2010 年 11 月，共和党人在中期选举中大获全胜，获得了压倒性的众议院席位，而民主党人在参议院只获得了极其微弱的多数，这点优势随后也被丢掉了。

现在出一道政治测试题（别担心，你可以做对的）：如果奥巴马总统和国会领导人把医疗改革和华尔街改革的投票推迟到 2011 年 1 月新一届国会就职后再进行，那么这两项法案还有机会获得通过吗？答案显然是不可能。

这个思维实验不是很有趣？好吧，这取决于你来自哪个文明。这两次投票具有截然不同的结果在政治上是完全可以理解的，但从经济角度来看，就非常奇怪了。毕竟，在 2010 年，美国的医疗系统和金融系统都没有什么重大变化。因此，奥巴马医改和《多德－弗兰克法案》的实质利弊也不会发生变化，经济层面的决策依据也没有发生变化。我有一个异想天开的想法：如果这两项法案在 2010 年 11 月之前和之后都由美国经济协会的成员投票表决，结果可能不会有变化。

这个思维实验的结论很简单：在政治世界中，时机决定一切——2011 年已不再是 2010 年。

长远还是眼前，这是个问题

政界人士普遍拥有非常短暂的时间视野。人们常说政客看不到下次选举之后的事情，但事实要糟糕得多。为政界人士提供建议的政治专家的目光往往超不过下一轮民意调查，甚至止步在下一条推特。如果可以的话，政治专家的注意力到晚间新闻就结束了。但我也注意到，经济学家往往像举着望远镜一样，将注意力集中在遥远的未来，这也同样有问题。经济学家宁愿患有远视，也不愿成为近视。

首先，标准的经济分析过分关注长期的重要性，而忽略了许多对普通人的生活将产生重大影响的“过渡期”的问题。如果《跨太平洋伙伴关系协定》获得国会通过，那么我是否会因为国际之间的贸易竞争而丢掉工作，是否会失业一两年？税制改革会降低我的房屋价值或企业价值吗？这些可都不是小问题，也不是短期的问题。

其次，国家并不是每周二都举行选举，如果带着这样短视的心态去制定政策，就会招致经济灾难，但若忽视可能持续 1 年、2 年甚至 5 年的“短期”影响，是同样愚蠢的。我们如果希望将政治文明和经济文明更紧密地联系在一起，首先应当缩小政界人士和经济学家时间视野的巨大差距。如果一边是 24 小时，另一边是 24 年，那么我们需要让他们将视野调整到中间区域。

考虑一下：任何一位经济学家都可以向你解释为什么更自由的贸易对整个国家更有利。事实上，在贸易自由化的进程中，总有一些人会失去他们的工作。这些人在寻找新工作时将承受经济学家所谓的“过渡成本”。雪上加霜的是，有证据表明，这些工人最终找到的工作的薪水普遍要比过去低。这些人对贸易自由化的担心是有道理的。经济学家通常会忽略这一点，但政界人士不会。

再举一个例子：许多经济学家主张消费税胜于所得税。如果你没有被他们洗脑的话，他们可以长篇大论地向你阐述为什么消费税更重要。他们的论点在理论上是有充分依据的，但现实世界的税收政策并非纸上谈兵。用消费税代替当前的所得税所产生的过渡性问题是巨大的，足以让一个内心强大的政界人士崩溃，比如，股票、债券和房屋等资产的价值可能会发生巨大变化。

政治决策有时会出离理性的原因是华盛顿快节奏的生活。快速决策是不可避免的，毕竟确实常有紧急情况发生；有时会有截止时间，例如法案必须在国会休会前通过；而且政治窗口总是时开时关。负责起草政策方案的人往往被迫赶在人为设定的截止时间之前完成任务。结果可想而知，走捷径、草率和失误乃是家常便饭。

里根的第一任预算主管戴维·斯托克曼，对于 1981 年初要求提速的压力让里根的经济团队陷入了困境一事，是这样说的：

> 在 40 天内设计一个全面、彻底改变国家经济治理的计划是一个荒谬、鲁莽的想法……我必须在短时间内设想出捷径、计划和方法，以克服现实的困难……除非是独裁者，否则难以填补巨大的预算缺口……我的权宜之计看起来是匆忙而不严谨的，到处都是亟待解决的问题。这导致整个财政计划充满了矛盾和隐藏的漏洞。[1]

整整 12 年后，我在克林顿总统入主的白宫就职。那么，我们从里根团队的程序失误中吸取教训了吗？并没有，我们还在效仿他们危险的日程表，要赶在 2 月 17 日之前完成工作，而这个截止时间根本不是法律规定的。为什么这么着急？其中一个原因是，里根的预算是在 2 月 18 日提交国会的，而我们一定要比他们早一天！极度的匆忙自然导致了不少错误，更不用说经济团队的疲惫了。但是，对克林顿总统以及对整个美国来说，幸运的是，这些错误没有一个造成严重的损失。

更近的一些例子发生在国会，而与行政部门无关。2010 年美国国会匆匆通过的《患者保护与平价医疗法案》写道，那些在“州政府设立的交易所”购买医疗保险的参保者可以获得补贴。然而，各州还有备选方案：如果它们不设立自己的交易所，则联邦政府会为它们设立。难道立法真的打算只向在州政府设立的医保交易所购买医保的公民提供补贴，而不向在联邦政府设立的医保交易所购买医保的公民提供补贴吗？当然不是，只是因为措辞太过草率。为什么国会要针对交易所的设立主体做出如此愚蠢的区分？立法史上没有任何证据显示议员们是有意为之的。

尽管如此，2015 年，一个企图利用奥巴马医改中措辞漏洞的法律官司一路打到了美国最高法院。首席大法官约翰·罗伯茨（John Roberts）根据 6 票赞成、3 票反对的结果得出了最终的结论：这是一个措辞失误，不是国会的本意。不知那三位法官是怎么想的？首席大法官象征性地指责了这种不精确的措辞："这种失误并没有反映出人们对如此重要的法律条文应有的谨慎和深思熟虑。"他说的太对了。如果法院从字面上去理解国会意图的话，它的决定可能会是另一番表述，继而推翻奥巴马医改。真是有惊无险。

另一个惨痛的例子出现在 2017 年初，当时众议院共和党人和特朗普政府决定，他们必须赶紧兑现"废除并取代"奥巴马医改的竞选承诺。然而，出现的两大问题，一起拖慢了整个进程。首先，特朗普政府和众议院共和党人都没有准备好替代方案。俗话说得好：不打无准备之仗！

再次，两个众议院委员会仓促拼凑的计划最终缺乏政治支持。特朗普总统和众议院议长保罗·瑞安为了避免直面被众议院否决，不得不在 2017 年 3 月草草地撤回该法案。2017 年 5 月，众议院通过了一项替代议案。但到了参议院，多数党领袖麦康奈尔在撤回他的第一个版本的"废除并取代"法案后（就像保罗·瑞安一样），7 月和 9 月的几项替代方案也被参议院否决了。

尽管有这些例子，政治专家仍会争辩，技术派所青睐的有序、审慎的决策方式就是死路一条。你必须抓住对的时机，否则政治生涯可能很快就会结束。在某些不同寻常的历史时刻，这是毋庸置疑的，因为政治机会不会每天都来敲门。但我认为，无论是以经济还是政治标准来衡量，在被人为设定的最后期限的疯狂压榨下都不会设计出好的政策。仓促行事无论在经济上还是在政治上都是有害的。

1986 年的《税制改革法案》（*Tax Reform Act*）提供了一个很好的佐证。尽管有急于求成的政治倾向，乌龟还是战胜了兔子。该法案于 1986 年 9 月通过，即一份厚厚的所谓美国“财政部一号文件”（Treasury I）首次提出全面建议的两年后。而这份报告本身就是政府内部 9 个多月连续奋战的成果。随后是修改后的“财政部二号文件”（Treasury II），然后又是在立法过程中数月的来来回回。整个过程从开始到结束用了两年半的时间，但从最终的结果来看，这可能是国会有史以来通过的最好的税收法案。它创造了一个更简单、更公平的税法，大幅降低了税率，填补了许多漏洞，并将许多接近贫困的纳税人排除到纳税名单之外。等待是值得的。与之形成鲜明对比的是，特朗普总统和共和党人在 2017 年匆匆地让国会通过的税制改革，结果并不尽如人意。

政治大于经济，时间顺序很重要

政治凌驾于经济之上的第一个非常重要的原因是：时间上的顺序。经济学家们很少深入考量这个因素，但它在政界人士的思维中占据着主导地位，政界人士在这一点上做得足够到位。

在学术上，诸多议题是根据其各自的本质逐一分开进行论证的。这些不相关的事项在时间上无论如何排序都无关紧要。政府对贸易协定表明立场与是否已经完成了医疗改革又有什么关系呢？除了极少数情况外，事件的顺序不会影响事件的实质，也不至于影响决策，至少在经济学家看来是这样的。

事实上，经济学家对理性选择的相关性原则有一个特有称谓：不相关选择的独立性。简单地说，根据这一原则，无论你是更喜欢羊排还是更喜欢龙虾，都不应受到菜单上其他一些你永远不会点的菜（比如小炒牛杂）的影响。

但政治世界并不是按照这种简洁、理性的规则运行的，它使用了一种完全不同的逻辑。看似不相关的方案，却由于各种各样的原因而变得异常相关。第一个原因是“投票交易”：如果我对你的法案的支持取决于你对我的法案的支持，那么同步处理这两项法案可能会有所帮助，因为“我排前面，你排后面”在政治上是行不通的。而且，由于国会一次只能处理有限的问题，这种关联可能会把其他一些“更不相关”的问题完全挤出立法日程。

有个近期的例子。2015 年感恩节前后，纽约的国会代表认为，他们达成了一项关于为世贸中心“9 · 11”事件中的一线救护人员提供医疗福利的协议。他们希望该协议能与将在 12 月通过国会论证的综合支出法案捆绑在一起，国会中似乎很少有人反对。然而，参议院多数党领袖麦康奈尔阻止了事情的进展。[2] 为什么？他反对帮助急救人员吗？肯定不是，他希望的是纽约的参议员和众议员给他一些甜头作为回报。最后，麦康奈尔果真得到了共和党人想要的东西——解除对美国原油产品长达 40 年的出口禁令，而且是在他允许纽约的急救人员得到福利之前。这两个提议有实质性的联系吗？显然一点都没有，但是时间顺序和政治交易把它们牵扯在了一起。

第二个原因是需要节约宝贵的政治资本。总统可以通过一系列的立法胜利来赢得政治资本，也可能在一系列的失败中挥霍掉政治资本。即使是一场以胜利告终的激烈战斗，也可能为日后埋下憎恨的种子。大多数立法胜利可以提升总统的政治声望，为随后的胜利铺平道路。每一次失败或得不偿失的胜利都会浪费一些宝贵的政治资本，使总统的后续议程变得更加难以预期。因此，总统和国会领导人非常关心议题在时间上的先后顺序。

地理因素也与一些不相关的议题相互交织，正如蒂普·奥尼尔的名言：所有政治都是地方性的。国会议员最了解什么会令他们的选民高兴，而什么会让选民不高兴。如果艾奥瓦州的选民被要求接受一项令人痛苦的法案，那么他们在国会的代表会用一些糖衣来加以掩饰，比如加大乙醇汽油补贴。

当身在其中亲眼看着克林顿第一届政府展开议程时，我开始意识到顺序的重要性。尽管我们知道预算会遭遇强大的政治阻力，但我们很早就决定，包括大量新政策在内，预算必须排在第一位。在总统的第一次重要经济演讲之前，希拉里和医疗改革工作的领导人曾一度主张将医疗改革方案纳入已经拥挤不堪的预算方案中。他们有两个理由：一是担心通过预算所需的大量政治资本支出会损害医疗改革的推进；另一个是，与普通立法不同，预算协调法案不能遭到参议院的任何阻挠。

这两个理由都足够充分，但是将医疗改革纳入预算立法的想法很快遭到了经济团队和克林顿总统的反对，原因很简单：目前还没有成形的医疗改革计划。这是一个很好的理由，但是这次搁置的决定可能极大地损害了 1993 年医疗改革的前景。[3]

那时，顺序的竞争转移到了医疗改革和《北美自由贸易协议》之间。由于《北美自由贸易协议》存在一定的政治风险，克林顿总统显然需要付出极大的努力才能使该协议获得通过。毫无疑问，将更多资源注入贸易协议，自然进一步减小了医疗改革通过的机会。政府内部围绕医疗改革和贸易协议谁会先成为下一个幸运儿展开了激烈的斗争。由于各种原因，包括《北美自由贸易协议》预定于 1994 年 1 月开始实施这一事实，政府决定首先推动《北美自由贸易协议》，医疗改革将不得不再次推迟，即使它是总统最高优先的立法事项。

最后，医疗改革团队的担心被证明是完全合理的。总统确实在《北美自由贸易协议》上耗费了大量的政治资本，而这损害了医疗改革法案通过的机会。

医疗改革最终以失败而告终。

由于上述种种原因，政治思维可以产生一系列不符合亚里士多德逻辑的结论。经济学家称之为非传递性偏好（nontransitive preferences）。假设一个消费者喜欢比萨多过于热狗，喜欢热狗多过于豆腐，那么按照经济学家的思维逻辑，我们可以肯定，其喜欢比萨多过于豆腐。这就是传递性偏好，这是理性选择中最基本的公理之一。如果偏好不是传递性的，谁知道什么会让消费者更满意？

但这一简洁的选择公理并不适用于政治。因为选票交易、地理因素或者国会日程安排的变化莫测，我们经常会发现政界人士喜欢 A 政策多过于 B 政策，喜欢 B 政策多过于 C 政策，但他们却喜欢 C 政策多过于 A 政策。对于一个资深的政界人士来说，这一切都是讲得通的。

时间的鸿沟：超短视野与超长视野

有什么能缩小政治的超短期视野与经济的超长期视野之间的差距吗？也许有。让政界人士把注意力集中在长期发展上并不像看起来那么无望，因为这并不需要他们把目光投向极其遥远的未来。我们当然不会要求他们采用经济学家那样的极其长远的视野，这对于政治来说太没有紧迫感了。

暂且抛开怀疑，假设弥漫于现代政治的极端短视实际上是一种战术失误，假设每周二都有一次选举并不像政界人士所认为的那样是明智的政治做法，那么稳健合理的政策就还有一线希望。如果能说服他们相信当前的政治实践事与愿违，那么他们或许会改变自己的行为方式。这并不是因为他们突然变成了理想主义者，而是因为他们想赢得选举。

那么，采用更长的时间框架让政治策略变得更好的依据是什么呢？我大胆断言，答案很简单：总统任期为四年。这对许多政治决策来说是一个非常合理的甚至自然的时间周期。至少在总统任期的初期，总统和他的政治顾问们应该关注未来三至四年的经济形势。是的，中期选举每两年举行一次，这太糟糕了，但美国政治中最重要的事还是总统选举。

幸运的是，对于大多数经济政策来说，四年的时间已经足够产生实质性的效果了。在上一次大选被人们遗忘很久之后，选民们将不得不承受两三年甚至四年前做出的政策决定的后果。或许他们甚至在不知情的情况下就在投票时对这些政策，或者更确切地说是对这些政策的结果做出了自己的选择。这其中的政治含义是显而易见的：即使是最不严肃的政治专家也会把注意力放在几年后而非几周后的下一次总统选举上。除非选举即将来临，否则报纸头条、博客和本周的民调结果对选举都不会有太大影响。

遗憾的是，似乎很少有政治专家打心底里这么认为。事实上，大部分人本能地反对这个观点，几乎所有的政界人士都需要近视镜来矫正他们的视力。短视导致公共政策失败的例子比比皆是，下面我们列举其中的两个。

第一个例子，在奥巴马总统任期的头几年，联邦预算赤字以惊人的速度增长，主要有两个原因：一个是严重的经济衰退导致税收降低，以及失业保险和食品券等项目的支出增加；另一个是一系列的反衰退政策的出台，其中最引人注目的是《美国复苏与再投资法案》（*American Recovery and Reinvestment Act*）——国会在 2009 年 2 月通过的大规模财政刺激计划。

不管出于什么原因（我认为出发点是好的），由此产生的巨额赤字让许多美国人感到震惊。毕竟，提到预算赤字占 GDP 的 10%，我们一般只会联想到希腊或阿根廷，而不是美国。随之而来的是对巨额赤字的强烈政治反弹，美国财政政策的方向迅速从扩张型（意味着更多的支出或减税，这有助于创造就业）转向紧缩型（意味着更少的支出或更高的税收，这有损于就业）。

问题的关键在于，政策目标没有错，只是时机不对。财政赤字占 GDP 的接近 10%，这个比例确实太大了。这种情况是不可持续的，赤字必须降低。但问题在于，降低赤字的年份不一定非要在平均失业率达到 9.3% 的 2010 年和 2011 年。在预算鹰派的政治压力下，国会迅速将财政政策转向削减赤字。到 2012 年底，美国政策制定者甚至考虑越过当时被称为“财政悬崖”的想法，即削减支出的同时增加税收。几乎可以肯定的是，这会使经济重回衰退，但幸运的是，这种情况在最后一刻得以避免。

多数经济学家认为，过快地缩减赤字导致的不合时宜的“财政阻力”，显著降低了 2011—2013 年的经济增速。让人追悔莫及的是，随着经济的改善和资金刺激，绝大部分的巨额赤字都会消失于无形。糟糕的政策在一定程度上是由短视造成的。

第二个例子更常见。国会预算办公室的预算计分表常常决定着华盛顿的政治走向。无党派技术人员会告诉国会其开支和税收提案对预算赤字可能产生的影响，这个预测通常会受到高度重视。这种做法本身并没有问题，国会已经充分证明了外部预算纪律的必要性，但两党参议员和众议员都非常擅长操纵计分表，其中一些就反映了我一直在谈论的短期视野。

几年前，当预算是一年编制一次时，操纵是很容易实现的。为了堵住这个漏洞，一个经常被提到的建议是，为完成当年预算里可计分的储蓄，可以制定一项法律，给予升值资产的持有者以很大的激励，让他们当年卖出资产，实现资本收益。例如，如果国会通过一项法规，将资本利得的最高税率从 20% 降低到 10%，期限为一年，那么一些持有应计资本利得的人在所谓的“减税”期间会将资产变现，降低的税率会立即增加收入。当然，这种短期的税收收入增长是以未来税收降低作为代价的，因为之后将无法对已经征过税的资本利得再次征税。但未来的损失是在当年的预算窗口之外，因此不会影响当年的年度计分。

当国会预算办公室按 5 年（和过去一样）或 10 年（和现在一样）为提案打分时，这种会计花招就很难得逞了，但仍然不是不可能。小布什总统于 2001 年的减税计划就是在 10 年预算窗口内完成的。并非巧合的是，所有的减税政策都按照立法规定在 9 年后消失了，第 10 年（2011 年）的收入损失出现了一个神奇的零，之后什么都没有发生。没有人相信真的会发生这种事，小布什总统当然也不相信，因为完全没有损失无异于天方夜谭。但 2001 年，国会预算办公室的计分员别无选择，只能接受这一立法，他们不再去揣度国会的意图。①

特朗普总统的第一次预算提交将这种诡计的运用带到了更高的层次，其中包括将“供给侧”增长福利归功于减税（真富有想象力）以及“供给侧”大幅增长所带来的额外收入（10 年内超过 2 万亿美元），但这个预算却“忘记”将减税带来的税收损失计算进去。这种不经意的遗漏使预算主任米克 · 马尔瓦尼（Mick Mulvaney）能够声称预算在 10 年内可以达到平衡。这简直令人叹为观止。[4]

举这些税收窗口的例子的目的是一样的：使用对其有利的计算方法在预算窗口内减少赤字，可以使一些相当糟糕的长期政策在短期内表面上看起来很有吸引力。对经济学家来说，更明智的做法是，在预算的整体实施过程中，追踪每次预算变化的年度成本。你可以试着说服你的任期两年的政界代表，但难度可想而知。

① 这里说一点国会的神秘之处。所谓的伯德规则（Byrd Rule）禁止协调法案中的预算项目增加赤字，使其超出预算窗口。比如，在第二个 10 年，让小布什的减税政策永久化也会与规则相冲突。

社会保障体系不存在短视的问题，它拥有自然的长期发展前景，这使得社保改革比大多数政界人士认为的要容易得多。为了评估社保的长期偿付能力，这也是当前面临的问题，毫不夸张地说，未来一两年发生的事情并不重要。对社保的连贯分析至少要达到几十年的维度，甚至可能是几代人。因此，政界人士应当拉长其较短的时间视野，以适应经济学家在这个问题上的长期视野。两种文明不应该发生冲突，至少在时间维度上。具体来说，国会多年来无论是削减福利还是增加税收，都没有通过立法来削减未来的社保支出，这是一种非常负责任的行为，而不是懦弱逃避。更重要的是，这可以带来很好的经济效益，谁也不希望那些即将退休的人失去社保的支持。

然而，经济学家和政界人士在这个问题上的看法有所不同。为什么呢？或许是因为今天的许多政界人士太年轻了，忘记了 20 世纪 80 年代初，当时的社保体系比现在更接近破产状态。由于社保信托资金几乎亏空，政府已经没有退路，里根总统和国会任命了经济学家格林斯潘（没错，就是那位后来主持美联储超过 18 年的格林斯潘）担任两党委员会主席来解决问题。格林斯潘社会保障委员会 1983 年 1 月发布了报告，其中削减社会保障福利（例如通过将其中的一些项目变更为应纳税的项目）和增税计划（尽管里根公开支持减税）都触碰了政治雷区。两个政治上不容置疑的共识被同时打破了。更糟的是，随之而来的国会辩论还把正常的退休年龄从 65 岁提高到了 67 岁。

虽然这些措施看起来绝对是政治毒药，但是它们在通过国会时几乎没有遇到什么阻力。部分原因是，里根总统和当时的民主党众议院发言人蒂普·奥尼尔因为社保资金即将枯竭而不得不妥协。另外一小部分原因可能让人始料不及：民众并没有把退休年龄的推迟视为福利削减，尽管事实上就是削减了。委婉的表达有时会起到特别的效果。

秘方的关键在于延缓痛苦的释放。工资税率的增加是渐进的、小规模的，在 7 年的时间里分阶段实施。推迟退休年龄的实施则更缓慢，一直到 2000 年都没有改变，然后在接下来的 22 年里，退休年龄从 65 岁到 67 岁将逐步推行（是的，美国仍在逐步实施）。你会发现，很多政界人士根本不会担心未来 17 ～ 39 年后会发生什么，然而这一跨度足以让经济学奏效。

政策制定的核心困境：表象比实质更受欢迎

一个至关重要的问题是，在一个现代的、由公众舆论驱动的民主政体中，政策制定的核心困境在于，短期内体现出的表象往往比实质更受欢迎。但从长期来看，实质则比表象重要得多。在涉及重要的公共政策议题时，经济公平的重要性最终会浮出水面，而政界人士精心的包装会随着时间的推移被人们淡忘。即使只是在潜意识里，大部分人还是可以意识到健全政策的好处，以及由失败政策带来的代价和痛苦。投票时，他们会表达自己的喜好或不满。也许这就是林肯所说的，你不可能永远愚弄所有人。

对于互联网时代的大多数政界人士来说，林肯式的长期视野似乎需要过于漫长的等待。但很多时候，表象让步于实质的速度比预期来得快。

奥巴马第一届政府在医疗服务会议上花费了无数的时间。完善游说话术、布局国会战略、安抚各种利益集团（或者至少请它们保持中立）、挑选政策宣布的时机等，所有这些都是政治上的惯用手段。因为这些努力，尽管方案被大幅修改，但医改方案最终勉强获得了国会批准（多亏了众议院民主党议长南希·佩洛西）。可惜的是，该法案一生效就不受人待见，而且恶评如潮的政府医保网站帮了不少倒忙。但随着时间的推移，新医保系统让公众对奥巴马医改爱恨交织。

到 2016 年大选时，这项改革被证明利大于弊。特朗普赢得选举的原因是多方面的，很容易被想到的是贸易和移民政策。废除奥巴马医改计划也是特朗普的竞选承诺之一，且将以“伟大的方案”取而代之。然而，特朗普和他的共和党人遇到的阻力让他们感到意外，奥巴马医改计划“突然”很受欢迎。他们在 2017 年几次试图废除并取代该法案时接连失败。

因此，解决政治短视的可行办法之一是，给政治“专家”戴上矫正眼镜，他们必须学会将视野扩展到下一届总统选举的时间，而不仅仅是下一次新闻广播时间。随着视野的拉长，他们会自然而然地更重视问题的本质，而不是那些热点的表象。

他们会这么做吗？要记住，政治领袖往往是实干家。如果让他们仅仅耐心地等待四年，他们会如坐针毡。一旦这种远视给人留下对眼前事务漫不经心的印象，选民会很不满。毕竟，每周的民意调查、每晚的新闻广播、推特上昼夜不停的批评，还有中期选举，都要逐一应付。好在对长期经济结果的高度关注，并不是减少采取短期政治行动的理由。事实上，美国政治舞台的无情使这两者并不冲突。

三个明显的事实使任何政府的“政策期”都缩短到 18 个月左右。首先，国会的效率很低。除了极少数情况以外，一项重要的政策提案如果在总统就职之后的 12 ～ 18 个月内还没有从白宫里提交出来，那么通过的可能性就很低了。在那之后，中期选举的到来标志着政治愚昧期的开始，也标志着严肃认真的政策阶段大概率的结束。当然，在中期选举之后一直都还是总统执政。其次，一旦重要的经济政策被制定成法律，贯彻实施总是需要大量的时间。最后，这些政策实施后，还需要大量的时间，才能对经济产生重大影响。

结果发人深省。宪法赋予每一位新当选的总统 4 年任期，然而，他实际只有一年多的时间来制定其核心的经济议程（之后最多有些微调）。在那之后，自然的政治节奏占了上风，立法窗口开始关闭。所以只有 12 ～ 18 个月的工作时间，足以让人心急如焚。

资深政界人士敏锐地意识到采取行动的紧迫性。但行动的时候，他们应该把目光放在当前决定对未来的影响上。不管用经济标准还是政治标准来衡量，政策决定的最终影响将比当下的表象重要得多。在政治和经济两个领域，行动都比语言的效果更持久，或许这就是凯恩斯宣称的思想统治世界吧。

政治的非钟摆理论：时机与路径对政策的影响

另一个关键问题就是，经济学家常常忽视时机的重要性，而政界人士却不会。促进立法成功的环境稍纵即逝，精明的政界人士通常都能把握时机。

- 1981 年，里根准确地判断出大规模减税的时机已经成熟，而且他说服了通常会反对大幅向富人倾斜的减税政策的民主党人。
- 1986 年春天，参议员鲍勃·帕克伍德（Bob Packwood，俄勒冈州共和党议员）突然转向支持税制改革。主要原因是，帕克伍德意识到他的连任机会岌岌可危。
- 1992 年，克林顿在选民对罗斯·佩罗（Ross Perot）的支持中读到了反对赤字的民怨，得到这个信息的他推断，可以把削减赤字作为政治主张来帮助他赢得 1993 年的总统大选。他成功做到了。
- 2010 年，奥巴马准确地预测到，他可以在几乎停滞不前的国会中推动医疗改革，而且这可能是他唯一的机会。
- 2016 年，总统候选人特朗普意识到，许多美国人已经厌倦了国际贸易和全球化，因此他发起了人们所能想到的最具保护主义色彩的竞选活动，并取得了胜利。

在所有这些案例以及其他诸多例子中，精明的政界人士承担了风险，也获得了丰厚的回报。

要想认识到情况不那么有利，就必须有一种敏锐的时机意识。虽然有正确的理由和精心设计的政策，但有时时机就是不合适，老练的政界人士知道什么时候该缓一缓。这个能力很重要，因为一个政策提议如果在时机尚未成熟时急于推进，后果可能会惨不忍睹。重要的政策法律并不像鲑鱼洄游，必须逆流而上。

让我们回到刚才提到的一个例子。在 2010 年，医疗改革的时机真的成熟了吗？我们知道，奥巴马总统赢得了自杜鲁门以来历任总统都未能取得的立法胜利；我们也知道，如果再等一年，他很有可能会输掉这场战斗。但我们也看到，为了尽快推进医疗改革，奥巴马在就任伊始不得不搁置了包括气候变化在内的其他一些重要议题。

许多人会说，把这么多时间和精力投入到医改，分散了总统应对经济衰退的注意力。正如一名白宫助理后来承认的那样："没有人认为我们需要将政府的全部资源用于公共和私人医疗，而这却是我们最后不得不做的事情。"曾有一次，奥巴马的第一任财政部部长蒂莫西·盖特纳告诉他："阻止大萧条将是你的标志性成就。"对此，奥巴马回应说："这对我来说还不够。"[5]

也许确实不够。但是奥巴马总统在他的第一个任期的一开始就决定推进医改计划，是对还是错呢？历史学家可能会就这个问题争论几十年。但不管答案如何，事件的顺序都说明了一个重要的一般性问题，科学家称之为路径依赖。简单来讲，路径依赖意味着你最后到达的终点，取决于你到达终点之前所选择的路径。历史决定未来。

起初，该想法似乎是不证自明的。路径不总是会影响最终的结果吗？历史不总是相当重要吗？然而答案却出人意料：不总是。

我们来考虑一个由外力推动其运动的钟摆的最终位置。物理学家所称的系统平衡的最终平衡点总是在弧形轨迹的底部，这意味着与其间所经过的路径无关。不论把钟摆向左或向右推，用力地或轻轻地推，推一次或两次，最终它总是恰好停在底部。这里举一个更通俗的例子：你和朋友约好晚上 7 点在纽约中央车站的比特摩尔大钟下见面，最终结果并不受你们选择的路径的影响。当然，前提是你们见到了。

经济学教授教给学生的大多数模型都不是路径依赖的。在大学里，经济学教授都会告诉大一学生，不论市场如何调整，自由市场的均衡价格都是供给曲线和需求曲线的交点。上述三个例子，即钟摆、会面、供需，都没有表现出路径依赖，真可谓条条大路通罗马。

但是，另外的一些系统是依赖路径的。根据你开启旅程的方式，你可能会到达意大利的罗马，或者纽约的罗马。科学上，著名的例子是进化论。由于不可预测的突变，达尔文的自然选择并没有达到预期的“平衡”结果。如果数千年来一系列随机的生物事件发生了变化，那么人类可能会看起来与我们现在的样子大不相同。类似地，物理学和经济学中的一些系统也表现出路径依赖。

一个经常被引用的例子是标准的 QWERTY 键盘。[6] 看看你的键盘，第一行的 10 个字母依次是 QWERTYUIOP。这种排列可以追溯到 19 世纪 70 年代，它既不是由字母表决定的，也不是由工效学决定的。实际上，这种设计在当时的一个主要卖点是，它把所有需要拼写 TYPEWRITER（打字机）这个单词的字母放在最上面一行，以帮助雷明顿公司早期的销售人员快速地敲出他们新产品的名字，给客户留下印象。另一种键盘被称为 Dvorak 简化键盘，在 20 世纪 30 年代获得专利。尽管它提高了打字速度，却从未流行起来。为什么呢？

因为 QWERTY 键盘已经率先占领了市场，这完全是历史的偶然。如果更幸运的话，我们的键盘的最上面一排可能会是 DHIATENSOR，人们可以更快地打字。或许，这将开启一段新的传奇。

另一个稍近期的例子是视频家庭系统（VHS）和 Betamax 技术在录像机市场的竞争，这场竞争从 20 世纪 70 年代开始，持续了大约 25 年。许多技术专家认为 Betamax 更有优势，但视频家庭系统通过更好的营销和更高明的授权策略赢得了竞争。如果按照钟摆理论，那么或许 Betamax 应该笑到最后。

历史会突然转弯，推动决策过程朝着不同的、有时甚至出乎意料的方向发展。个体和群体都在动态变化，一切都会留下持久的烙印。路径影响着最终的政策，因为它和钟摆不同，没有自然的终点。

例如，我不认为希拉里的医保计划在 1994 年注定会付之东流，奥巴马在 2010 年的努力注定会成功，以及特朗普在 2017 年“废除并取代”奥巴马医改的尝试注定会失败。我也不认为，奥巴马和共和党控制的国会之间的僵局必然会导致政府在 2013 年 10 月关门，但不会导致政府在 2015 年 12 月关门。这就是真实发生的历史。可以想象，在每个案例中，不同的过程可能会导致完全不同的结果，这就是路径依赖。

如果这个关于路径依赖的讨论对你来说过于偏颇或者没有意义，那么接下来的内容保证会改变你的看法。政界人士认为路径依赖是理所当然的，这是他们所生活的世界的一个明显而重要的组成部分。在一个路径依赖的系统中，时机几乎决定一切，均衡反而是一个陌生的概念。

对经济学家来说恰恰相反，他们第一（也可能是第二、第三）考虑的是均衡状态，例如供给等于需求、失业率处于“自然”水平、税收调整被资本化到房地产价值中。对他们来说，路径依赖是不正常的，甚至是不受关注的例外。

奇怪的是，双方都只说对了一半。在政治上，路径依赖不仅仅是一种常态，而且很接近自然的法则。因此，政界人士很自然地一直生活在过渡时期，并一直在思考过渡时期的问题。对他们来说，均衡是一个抽象的概念，几乎毫无意义。但在许多经济问题中，均衡状态真的很重要。它们不仅仅是“学术性的”，因为大多数现实世界的经济体系往往会像供求关系那样最终走向均衡点。忽视长期均衡的政界人士正在给自己埋下隐患。

社会保障税就是一个很好的例子。如果国会只提高雇主的应缴税款，而不改变雇员的应缴税额，那么将会有那么一段时间，工人的到手工资不受影响，因为他们的税前工资和纳税金额都不会改变。但经济逻辑和相关研究都表明这种情况转瞬即逝，因为它尚未达到均衡。一旦劳动力市场调整，税前工资必将下降，工人最终将承担增加的全部税收负担。试着向选民和政界人士解释清楚吧，相对于在汽车保险杠的贴纸上的那些支持口号来说，这太微不足道了。

这种观念上的根本差异使得经济学家和政界人士之间的沟通变得非常困难。这就是政界人士经常认为经济分析对政策制定只能起到支持而不是启示作用，这也是合理的建议往往会遭到异议的原因。

好政策更需要好时机

虽然时机可以决定一切，但把握好时机需要运气和技巧难能可贵地结合。首先，你需要很有耐心。罗马不是一天建成的，好的经济政策也不是一时半会儿就能制定出来的。事实上，它们可能需要 10 年或更长的时间才能开花结果。

首先，必须发现并且承认问题。遗憾的是，否认是人类一种强大的本能。因此，当政策专家们试图引起大众对经济问题的关注时，他们会发现引起大众共鸣是多么不易，但他们应当坚持这么做，因为基础工作是非常有必要的。如果在采取任何严肃的政治举措之前，专家意见可以大致达成共识，那么政策的推进将会顺利很多。

其次，必须说服普通民众（政界人士和选民），让他们相信专家达成的共识是正确的。记住科尔森[①]原则："当你抓住他们的 ×××× 时，他们的心和思想会跟随你。"如果你能说服选民，政界人士就会跟随你，但如果选民不相信问题的存在，你就很难说服政界人士采取这个解决方案。

最后，必须容忍不可避免的错误开端，你可能不得不站出来采取各种补救措施。据称丘吉尔曾说过，你可以指望美国人做正确的事情，但得在他们尝试了所有其他方法之后。这句话概括得很到位。

我曾称赞 1986 年的税制改革是政策成功的典范，它经历了上面每一个阶段才最终成形。多年来，专家们一直保持着同样的论调：拓宽税基，降低税率。大量的研究报告已经指出了当时复杂且漏洞百出的税法的扭曲作用。关于税制改革的提议有很多。事实上，美国财政部早在 1977 年 1 月就公布了一张全面的基本税制改革蓝图，比"财政部一号文件"早了 7 年。重要的是，公众已经受够了极其复杂、明显不公平、似乎常常让富人有空子可钻的税法。听起来是不是很熟悉？在里根总统接受税制改革这项任务之前，许多不受人待见的税收法案已经在国会获得通过。即便如此，在这位政治势力强大的总统的支持下，国会还是又花了近两年的时间，才通过了这个打了折扣的税制改革法案。

现在想想，在全球气候变化方面，美国的政策一直难以取得成功，时机（至少是政治时机）似乎永远不够成熟。

---

① 查尔斯·科尔森（Charles Colson）是尼克松总统的亲密助手，以直言不讳而闻名。

多年来，大量的科学和经济方面的基础工作已经完成。到目前为止，人们已经充分认识到气候变化这个全球性问题的重要性。经济学家们在正确的解决方案上基本达成了一致：对碳排放征税，或者创建一个“总量管制与交易”的体系，两者基本是一码事。所以在第一阶段，专家们的工作已经基本完成。

几十年来，在大众和政治圈子里，主流的思想（如果你想称之为思想的话）是否认气候变化问题的。地球真的在变暖吗？（等等，冬天不是很冷吗？）即便如此，人类活动与此有什么关系呢？（冰河世纪也不是人类造成的呀！）就算气候变化问题迫在眉睫，也许我们对此也无能为力，除非付出巨大的代价。（克努特大帝[①]也无法控制潮汐呀。）

我们现在似乎进入了第二阶段，大多数公众都相信气候变化是一个严重的问题，其中至少部分原因是由人类活动造成的，所以人类应该做些什么来减缓它。然而，在美国，就此议题还没有达成两党的政治共识。虽然民主党似乎已准备采取行动，但大部分共和党人似乎还停滞不前。特朗普总统甚至宣称这一切都是骗局。难道几十个国家的数千名科学家花几十年时间都是来制造骗局的？

经济学家已经准备好了应对气候变化的补救措施：对碳排放征税。但这个解决方案用了“税”这个字，大多数共和党人仍然视之如砒霜，而大多数民主党人仍然不敢讲这个字，也许是因为他们害怕看到选民对能源价格上涨的反应。简而言之，在减缓气候变化方面，我们在科学层面可能已经滞后，在经济层面肯定已经做好了准备，但在政治层面时机却还不成熟。实际上，当特朗普当选总统后，他很快撤销了几项奥巴马曾希望能兑现美国在《巴黎协定》中承诺的行政命令。2017 年 5 月，特朗普宣布美国完全退出《巴黎协定》，从而与其他 194 个国家分

① 克努特大帝（King Canuae）是英国历史上第二位拥有“大帝”称号的君主，另一位是英格兰的“缔造者”阿尔弗雷德大帝。克努特大帝是英格兰、丹麦及挪威的国王，统治区域还包括苏格兰大部分以及瑞典南部。——编者注

道扬镳。所以，美国人只能眼巴巴地看着全球变暖而无所事事。

可以找到折中方案吗

我建议通过专注于 4 年的总统任期来缩小经济学家的长期视野和政界人士的短期视野之间的差距。的确，对于大多数经济政策来说，4 年的实施时间已经足够长了。而我提出的“自然周期”政治时限（到总统任期结束）只有在就职日那一天才开始倒计时。到下届总统大选前一年，时限缩短至 365 天；大选前一个月，时限只有 30 天。

事实如此，但并没有听起来那么糟糕。回忆一下，我曾说过任何总统任期里的重要的政策制定期限都不会超过 18 个月。截至 18 个月结束，总统任期还有两年半。一旦下届总统大选的时间更加临近，美国无论如何都将进入政治“愚昧期”，这将不利于任何重大政策举措的倡议。你能回想起在总统任期的最后一年取得的重大国内成就吗？

其结果就像不成文的约束，两次总统大选之间的自然政治周期被无情压缩。现状就是如此，在选举年，国会什么也不会通过。但这也不重要了，因为其他制约因素对政策制定的限制更为严重。抓住头 18 个月的时间才是最重要的。

尽管这一点很重要，但政界人士的短期视野与经济学家的长期视野之间的冲突，并不能全面解释双方为何处于如此不同的文明中。拉近双方的时间视野也不能解决灯柱理论的问题。下一章将介绍这种冲突与矛盾的更多内容。

ADVICE AND DISSENT
WHY AMERICA SUFFERS WHEN ECONOMICS AND POLITICS COLLIDE

第 3 章

麦迪逊诅咒与麦迪逊大道[①]

所有的政治都是苹果酱。

——维尔·罗杰斯

2009 年，奥巴马总统的医疗改革计划让政府的经济学家们陷入了一个棘手的处境，这与 16 年前克林顿总统的经济学家们所面临的情况如出一辙，当时我也是其中一员。

对于利用政府命令来扩大医保覆盖范围的一个很严重的政治批评就是，强迫雇员（比如奥巴马计划）或雇主（比如克林顿计划）购买保险将有损就业。这一指责表面上似乎是有道理的，对工资极低的工人来说，它把金额不菲的医保支出作为就业条件之一，如同提高工资税率一样，提高了最低工资。两届政

① 麦迪逊大道位于纽约曼哈顿，常被用作广告业的代名词。——译者注

府的经济学家都在政府内部指出了这个问题，建议为了使失业损失降到最低而调整计划。

和往常一样，真相具有“两面性”。确凿的证据也论证了奥巴马医改有望增加就业。成功的成本控制将降低医疗行业对其他经济领域造成的拖累，从而刺激医疗以外行业的就业增长。扩大医疗保险的覆盖面将为医疗行业本身创造许多新的就业机会。此外，几乎全民覆盖的医保将减少“工作锁定”的发生，即仅为了保住医疗保险而留在本想离开的工作岗位上。

那么，在 1993 年和 2009 年，政府的经济学家们该怎么办呢？平静地用“两面性”的客观事实来反驳“单面性”的批评？也许大学教授们会选择这么做，但这么做会助长反对派的气焰。在反对声中妥协？大多数政界人士和政治公关顾问会选择这么做，他们想通过否认医疗改革会导致工作岗位的流失来扭转局面。别想了！经济学家们认为，这种说法连玩笑都算不上。毕竟，有充分的理由认定医疗改革到底会增加还是会减少就业。

在激烈的内部辩论之后，奥巴马团队选择了中立的立场，如果你定义的“中立”比较宽泛的话。2009 年 6 月，美国经济顾问委员会关于医疗改革的一份报告的摘要（所有人都读过）包含了以下要点：

> 在通货膨胀保持稳定的前提下，缓慢的成本增长将在未来几年使失业率下降约 0.25 个百分点。在短期和中期对就业的有利影响（相比于没有医改的水平）预计为，每年将有 50 万人受益。[1]

听起来还不错，如果它没有使你昏昏欲睡的话，但这可能是它的主要作用。只有读到报告第 35 ～ 36 页的题为“潜在的补偿效果”的部分，从“医疗改革并非必然会朝着增加就业的方向发展”开始，你才能读到这段话。

因此，经济顾问委员会巧妙地支持了政府的政策，避开了媒体的关注，并且通过承认对立的观点来维持其可信度，但前提是你仔细阅读并发现了。这也许不像论文研究那样纯粹客观，但它能在启发的同时起到足够的支持作用，而且比对手利用报告来攻击政策要好得多。

这则案例说明了民主政治中政策制定的核心问题之一，也是本章的中心思想。美国的政府体制是精心设计以让任何程序都难以改变，当有人试图改变它时，它往往就变得具有敌对性。因此，提倡改革的政策专家们只有获得政界人士，尤其是善用舆论的政界人士的大力支持，才能有所作为。实际上，努力使一项政策得以通过的过程看起来很像政治竞选——充斥着宣传、口号和各种伎俩。公众更可能听到的是赞成和反对之间的互相打压，而不是对赞成和反对的客观分析。经济学家在这样的辩论中起不到什么作用，通常，他们能做的最好的事情就是远观。

对麦迪逊诅咒的重新审视

这又要怪麦迪逊和他的同僚们了。我们在小学就学过，先辈们创立了一种独特的多重制衡的政府体制。他们这样做的出发点很好：让政府官员难以侵害公民的权利。对于1787年的美国来说，专制也许是件好事，但对于当下的美国则不然。

麦迪逊和他的同僚们成功了，也许超出了他们最疯狂的梦想。他们制定的宪法为美国带来了可能是这个星球上最受束缚的政府体制。小政府什么都做不了，因为它被约束得太紧了。

可以肯定的是，美国宪法是一份杰出的文件，它服务于国家，但它也有黑暗面。美国式政府的一个显著特点是，它强烈地倾向于维持现状。宪法设计并创造了一种政府形式，这种形式在最深层的非意识形态意义上是保守的：它强烈抵制变革。马基雅维利在 16 世纪就理解了这个核心思想："因为变革的发起者对所有想要通过保存旧制度而获利的人都充满敌意，而对于那些想要通过新制度获利的人，则不太在意。"相比而言，麦迪逊更胜一筹。[2]

拒绝改变既有好处也有坏处。一方面，美国的制度对防止行为过错的发生有着极有力的保护措施，这让美国人受益匪浅。美国政府很少发起大规模的、计划不周的社会运动（禁酒令是一个例外）。另一方面，它几乎没有任何防止不作为的过错的措施。因此，虽然政府想完成任何事情都很难，但不作为而使恼人的问题恶化却很容易。

举一个很普通的例子，比较一下英国政府和美国政府必须处理的事项：通过年度预算。在英国严格的议会制度中，财政大臣通常在周三提交预算。然后，议会照例进行几日的预算辩论（如果有的话），以最少的修订通过预算。没有焦躁，没有混乱，没有烦扰，当然也没有美国人引以为傲的制衡体系。英国首相有自己的方式。

美国的情况则大不相同。几天？想都不要想，每年的预算编制需要花费大半年的时间，有时甚至无法完成预算。就像在 1995 年和 2013 年，美国政府的部分机构突然关门，导致护照申请无法处理，游客滞留在大峡谷国家公园，等等。下面我将略去许多烦琐的细节，简要介绍一下预算程序本应如何运作。

总统在 2 月初向国会提交预算提案——每个人都清楚这只是个提案。特朗普总统直到 5 月才提交了他的第一份预算提案。接下来，众议院和参议院的预算委员会将分开审议这一提案，并在 4 月或 5 月初之前汇报预算决议，概述预算的主要内容。在这个截止时间之前完成预算概述，还算是比较理想的情况。

然后，按理来说，是在参众两院层面分别通过各自的预算决议，由会议委员会负责消除分歧后，参众两院再进行额外的投票。所有这些都应该在夏天到来之前完成，实际上根本完不成。与此同时，白宫会与参众两院的领导人就总统预算提案与参众两院的决议之间的分歧进行不断的协商，因为每个人都知道预算决议离最终结果还有很长一段距离。

一旦决议达成共识（假设这种情况发生），预算就会按照两条不同的线路来推进。需要年度拨款的项目（称为“自由支配开支”）分为 12 类，每一类都由参议院或众议院拨款委员会下面的小组委员会决定。是的，总共有 24 个小组委员会！[①] 预算的其他部分，包括所有权益保障计划和任何与税收有关的计划，由参议院财政委员会和众议院筹款委员会处理。预算决议只给了这两个享有很大权力的委员会模糊的、没有约束力的指导方针。所有委员会的主席都积极捍卫自己的立法授权领地。所以，从真正意义上说，很多预算工作都是自此又从头开始的。

如果所有委员会的报告都对预算决议中设定的目标达成了共识，那么每个议院就应该对多达 12 个单独的拨款法案和一个将所有权益保障及税收变化捆绑在一起的大法案进行投票。围绕这一所谓的协调法案（命名严重有误）展开的政治较量，可能是所有对抗中规模最大、争议最大的一场。

猜猜看后来会发生什么？如果众议院和参议院对 13 个法案中的几个有不同意见，则必须由多达 13 个会议委员会来解决这些分歧。如果分歧消除了，参众两院需要再进行新的议员投票。这是整个过程的高潮，有时非常戏剧化。例如，1993 年 8 月，克林顿的第一个预算（已经修改了上千次了）靠着副总

① 现实更加复杂。在许多情况下，除了提供资金的拨款委员会之外，还有单独的授权委员会来确立和修改法案。授权却不拨款是很正常的事，没有经过立法授权就拨款倒并不常见。

统戈尔的投票，打破了参议院的五五开的僵局，在两院都以一票险胜通过。自那以后，预算法案很少能在 10 月 1 日财年开始前通过，而且经常根本无法通过。2015 年 12 月，当国会“历史性地”在新财年开始仅两个半月后就通过了预算案时，到处都是欢呼。随后，国会在 2016 年和 2017 年的表现却并不尽如人意。

预算程序就此结束了吗？还没有。在所有这些事情进行的同时，国会还要与白宫就总统将要签署或将不会签署的内容进行平行谈判，有时似乎是无休止的。在一个好的年头，所有的争论都可以得到友好的解决，总统也准备好签署国会提交的议案，2015 年便是如此。接下来是玫瑰花园里的仪式：微笑、握手和互赠纪念笔。

但如同葡萄酒的年份一样，并非每年都是好年份。在已经成为常态的坏年景里，总统可能会否决几项法案，更多的谈判将接踵而至。2016 年，国会未通过任何一项预算，参众两院几乎在最后一刻才同意将政府维持运转到 2017 年 4 月的临时决议，避免了政府关门大吉。随后，在新总统上任后，国会通过了另一个“延续决议”，保持政府营业到财年结束（9 月 30 日）。当时政府即将关门，但特朗普总统与国会民主党领袖“查克和南希”[①] 达成了一项有争议的协议，才让政府一直坚持运转到 12 月。

筋疲力尽吧？一年折腾下来，总统和国会也是如此。而这时，管理和预算局已开始深入研究准备下一年的预算。

① 参议员查克·舒默（Chuck Schumer）和众议院少数党领袖南希·佩洛西。

表达是一门重要且微妙的艺术

麦迪逊真的打算这样强烈地束缚美国政府吗？我们已经没有机会听到他的答案了。尽管他懂得通过宣传册和辩论来推广他的主张，但是他肯定想不到后人还会利用电台、有线电视、互联网和推特。

令经济顾问们感到沮丧的一个原因是，专注于信息的传达花费了大量的时间和精力。1993 年 1 月，我加入了克林顿政府内阁。一开始，我和一般学者一样，对这种不太体面的做法持有偏见，但我很快就意识到，专注于话术的包装是很有必要的。我们从话术包装开始说起吧。

当经济学家在课堂上讨论政策问题时，他们通常会谨慎地列出各种方案的利弊。毕竟，很难有一个简洁的标准答案。被迫听讲记笔记的学生，他们知道这些内容会出现在之后的考试中，因此事无巨细的做法是可行的。但在市场和政治的现实世界中，那些注意力短暂、需要处理大量信息的人，充其量也只是似听非听。如果你传达的信息过于复杂，听众可能就彻底接收不到了。

这就是为什么在一个充满活力的民主国家，话术是一门如此重要且微妙的艺术。公众人物必须像关注语言表述一样，去关注听觉感受。他们必须精心措辞，以便听众能接收到准确的信息。他们必须保证信息简短、清晰、有力，因为人们对复杂的政治演讲的容忍度是很低的。

这仿佛是在走钢丝，非常危险。如果你实事求是，那么绝对主义的格言“真相，全部真相，只有真相”是唯一的安全港。你一旦偏离了真相，就会走上危险的航道。即使是出于好意，在舆论导向上跑偏也是很有可能的，尤其是当对手在另一边兴风作浪的时候。

学者和其他技术官僚都倾向于以质疑的目光来看待话术，这是一种令人厌恶的专属于声名狼藉的人的做法（你希望你的子女长大后成为舆论操纵者吗）。而且，我相信，一个全速运转的话术设计工厂的景象肯定缺乏美感。

我曾经工作过的经济顾问委员会位于白宫建筑群。虽然从字面和象征意义来说，它离龙卷风的中心还有一段距离，但我们离它也算相当近了，以致每天都能感受到龙卷风的威胁。在政府内部（任何政府的内部），该委员会通常被视为学院派经济学家的庇护所，他们对政治完全不敏感。由于经济顾问委员会很难被相信可以坚守“政治主张”，所以它一直受到监视。特朗普在任期早期的做法更过分：他有好几个月甚至没有任命一名经济顾问委员！

1993 年和 1994 年，我在经济顾问委员会的一个常规任务是，在每个发布新经济数据的日子（几乎每天），参加清早的电话会议。这些电话会议表面上是讨论发布统计数据，并决定政府当天的信息发布，目的在于统一口径。但我一直怀疑，这些电话会议背后有一个隐藏的目的：确保我们这些经济学家绝对不会偏离政治主张。

然而，学者对话术的不屑一顾是纯粹主义的，他们忽略了一件至关重要的事情：在美国的民主制度中，话术是政府不可或缺的一部分。你当然希望保持诚实，但一个表达不当的信息可能会被扭曲，以致引火烧身。

美国的制衡体系在每个环节都设置了令人抓狂的障碍。设计一个好的政策仅仅是第一步，但这与将政策理念转化为现实的艰辛相比，则不可同日而语。然后，你必须建立一个政治同盟，以使必要的立法生效，这意味着你要向华盛顿内外的所有人推销你的政策。不管你喜不喜欢，信息传播是华盛顿官方与外界沟通的途径，也是争取选民支持的手段。

候选人像汉堡一样被推销，在美国政治中早已司空见惯。国会议员、州长和总统竞选都像极了广告的盛宴。但在最近几十年，这种做法，连同它所有的优点和缺点，也扩展到了政策推销上。任何旨在批准条约、改革医保、改革税制或福利再分配的实际努力，都很可能类似于一场全面的政治运动，涉及舆论专家、媒体活动、作战室、应急小组、现场组织者和政治顾问等。

这种争取公众舆论的活动可能看起来有些奇怪，因为一项法案想要在国会获得通过并不需要全体选民投票。另外，“竞选”的地点是在国会山，而不是在互联网和电视上。尽管如此，在重大的政策辩论中，每一方都花费了大量的时间和精力来建立基层的支持，或者摧毁另一方的支持。原因显而易见：众议院和参议院的许多议员通过观察当前的政治风向来决定他们的立场。

我们应该谴责这种做法吗？纯粹主义者可能会说应该。在必要时，国会议员应该运用他们的知识和敏锐的判断力表现得“勇敢”一些。想法是美好的，但现实要复杂得多。矛盾在于，对于信息在政府形式中所扮演的角色，两种截然相反的观点都颇有一定的道理。

一方是 P. T. 巴纳姆（P. T. Barnum）的观点：每一分钟都有一个笨蛋出生。这种观点厌恶那些利用各种花招赢得选票的人，认为他们欺骗了公众，而不是启发了公众。据说一个人可以在大部分时间里欺骗大多数人，而这对政治来说已经足够了。看起来政界人士就是这么过活的。

另一方的观点可以追溯到托马斯·杰斐逊。不得不说，杰斐逊的背景比巴纳姆好太多了。杰斐逊雄辩地阐述了一些不言而喻的真理，其中之一就是：“政府是人民建立的，其权力来自被统治者的认可。”“被统治者的认可”尽管说得通俗了点，但这难道不是草根运动所追求的吗？在世界上的主要国家中，美国可能拥有较为民主的政府形式，伴随着由其催生的成就和挫折。

那么杰斐逊和巴纳姆，谁的观点表达得更到位呢？

听起来好的政策与实际上好的政策

专注于信息表达当然有其不好的一面。一个原因已在前文提及：口号和标语往往比混乱复杂的现实更受欢迎。它们听起来不错，尤其是在 8 秒钟的时间里，但可能实际上并不可取。这个不幸的事实为巴纳姆们提供了机会，他们不是告知公众，而是欺骗和操纵公众。许多政治宣传是如此具有误导性，以致离纯粹的谎言只有一步之遥，有些甚至跨过了这条红线。

舆论导向并不是什么新鲜事，但现代以媒体为中心的政治趋势已经把它提升为一种艺术形式，甚至是一种职业。政治化妆师在重大演讲和其他政治活动中蜂拥而至。他们在新闻广播、政治脱口秀、推特、定向电子邮件以及博客圈中兜售政见。政治化妆师将政治和体育做对比，结果就是它们真的越来越像。

但任何社会现象，包括舆论导向，都不应仅评价其最差的一面。在一个人非圣贤的社会里，信息美化是不可避免的。毕竟，扬长避短是人类的天性，尤其是在受到他人疯狂的攻击时。避免恶性竞争的诀窍就是，不要从一开始就偏离真相。

在经济顾问委员会工作了一段时间后，我制定了一个虽非高尚但切实可行的定义政治宣传界限的原则。我常常和工作人员说，我们应该讲真话，而且只能讲真话，但不一定要讲全部的真话。揭露我们论点中的问题是对手的工作，特别是当这些细节可能违背政府的初衷时。

关于这个原则（如果你愿意称它为原则的话）的一个例子，在本章开头讨论奥巴马医改的推行和可能造成失业时提到过。

2014 年 2 月，国会预算办公室的一份报告预计，医改将减少 200 多万个就业岗位。共和党人如获至宝，大肆宣传这一预测，[3] 但这并不是国会预算办公室说的原话。国会预算办公室主任道格拉斯·埃尔门多夫（Douglas Elmendorf）在党派攻击开始后立即驳斥了有关医疗改革是就业杀手的说法。埃尔门多夫解释说，许多美国工人可能会通过休息来自愿减少工作时间，因为他们不再担心失去医疗保险。他坚称，这是积极的一面，与工人被解雇截然不同。[4]

说的没错，但在政治舆论的世界里，这又有什么不同呢？正如当时两名《政客》(*Politico*) 的记者提到的那样："共和党人刚刚从国会预算办公室得到了一份大礼，他们将更顺理成章地把奥巴马医改称为'就业杀手'。"记者们准确地引用了"国会预算办公室说，这在很大程度指的是人们选择工作的时间，而不是实际的失业情况"。他们接着尖锐地补充道："在政治层面重要的是如何巧用数字来攻击对手。在这个选举年，'200 万失业人口'是共和党宣传人士梦寐以求的。"的确如此。[5]

我强调过，听起来好的政策与实际上好的政策之间往往存在巨大的鸿沟，但是政治演讲靠的是简单的口号。因此，政治往往会走向我所说的"T 恤心态"：要想在政治舞台上吃得开，一个关于政治的想法必须简短、与时俱进，短到可以被印在 T 恤或棒球帽上（例如："平衡预算！"）。但任何简练表达的经济思想几乎都是错误的，因为它们缺乏一些限制性条件，例如，你不希望在经济衰退期间强行达到预算平衡。

有时，人为选择的某个数字是一个政治口号，但却非要被赋予其意义。一个明显的例子是预算平衡里的数字零。对于每年持续增长的经济体，将联邦预算赤字精确控制在零是不现实的。公司债务每年都在增长，家庭债务也是如此（部分原因是人口增长），为什么政府债务不能增长？与经济增长中的平衡预算相比，合理的赤字指标是：刚好足够大或足够小，以保持 GDP 和政府债务以相同的速度增长。稳定的政府债务与 GDP 之比是经济学家最常提倡的预算目标，这绝非巧合。

多么惊人的口号！想象一下“平衡预算！”和“赤字刚好维持国债与GDP之比不变！”，后者还是省略它的感叹号吧，它已经被比下去了。

政治舆论战的一个奇怪之处就是我所说的“决斗专家”，即利用公认的外部权威对双方争论的政策做出号称公正的判断。这种做法的奇怪之处在于，华盛顿有见地的政治老手都知道，不管专家的意见如何，大众媒体、基层组织和政治利益集团将决定最终的结果。他们也知道，被选中的专家很少是真正中立的第三方。

然而在每场竞选中，通常各方都会寻找外部专家来佐证他们的立场是最优的，或者去攻击对手的立场。这些被找来为任何一方背书的专家，就是用来提供支撑的那根灯柱。例子有很多，只要看看《纽约时报》、《华盛顿邮报》或《华尔街日报》的社论版，或者读读有影响力的杂志，比如《纽约客》、《国家评论》或《大西洋月刊》，你自然就会明白了。

在2016年总统大选期间，即使专家意见被当时的候选人特朗普不屑一顾，但“决斗专家”们的公开信仍是必不可少的。9月下旬，特朗普的竞选团队公布了一封由305名“美国最杰出的经济理论家和实践家”签署的联名信，抨击希拉里经济提案。实际上，其中的大多数人我从未听说过。一个多月后，希拉里的竞选团队以两封信回应，一封由370位著名经济学家（我是其中之一）签署，另一封由20位前诺贝尔奖得主签署，可谓大咖云集。以任何理性的标准来衡量，希拉里的支持者水平都是略高一筹。但选民在意吗？

政治舆论战造成的第二大问题是对投票民调的过度关注。民意调查可能是测试信息传递效果的一个好方法，尽管导向性的民意调查存在误导性。民意调查是制定公共政策的一种简单粗暴的方法。如果你关注实际的投票数据，而不是舆论专家对其创造性的解读，那么你通常会发现民意调查不仅混乱，而且缺乏理性。我举几个例子来说明。

直到2015年10月，只有21%的美国人认为美国经济已经“完全”或“基本上”从大衰退中恢复，但客观事实是它已经恢复了。约44%的美国人认为“只是略有恢复”，而且更令人惊讶的是，34%的人表示“根本没有真正恢复”。根本没有恢复？是的，有些人仍然状况不佳，但这种情况永远会存在。作为一个国家，美国经济已经恢复了很多，因此美联储在2015年12月开始提高利率，以稍微平缓经济增长的势头。政府是否应该跟随公众的误解，颁布积极的反衰退政策，比如在2015年10月实行宽松货币政策或减税政策？当然不会，但接受民调的人们会对这样的举措拍手叫好。

再举一个例子：民意调查结果总是显示，美国公众对联邦政府每年在外国援助上的开支非常不满，认为这是他们最不喜欢的支出项目。因此，政府应该毫不留情地砍掉外国援助的预算，从而迎合大众舆论，节省下那部分相对来说很小的开支吗？当然不是。总统们也都没有这么做，直到特朗普出现。

考虑一下之前提到的医保改革中最具争议的设计要素之一：政府是否应该通过要求雇主（克林顿的方案）或个人（奥巴马的方案）购买医疗保险来实现全民覆盖。① 克林顿政府选择了雇主强制方案，尽管我和其他一些人都认为个人强制医保（后来由奥巴马选择施行的方案）效果更好。为什么？很大程度上是因为克林顿的计划听起来是“让企业买单”，而个人强制方案是“让人民买单”。极端保守的美国传统基金会当时推行个人强制医保，也没有起到什么作用，因为“听起来如何”的意义重大、影响深远。

克林顿政府的选择直接导致了医保计划巨大且致命的问题。首先，它遭到了小企业游说团体的全盘否定，其中全国独立企业联合会和相关组织被证明是一股强大的游说力量。[6] 其次，当我们的真正目标是降低为低收入工人购买

① 这是确保全民覆盖的第三种方案。加拿大式的由税收资助的国家健康计划，都被两届政府最先排除了。

保险的成本时，它却迫使卫生保健工作小组一次又一次地化简为繁（就像鲁布·戈德堡机械[①]），为那些号称负担不起医疗保险的小企业提供补贴。如果这些听起来没什么毛病，那么想想那些“挣扎”的小企业吧，比如对冲基金或精品律师事务所。

克林顿政府为小企业设计补贴的努力是相当不经济的——经历了一场公关灾难，最终也未能实现，但我们确实尽力了！ 16 年后，奥巴马政府做出了相反的选择，它将补贴给了低收入人群，而不是小企业。尽管遭到激烈的政治抵抗，奥巴马政府还是成功了。

所以民意调查是政策专家酿的祸根，但是民调并不是通过舆论来掩盖现实的唯一方式。下面是一则很久之前关于引导舆论失败的很荒唐的案例。

1993 年 2 月，在发表第一次重要的经济演讲之前，克林顿总统在白宫老行政办公楼的礼堂里举行了一场动员会。其初衷是启动政府预算，并向对这届新政府首次推出的重大政策知之甚少的高级官员们解释这一预算。在那之前，计划几乎仅为经济团队内部人员知晓。

那天的主角既不是财政部部长，也不是国家经济委员会主席，而是一个叫保罗·贝加拉（Paul Begala）的机智讨喜的年轻得州人。是的，就是你现在经常看到的那个电视评论员。贝加拉和他的搭档詹姆斯·卡维尔（James Carville）在 1992 年的大选中发挥了重要作用，尽管在政府中没有官方任职。那天下午，贝加拉被指定为发言人。

① 鲁布·戈德堡机械（Rube Goldberg Machine）是一种被设计得过于复杂的机械组合，以迂回曲折的方法来完成一些实际上非常简单的工作，例如倒一杯茶、打一颗蛋等。——编者注

贝加拉用得克萨斯州传教士般的语气解释说，这不是一个削减赤字的方案。“我是第一次听到这种说法。”我和旁边的同事低语。过去六周，经济团队一直在竭尽全力地削减赤字。贝加拉坚称，这是一项关于经济增长的计划，我们永远不会称其为赤字削减计划。胡说八道！这时，我想起了我的母亲曾打了她十岁的儿子一巴掌，并警告他：“如果你再说这种不要脸的话，我就用肥皂把你的嘴巴洗干净！”

为了帮助我们前进，贝加拉给了我们一个口号（经济增长），用来向公众推销削减赤字或者说经济增长的一揽子计划：“这是变革。这很有益。”怎么样，朗朗上口吧，简洁优雅吧？两个巧妙的短句，每句四个字，空洞且毫无意义。我感到情绪高涨，或许我们现在应该一起唱着“哈利路亚！”然后跳着舞走出去？穿着细条纹西装、打着领带、脚蹬翼纹雕花皮鞋的我总感觉不对劲，于是我摇着头而不是摇晃着胳膊走了出去。

后记：在克林顿总统完成他关于经济计划的精彩演讲的30秒后，所有媒体评论员都在谈论他的“赤字削减计划”。好吧，即使是最好的舆论专家也骗不了大家。

经济学家和大众的不同世界

巴纳姆说得有道理，但在我们的民主社会中，信息还有更高尚、更仁慈的角色，这与杰斐逊主义的理论更为一致。说白了，如果作为被统治的大众不同意他们搞不明白的事情时，就必须有人向他们解释清楚。那会是谁呢？

有时，技术人员和专家处于非常不利的地位，因为公众既不会像他们那样进行推理分析，也不能像他们那样做出政策判断。经济学家，至少是那些没有私心的经济学家，会在权衡经济分析和统计证据后，在政策问题上表明立场，提出他们的价值判断。我们来考虑一个在华盛顿争论了几十年（一直到现在）的基本问题，一个经常在共和党人和民主党人之间产生分歧的问题：联邦预算赤字应该减少吗？

回答这个问题的第一步是分析，你可以称之为“理论分析”。用逻辑推理来思考任何减少赤字的提议可能带来的影响，包括一个重要的问题：我们是通过减少支出（如果是这样，减少哪些支出？）还是通过增加税收（如果是这样，增加哪些税收？）来削减赤字？对大多数经济学家来说，经济实力将是首要考虑因素之一。如果经济正在蓬勃发展，那么增加税收或削减开支可能是合理的；如果经济即将进入衰退期，那么这样的政策可能招致灾难。

第二步，经济学家们用经验来论证下面这个问题：历史数据和其他经验数据告诉我们，低支出或高税收对 GDP、就业、利率和通货膨胀等方面的影响将会有多大？在此，统计推理和建模可能在确定专家意见方面起到关键作用，即使不是决定性作用。

最后一步，提出我们的价值判断。一些经济学家倾向的削减赤字的手段是，针对富人增税，并且针对不合理的补贴减少开支。另一些经济学家则认为，由于税收激励效应巨大，不应提高最高档的税率，同时主张减少社会福利支出。当涉及价值判断时，经济学家和其他公民是平等的，因为经济学知识不会提高一个人的道德水平。不出所料，自由派经济学家往往比保守派经济学家更担心分配结果。

这种方法听起来非常简洁，但道理和实际并不完全相同。因为不同的经济学家有不同的价值判断，其理论和经验证据往往是模棱两可的，所以经济学家们也未必会得出相同的结论。尽管如此，经济学家所共用的方法论确实可以减少分歧。经济学家都说着同一种语言，然而遗憾的是，国家政体既不会说这种语言，也听不懂这种语言，并且不赞同经济学家对社会政策的看法。经济学家认为理所当然的东西，大众却常常觉得奇怪。经济学家的建议经常引起别人的困惑甚至反对。

最根本的问题是，经济效率的概念对大多数选民来说很陌生。而且即使人们理解了这个概念，也很少有人会站在这个角度考虑问题。相反，普通选民发自内心地关心公平，这对一些经济学家来说是可怕的盲区。

此外，经济学家和其他分析师倾向于抽象而概括地思考社会政策，而普通公民则倾向于具体而细化地思考。对分析师来说，合理的问题是："削减赤字将对资本形成和 GDP 产生什么影响"或者"社会保障的变化将如何影响国民储蓄"。但这些冰冷的问题对普通选民没有意义，他们更关心的是："这会对我或内莉阿姨有什么影响？"

在衡量统计证据时，人们的看法有着更显著的差异。经济学家和其他具有科学思维的人，相信并且依赖统计推断，或许是过分地依赖。他们被训练得可以忽略那些"趣闻"和"逸事"，而偏爱平均数和标准差。但是大众很难被统计数字说服，他们既不理解也不相信这些数字。个人经验才更重要，就像一个特定的"听起来正确"论点一样。

言归正传。正如我多次强调的那样，听起来正确与实际上正确完全不同。这一点很重要，犹如个人和亲友经历并不能很好地代替统计数据一样。遗憾的是，大多数公民对统计数据一无所知，人们情愿相信所谓的"例证"。人们会因为一种特殊的疗法治愈了麦克斯叔叔，就去相信这种方法是有效的，而完全不去理会最新一期《新英格兰医学期刊》（*New England Journal of Medicine*）上发表的研究称其只是一种昂贵的安慰剂。因为姐夫的福特车开了 15 年，所以你就认为福特是辆好车，为什么要去看《消费者报告》（*Consumer Reports*）的数据呢？股票市场被视为一种"好的（或坏的）投资"，取决于你的邻居从中赚钱（或亏钱）。你无须研究《金融学期刊》（*Journal of Finance*）上的文章，就可以做出判断。

在上述领域以及更多领域，普通公民看待世界的方式与经济学家截然不同。如果经济学家固执地坚持自己的语言和思维框架，那么他们只能继续自说自话，影响不了其他人。事实上，他们一直在努力说服大众。

政界人士不像技术专家或分析师那样接受过训练。无论是好是坏，在所有这些问题上，他们通常都会认同民众的态度，而不是经济学家的态度。政客既不懂经济学，也不懂统计学。他们自然会先考虑公平，再考虑效率。他们的世界充满了奇闻逸事，他们为"例证"所打动。他们可能真的认识内莉阿姨或者麦克斯叔叔！他们有一种强烈的直觉，知道什么对于选民来说听起来是对的。

那么，你认为谁更适合向公众传达信息呢？

总统演讲：制造噱头还是兜售真相

如果你住在乡下，除了冬天以外，蟋蟀的叫声无处不在。你会习惯这种声音，以至仿佛听不到。如果你住在繁忙的城市，车辆的嘈杂声从不停息，你也会习惯。与之相对应的，无休止的政治信息噪声是弥漫在华盛顿的背景音。它来自白宫、国会大厦、各种政府机构、无数的游说团体和利益集团，噪声源数不胜数。除了那些因为工作要认真倾听收集情报的专家以外，大部分人对这类信息并不感兴趣。街上的人几乎听不到这种声音，因为人们已经形成了一种天然的免疫力，就像对蟋蟀的叫声或车辆的嘈杂声一样。

但有一种政治声音是特殊的，它响亮得多，拥有大量听众，偶尔吸引全国的目光，有时会改变政策的制定过程，甚至会改变历史的进程。我指的是政治信息的重炮：总统演讲。

当然，这些表演性质的舞台活动，都是为了新闻效果而专门设计的。它们在很大程度上借用了好莱坞的设计与表演效果，并且运用了更多的宣传与操纵手段。请不要把它们视为不成熟的成年人集会。事实上，总统演讲和类似的媒体活动在很多层面对政治风向都有着重要的影响。

最明显的是，它们有助于制定国家议程。如果没有总统演讲或者总统竞选的大力推动，重大的政策举措就难以发起，甚至很难获得重要的政治动力。[①]特别是在一个政府任期之初，其议程还没有确立时，政府内部的不同选区代表会努力游说，让总统就他们的议题发表重要演讲。如果总统听取了，他们就会欢呼雀跃；如果总统没有同意，他们会很担心他们的议题可能会从议程里消失。

2009 年 9 月 9 日，奥巴马总统在他的第一个任期还未满 8 个月的时候，在全美范围内通过电视转播向国会发表了关于医疗改革必要性的讲话，而不是气候变化、移民政策或收入不平等问题。他的演讲引起了国会内外的广泛关注，并引发了关于医疗改革的激烈辩论。大约 6 个月后，在经历了许多政治风波后，奥巴马于 2010 年签署了《患者保护与平价医疗法案》，为医改立法。

我并不是想说从总统演讲到医改法案的通过是必然的，或者是一蹴而就的（想想非钟摆理论）。但是国会通过了医保法案，而气候变化问题在国会却毫无进展，这并非巧合。[②]议程很重要，没有人能像美国总统一样制定国家议程。

① 所有人都希望从总统演讲里听到自己期望的内容，很少有其他政治人物（例如国会领袖）的演讲能产生这样的效果。

② 奥巴马后来通过行政命令，采取了一系列重要的举措，但当特朗普接替他时，这些行政命令大部分被废除。

在政府内部，总统的重要演讲是工作人员专注努力的目标（这个必须在总统演讲之前准备好）。在国会山，人们对于观看重要演讲可能充满了期待（一旦总统发表了演讲，我们就要真枪实弹地开始准备了），也可能有不祥的预感（总统今晚要打我们脸了），这取决于党派关系。总统经常利用这样的场合来敦促国会采取行动。这在偏远地区都是具有里程碑意义的事件，比如，国情咨文演讲是为数不多的让大量电视观众放弃观看体育赛事和情景喜剧，转而关注政治的原因之一，一些人甚至停止了手里正在编辑的短信。

大量的时间和精力被用来准备这场重要的演讲。演讲稿撰写人和演讲专家努力地斟酌其中的信息表述。政策专家提出建议并认真检查每一稿的准确性。政界人士为时间的安排、环境的布置和观众的选择考虑再三（千万不要和周一晚上的橄榄球比赛冲突）。媒体专家非常热衷于关注灯光、音响甚至总统衬衫和领带的颜色。内阁官员和其他指定的舆论专家全副武装，准备在演讲前后影响舆论导向。还有更多方方面面的工作。

在某种程度上，它们构成了荒谬的政治戏剧，令人发笑，但其中也有严肃的一面。美利坚民族并不是非常具有政治色彩的民族，民众几乎天生就对一切政治事件持怀疑态度。他们忙于生活，比如挣钱谋生、找保姆或者带孩子去踢足球。因此民众很少有时间或意愿去关注或参与政治辩论，政府与选民沟通的难得机会就在于此。

政界人士深知，这样的机会不能浪费。一个适时的、精心设计的、强有力的总统演讲，从椭圆形的办公室或众议院可以传到千家万户，可以鼓舞总统团队，影响公众舆论，同时给国会带去政治压力。失败或者错失良机就意味着前功尽弃。

因此，总统们有一种独特的能力来教育或误导公众，激励选民或让选民昏昏欲睡，打破或者陷入美国政府本质上的惰性。罗斯福有句名言：总统是站在

“天字第一号讲坛”上讲话，带有相当明显的宗教色彩。如果在广播和电视出现之前已是如此，那么在如今的即时大众传播和社交媒体时代，该描述则显得更加贴切。在无尽的推特和帖子的喧嚣中，美国总统的“天字第一号讲坛”脱颖而出。

因此，那些登上国家第一号讲坛，以及登上各地讲坛的人，肩负着特殊的使命。作为政府与公民之间的纽带，他们塑造了零售政治。他们将出售真东西还是样子货？他们会传递恰当的信息，还是让表象掩盖本质？如果对手执意用卑鄙的伎俩，他们还能坚持出淤泥而不染吗？

目前来看，制造噱头和引导舆论是比较简单可行的路线。不出所料，人们也经常这样做。在我看来，最主要的原因就是前文已经提到过的：复杂的思想很难推广，尤其是在民众注意力持续时间短暂且对政府缺乏信任的情况下。如果是听起来正确的简单的补救措施和时髦的口号，就具备巨大的战略优势。事实上，这是一场一边倒的战斗。合理却复杂的政策以尖锐言论的形式进入政治圈时，比较容易被抓到把柄而遭受攻击，从而陷入政治困境，这种情况很容易导致政策在早期就宣告失败。

例子比比皆是。我们先来看第一个例子。几乎所有美国人都支持这样的政策（至少自金融危机以来，甚至在金融危机之前也可能是）：结束“大而不倒”的信条，即政府救助濒临破产的金融巨头。除了那些大银行家以外，没有人喜欢银行被救助。然而，政府在危机期间对贝尔斯登、房利美、房地美、美国国际集团和其他公司（不包括雷曼兄弟）的救助也是“大而不倒”的体现，这些救助对于限制抵押损失来说可能是必要的（看看雷曼破产时的惨景），但是大多数美国人憎恶这样的救助，仍然认为这是政策灾难，并且不想再看到这样的场景。2010 年《多德 – 弗兰克法案》的出台，说明了奥巴马政府和国会议员深知这一切。

事实上,《多德－弗兰克法案》确实终结了“大而不倒”。问题是，大多数人并不知道，因为公众很难弄懂复杂的法律条文，尤其是（现在仍然是）受到“大而不倒”的宣传的狂轰滥炸，而奥巴马政府的财政部也没有试图解释过。具体来说,《多德－弗兰克法案》的第二章发明了一个叫作“有序清算权”的名词（你在打瞌睡了吗？），它赋予了以联邦存款保险公司（FDIC）为首的监管机构让困境中的金融巨头缓缓地、平静地死的权力，而不是像雷曼那样轰然倒塌。

这里的关键词是清算，这是金融机构“死亡”的委婉说法。有趣的是，奥巴马政府的财政部曾在 2009 年建议，让监管机构来决定对于一家经营不善的银行是清算还是纾困。这意味着政府还是希望让银行存活下来，只是换了种表达方式。然而，国会坚决拒绝了这一解决方案。困境中的金融巨头将无法死灰复燃，它们必须死去。这就是法律。

遗憾的是，联邦存款保险公司等机构花了大约三年半的时间，才将《多德－弗兰克法案》授予的有序清算权落实到具体的规则和程序中，并将其命名为“单点进入”（别问我这是什么），并在 2013 年底公布了征求意见稿。我相信（我不会用细节来烦你）这是一个很好的计划，尽管直到它测试之前没有人真正知道它该如何执行。

最后，为了防止出现问题,《多德－弗兰克法案》的第 214 节（又抓到你打瞌睡了！）明确规定:“纳税人不应因行使第二章下的任何权利而蒙受任何损失。”让我来画一下重点：零损失。如何实施呢？如果企业资产的有序清算留下了一个必须由国库来临时填补的窟窿，法律规定:“金融业界负责偿还国库的评估损失。”

看懂了吗？我猜没有，这就是问题所在，这个信息表述得太复杂了。如果将前几段话和宣称“大而不倒”的信条依然存在的误导性宣传做比较，或者和 20 世纪 30 年代《格拉斯 – 斯蒂格尔法案》下的商业银行与投资银行的分业经营做比较，在某种程度上就可以说得通了。（谁能解释一下？）现在你应该能明白，比起不准确但简单的信息，准确但复杂的信息处于非常不利的位置。

第二个反复被提及的例子是减少联邦预算赤字的根本原因。多年来，民主党和共和党的政客们都犯了错，因为他们把削减赤字宣传成创造就业，或者把增加赤字的财政政策说成是破坏就业，而真相更接近于在众多的评论中极少出现的“视具体情况而定”。

更好的公共政策带来的到底是更小还是更大的预算赤字取决于诸多因素，包括经济是繁荣还是停滞，以及现有国债规模与 GDP 的比例（又到了一个打瞌睡的地方）。但从长期来看，支持减少赤字的根本原因既不是为了创造就业，也不是为了破坏就业，而是为了提高实际工资。

为什么？原因有些复杂，请耐心听我一一道来。当然，政治辩论不会讲到这些，这是我的个人观点。赤字减少意味着联邦政府借贷减少，联邦政府借贷的减少会导致实际利率下降，而这反过来会促进更高水平的商业投资。随着企业投资的增加，工人将得到更多、更新、更好的资本。因此，他们的工作效率会提高，实际工资也会随之提高（本应是长篇大论）。

那么，削减赤字是否会对整体就业产生重大影响？只要美联储做好自己的工作，答案就是否定的。在正常时期，美联储的主要责任是管理 GDP 规模的短期变化，从而协调总体就业。

1993 年，当我还在为克林顿政府工作的时候，考虑到经济真相研究小组一直在与政治信息审查斗智斗勇这一潜在事实，我们精心打磨了赤字削减计划的信息表述，如果你仔细听了的话（谢天谢地，大多数人都没有）。请注意，我们的声明是：有了我们的计划，美国将在 4 年内创造 800 万个新的就业机会。我们很谨慎，没有说因为我们的计划，美国将新增 800 万个额外的就业机会，这将是可怕的夸大。但我们也没有说，如果没有我们的赤字削减计划，美国也可能创造近 800 万个就业机会！这似乎是个无关紧要的细节。无论如何，我们表述的信息肯定不会像歇斯底里的共和党人那样具有误导性，他们声称，增加税收将使美国经济陷入混乱。

类似的情景在 2009 年也出现过，当时奥巴马政府提出了一项包括增加联邦开支和减少税收在内的庞大的财政刺激计划，以此来“挽救或创造”数百万个就业机会。由于当时的经济有那么多闲置的产能，他们提出能创造就业是非常合理的。尽管如此，由当时的众议院议长约翰·博纳（John Boehner，俄亥俄州共和党议员）领导的共和党人仍将联邦开支的增加称为“就业杀手”，尽管谁也说不清楚为什么。当政府增加开支的时候，它会做以下三件事：政府直接给人们发钱；政府向私人企业购买商品（电脑、飞机等），从而使企业雇用更多的工人；政府帮人们支付社会保险、失业救济金等，使人们能够把更多的钱花在商品消费上，从而创造出更多的就业机会。这些怎么会扼杀就业机会呢？

当然，增加联邦政府开支并不总是正确的做法。有合理理由反对某些支出计划，比如：它们可能是浪费的（西弗吉尼亚有太多的高速公路）、无用的（在人口稀少的地区大搞建设）、愚蠢的（特朗普总统的选民欺诈委员会）或者单纯是代价不菲的；让联邦政府来完成可能更适合留给州和地方政府或私营企业完成的活动；它们在应该缩减预算赤字的时候，反而扩大了赤字；等等。有许多潜在的合理理由可以用来反对特定的政府支出，但“扼杀就业”的说法并不在此范畴。

政治舆论炒作：一个充满希望的骗局

所有人都迷失方向了吗？难道这场政治舆论战必须义无反顾地抛下真相吗？难道巴纳姆的受骗者比杰斐逊的国民还多吗？政界人士是否必须更加关注“符合政治主张”而不是实事求是？美国现代史甚至在 2016 年大选之前就对所有这些问题给出了肯定的答案。现在看起来这些答案更是不言自明的，这无疑是大多数政界人士信奉的东西。

但是关于政治信息的未来，我提出了一个打破陈规的理论。它基于一个经过时间检验的经济学原理：稀缺性创造价值。当一种商品变得过剩时，价值就会降低。此处的过剩商品就是政治舆论炒作，它自 1980 年以来以惊人的速度激增。一开始，效果非常出色，里根总统的幕僚还被誉为这方面的艺术大师，里根在电视上的表现也非常了得。但过去是过去，现在是现在。我相信，在经历了 30 多年重度的政治舆论炒作之后，美国人民已经受够了，他们渴望目前稀缺的商品：直言不讳。

根据这一无可否认的推理假说，政界人士已经把炒作技术发展到了边际收益递减的地步。选民们已经对整个模式感到厌倦与不信任，他们越发地感觉到这是一场骗局。他们热切地期盼着那些不落俗套的政界人士可以像跟他们每天打交道的人那样直言不讳，而不是对着提词器朗读。当然，出于本章提到的所有合理理由，这些不落俗套的政界人士也需要斟酌他们所传播的信息。但他们会与政治炒作严格划清界限，像普通老百姓隔着餐桌那样与公众交谈，而不是像大多数在聚光灯下的政界人士那样讲话。

我能论证这个假说的正确性吗？当然不能。绝大多数政治专家会向你保证，艾伦·布林德大错特错。单凭这一点，直言不讳就成了一种冒险的策略。但回想一下 2016 年的总统初选，参议员伯尼·桑德斯（Bernie Sanders，佛蒙特州独立议员）展示了惊人的政治魅力，地产大亨（也是电视名人）特朗普击败了 16 名竞争对手。桑德斯来自一个只有 3 张选举人票的佛蒙特州，当年 74 岁，非民主党人，自称是社会主义者。特朗普显然也不是共和党人，他以在电视节目里解雇员工的亿万富翁形象而出名。这些是取胜的秘籍吗？

桑德斯和特朗普有一个共同点：当他们说话时，他们的话听起来像普通人可能会说的话（尽管非常义愤填膺），而不像经过民意测试的那种从提词器读出来的空话。这可能就是那么多选民会被桑德斯吸引、被特朗普拿下的原因吧。

当然，直言不讳的特朗普总统已经超越了政治炒作，转向了“另类事实”，又名谎言。但是渐渐地，美国公众似乎穿透了这层迷雾，而且看到了自己并不喜欢的东西。在下一阶段的政治对话中，我们会有幸实话实说吗？我们至少可以抱此希望。

我的希望是这样一种假设，但愿不是空想：政界人士对直言不讳的强烈需求面临着许多艰巨的挑战。其中一个挑战是，每次沟通都需要面对信息发送方和信息接收方。只有少数政界人士（经济学家几乎排不上）有直接与广大美国公众沟通的特权，其他所有人都必须通过媒体。

因此，我们在下一章将谈谈至关重要的媒介。

ADVICE
AND DISSENT
WHY AMERICA SUFFERS WHEN
ECONOMICS AND POLITICS COLLIDE

| 第 4 章 |

作为政界信使的媒体与公众利益的冲突

诗人的话是对的：不能忍受她们，但也离不开她们。①

——阿里斯托芬

2016 年 9 月下旬，希拉里和特朗普之间的第一场总统候选人辩论成为媒体盛事，其电视的收视率堪比超级碗的收视率。然而几乎所有政治专家一致认为，对于选举来说，最重要的不是辩论的实质——内容本身（民意调查显示，希拉里轻松胜出），而是接下来几天电视、报纸、推特、博客等媒体上一遍又一遍重复播放的辩论片段。

结果，辩论后的一周充斥着特朗普的各种热点，包括：特朗普 1998 年企图进行的交易违反了美国对古巴贸易禁运规定（违反联邦法律）的报道，其名

① 本句是想表达男人不能忍受女人又离不开女人的一种复杂的情绪。——编者注

下基金会在募集资金时违反了向公众集资的纽约州法律的新闻，以及他 1995 年的纳税申报表的曝光。但占据了那一周媒体焦点的还不是这些，而是特朗普对 1997 年环球小姐艾丽西亚·马查多（Alicia Machado）的贬损。特朗普称马查多为“猪小姐”，进而侮辱了所有超重人士，还称她为“家政小姐”，从而侮辱了所有拉丁裔。

这些新闻并没有带来任何积极意义，也没有传达出对于议题的有用信息。但是对于整个竞选的媒体报道来说，恰当的描述是：它们增加了报纸销量，吸引了电视观众，并在推特、脸书和博客圈引发了无数的“讨论”（用个相当客气的词）。而又有谁真正关心过“同类”（like-kind）房地产销售的税收待遇呢？

媒体的风险：从传播信息到解读信息

阿里斯托芬在公元前 411 年（大众传播媒介出现之前）就写下了本章的章首隽语。他写的是男人和女人之间复杂的、时而不稳定的关系，当然，这是通过男人的视角所看到的。这个观点同样适用于政府官员和媒体之间复杂的、时而不稳定的关系，广义上包括网站、博客甚至脸书和推特信息流。

媒体可以让位高权重的人物痛苦不堪，有时还可以严重干涉政府行为，早期特朗普政府经常发生的大量泄密事件就是一个极端例子。很明显，政府官员不能很好地与媒体相处。但好的一方面是，媒体可以让政府官员负起责任，并且可以作为向千百万公民传播信息的重要渠道，否则民众根本不知道政府在做什么，这两种情况也适用于特朗普。因此，政府官员显然不能也不该远离媒体。

诚然，著名的政治人物确实有机会直接与民众对话，这被称为“绕开媒体”。美国总统几乎可以在任何他希望的时间使用这个权力，特朗普总统更是将这个特权利用到了极致，尤其是在推特上，那里无须回答任何提问。其他主要的民选官员偶尔也会得到这样的机会，只是会少一些。

大多数政界人士与民众之间的直接沟通机会是凤毛麟角的，甚至当他们“直接”对民众讲话时，他们的演讲说好听了是被重度剪辑过的，说不好听则是经过记者和编辑的断章取义。类似于总统的年度国情咨文演讲这样的可以完整地播放给广大观众收看的演讲非常罕见。另外，推特和短视频虽然很流行，但仍然无法完全替代电视报道。或许特朗普总统除外，因为他的每条推特似乎都会成为全国电视新闻的头条。

因此，政界人士和政府高官别无选择。他们的声音如果想要被听到，就必须通过媒体来传播他们的信息。游戏的规则很简单：官员与记者交谈，记者提问，然后将至少部分信息如实地传播给数百万观众、听众或读者。

为政府服务的经济学家和其他未参与选举的政治专家，即使身居高位，也几乎从不与公众直接对话。又有谁会想听呢？1994—1996 年，我曾担任美联储副主席，并以这一身份发表了多次演讲，但所有这些演讲的观众都相对较少，从未超过 1 000 人，而转播也只会在路透社电视台、有线卫星公共事务电视网（C-SPAN）或美国消费者新闻与商业频道（CNBC）等频道播放，肯定不会在美国全国广播公司（NBC）或福克斯新闻频道（Fox News）播出，这些电台准确地判断出我的大多数演讲都是枯燥乏味的。因此，非政治官员传播信息的主要方式是将信息呈现给媒体去消化和过滤，然后抱着希望可以被播出，让更多人看到或听到。正如一位媒体学者多年前敏锐地观察到的那样：“如果森林里有一棵树倒了，除非被记者看到，否则不会有人知道。”[1]

该媒体学者应该在“记者看到”之后补充一句：“并且选择报道这件事。”

因为媒体不只是一个被动的渠道。很明显，记者、编辑和制片人的工作就是选择报道什么，忽略什么，以及对每个报道投入多少资源。一棵倒下的树只有在媒体认为它是新闻的时候才是新闻，经济政策也是一样。当然，编辑是新闻工作必要且固有的组成部分。如果没有事先的筛选和过滤，我们会被报纸和电视新闻用各种各样的真假信息狂轰滥炸，就像博客或社交媒体那样。

新闻工作者的作用还不止这些，他们不仅仅在传播信息，还不可避免地在解读信息。请注意，媒体的这种解读不能算是有害或者不恰当的。毕竟大多数读者和观众都不是专家，他们需要有人为他们把新闻（包括经济新闻）的来龙去脉解释明白。此外，一个充满活力的民主国家的公民不应仅从表面上接收政府官员的言论。新闻媒体的解释作用不仅不可避免，而且完全合法，甚至可能必不可少，如果处理得当且诚实可靠，那么其无疑是有利于公众利益的。

新闻媒体也可能会被滥用。我们都看过报纸和电视的新闻报道，其中事实和观点（记者的观点）之间的界限是非常模糊的，大部分的“新闻”从头到尾全是观点。许多评论家认为福克斯新闻频道既不公平也不公正。还有像布赖特巴特（Breitbart）这样的新闻网站，明目张胆地制造“假新闻”。

当媒体陷入虚假等同（false equivalence）的逻辑错误时，即使公正的新闻也可能是非常不公平的，并且非常具有误导性。第 1 章中提到过这样一个例子：1981 年的“供给学派”观点认为，降低税率实际上可能产生更多的税收收入，这一观点得到了大约 18 位经济学家的支持，但遭到了大约 1.8 万名经济学家的反对。为了听起来不带偏见，媒体尽职尽责地报道称，经济学家们在这个问题上存在分歧。分歧？当分歧是 1 000 ∶ 1 的比例时，描述经济学家“意见分歧”并不会让公众更明白，反而是误导了公众。

这种沉迷于虚假等同的倾向是糟糕的主张不断困扰我们的主要原因之一。在 2016 年的总统竞选中，就连非典型的共和党人特朗普也觉得有必要提倡大规模降低预算的减税政策。这就是共和党人的所作所为。显然，人们对于这个庞大的减税计划及特朗普在短期内平衡预算的承诺信以为真，他甚至提出要在8年内还清国债（他确实有这么说过）。这是特朗普用什么新算法得出来的结论吗？并不是，这是一个弥天大谎，但媒体几乎从未这么评价过。

当选后，特朗普开始在某种程度上兑现他的减税承诺。2017年4月，特朗普政府发布了一份一页纸的税收计划大纲。实际上，这一页纸上没什么内容。如果略去开头和结尾的无意义文字，那么关于税制改革的实质性的内容一共有107个字。一个月后，管理和预算局公布了总统预算，完全没提税改计划！我想他们只是忘了，但他们却记得把减税可能带来的增长囊括在内，真是稀奇。最终在9月下旬，政府提交了一份8页纸的文件，比4月的那一页纸细化了一些。但这份文件仍然遗漏了许多重要的细节，比如修正哪些税收漏洞来为承诺的减税创造出空间，这些都是后来随着税收法案在参众两院的通过而被补充进去的。

虚假等同引起的问题并不局限于经济政策。2016年大选有个令人不安的现象：观察显示，选民既不信任希拉里也不信任特朗普。也许这就是总统就职典礼到场人数如此之低的原因。《纽约时报》专栏作家汤姆·弗里德曼（Tom Friedman）是这样描述竞选期间的情况的："政治上的谎言并非生来平等……希拉里让人恼火的地方在于，她的搪塞似乎毫无必要，而且经常侮辱我们的智商，但并不是关乎生死存亡的问题。至于特朗普，他的谎言是工业级的，而且经常互相矛盾……他的谎言背后没有任何理论支持，唯有他的个人利益。"[2]

例如，希拉里提出了一个站不住脚的说法，称美国国务院允许她将电子邮件保存在私人服务器上，而特朗普则荒谬地声称，他要让墨西哥为数十亿美元的边境墙买单；再者，希拉里不愿向高盛提供她的演讲稿（几乎可以肯定不是什么大事儿），而特朗普甚至连一份纳税申报单都拒绝公布。这些并不是可以等同的，认为它们是一回事并不是在呈现客观事实，简直就是歪曲事实。

斯蒂芬·科尔伯特（Stephen Colbert）言之有理："感实性"（truthiness）的客观标准很难制定。或许，我们能找到的最接近的答案是政治真相新闻网（PolitiFact）对候选人希拉里和特朗普的言论进行打分的表格，每个人都按照以下真实程度进行打分：实话或大部分实话、一半实话、大部分假话或假话、一派胡言。表 4–1 是选举前一个周日基于 600 多条评论的记分。

表 4–1　政治真相新闻网对希拉里和特朗普的言论打分

候选人	实话或大部分实话	一半实话	大部分假话或假话	一派胡言
希拉里	50%	24%	24%	2%
特朗普	15%	15%	53%	17%

希拉里的评分没有达到乔治·华盛顿声称的标准，但是，声称她的得分与特朗普不相上下，那简直是一派胡言。

尽管如此，新闻同样不应该为公职官员的利益服务，不论他们是选举出来的还是被任命的，新闻不是为此而存在的。在理想的情况下，新闻应该仔细监督政府的行为，并一心一意地为大众利益服务。但第三种利益有时会悄然出现，扭曲结果，即第四权[①]的自身利益。事实上，许多细心的观察人士担心，第三种利益对新闻判断的影响巨大，而且不断加剧，例如，电视新闻越来越像娱乐节目。除此之外，你还能如何描述广播中的谈话节目，更不用说许多"新闻"网站了。

首先考虑一下这个看似平常的事实，即美国所有的报纸、杂志、电视和广播电台几乎都是私营企业，它们都是为了赚钱。美国公共电视网（PBS）、美国国家公共广播电台（NPR）和像公共利益新闻网（ProPublica）这样的公益

① 第四权指在"行政权、立法权、司法权"之外的约定俗成的第四种政治权力，特指新闻媒体行业。——译者注

网站都是很好的例外。这本身并没有什么问题，就像许多行业巨头一样，最大的媒体公司都是杰出的、强大的、政治关系良好的。然而可悲的是，它们的公司业务可能与公共利益相去甚远。例如，2016 年初，哥伦比亚广播公司的莱斯·穆恩维斯（Les Moonves）在提到特朗普在共和党初选中不可思议的成功时，他的话让很多人诧异："这或许对美国没有好处，但对哥伦比亚广播公司却大有好处。"

是的，主流媒体巨头是非常强大的。但在一个智能手机可能比电视更能吸引眼球的社会，这些媒体渠道正受到网站、推特或脸书等新竞争对手的围攻。对新闻经营者来说，失去受众堪比一场即将到来的灾难；对政界人士来说，没有媒体曝光的生活将无法想象。因此，这里存在利益交换的空间。作为政治界的流量明星，特朗普比任何人都更熟知这一点。

逐利计划也不局限于公司。许多著名的媒体人士都是独立的创业者，有自己的目标，比如名利双收。如果你是一个有抱负的或现实的媒体明星，在数百万人面前露脸可能比老老实实写报道更重要。记住，宣传的第一条规则是：增加曝光率。经常出现在电视上的明星记者不仅有令人羡慕的薪水，而且在巡回演讲中也经常被邀请，5 万美元甚至更多的演讲费用现在已经司空见惯，而且仍有水涨船高的态势。近年来，几位已不在职的政界人士转行成了"新闻工作者"，挣着很高的薪水和演讲费。

这些有什么关系吗？金钱的诱惑蒙蔽了记者的判断力，还是影响了他们报道的内容？这由大家来评判。但如果让你选择，是花一天时间深入研究一些晦涩的税收减免政策细则，还是在全美肉饼爱好者协会的年会上以 5 万美元的报酬发表演讲？

一些具有远见卓识的观察人士长期以来一直担心媒体报道的整个过程中可能存在腐败问题。美国全国广播公司的汤姆·布罗考（Tom Brokaw）曾嘲笑收取巨额演讲费的做法是“白领犯罪”，当然，这不仅限于新闻工作者。几年前，当时还是美国广播公司明星的泰德·科佩尔（Ted Koppel）因为担心自己作为新闻工作者的公信力会受到利益冲突的威胁而停止了收费演讲：“外面那些拿着普通工资的人要是听到这个数字，他们想不到这是一天的工资，也不会相信只是演讲本身就能值这么多钱。”[3] 问问希拉里就知道了，她花了数月一直在平息外界对她在高盛做高价演讲的反复批评。透过现象看本质，调查记者很难批评一个付给其丰厚费用的公司，这是人类的天性。

用利益绑定解决委托代理问题

记者和媒体公司可能会因为逐利而声名扫地。但这很奇怪吗？这几乎适用于所有人。从这个简单的观察中能得出什么结论？当然，这并不是说媒体人就应该穷困。记者、编辑和新闻主播不是圣人，也不应该被期望成为圣人。关键问题是：新闻媒体的自身利益在多大程度上会与公众利益相冲突？媒体人是否有正向的激励措施，促使他们为广大公众的最大利益服务？

令人惊讶的是，经济学家在这个问题上投入了大量的精力，通过经济学分析给出了一些解答。我们称之为“委托代理问题”。大致的逻辑是这样的：通常一个人扮演着“委托人”的角色，由于缺乏时间或专业知识，会雇用其他人作为其在交易中的代理人。常见的例子是：你希望房地产经纪人为你想购买（或出售）的房子争取到最好的价格，你希望独立的保险代理人为你挑选最好的保险政策，你希望金融顾问为你找到适合你的投资交易。但如果他们不这么做呢？如果他们本应为你的最大利益而做出的决定被扭曲了，甚至为他们的最大利益所左右了呢？这就是委托代理问题的本质。

最经典的经济学案例之一就是大公司股东和管理层之间潜在的利益冲突，

这是一个几代经济学家一直在研究的问题。在这里，股东是委托人，公司管理层是代理人。管理层本应追求股东的最大利益。问题是：他们会这样做吗？大多数经济学家会回答：不一定。如果管理层的薪酬和声望与公司的规模挂钩，而公司股票的价值与公司的利润挂钩，那么管理层的决策可能会倾向于规模而非利润，结果将损害股东利益。例如，管理层可能会寻求兼并收购的机会，把公司做得更大，不惜公司股价下行。[4]

如何才能克服或减少这种委托代理问题？虽然没有万全之策，但经济学理论已经给出了一些可能的补救方法，其中三种方法可用于作为委托人的高级政府官员，利用作为代理人的媒体与公众沟通的情况。

在可行的情况下，解决委托代理问题的第一种也是最直接的方法是，使用适当的、有时富有想象力的财务激励，使代理人的利益与委托人的利益绑定在一起。这是针对管理层与股东问题常用的补救方法。一个被广泛采用但错误的解决办法是，主要以期权的形式向管理层支付薪酬，这样管理层就会追求股东的目标：提高股价。

这种做法有什么问题吗？这里不是长篇大论讨论管理报酬理论的地方。简单来讲，期权并不能完全绑定股东和管理层的利益。比如，一旦股价跌至远低于期权的“执行价格”，股东会因股价进一步下跌而持续损失，但期权持有者的边际损失则很小。当股价上涨时，期权的价格上涨幅度比股票价格的上涨速度要大得多。授予管理层以股票而非期权，是使他们的利益与股东利益一致的更好方式。一些企业正开始朝着这个方向转变。

把公司股东遇到的问题与政界人士和媒体打交道做类比，似乎有些牵强，毕竟新闻记者不是政府的雇员。打消这种疑虑的有效方法是，先问一个简单的问题：政客和媒体双方利益是否一致？不太可能。政治人物希望他的信息能准确无误地、友好地传递给选民。记者希望他的报道醒目地刊登在头版或上晚间新闻，这可能需要冲突、争议或者哗众取宠的内容。

政府官员有什么办法“付钱”给记者，让他们表现得更好吗？遗憾的是，还真有，那些“不够谨慎”的官员便是通过选择性地泄露信息来收买记者的。毕竟内幕消息在新闻界就是金钱。

现在我要回到一个不体面的话题上：泄露信息。以我在华盛顿的观察来看，这一现象普遍存在。事实上，这就是一些华盛顿最精明的政界人士拉拢媒体的手段。交易很简单，你把消息透露给我，我就在媒体报道里正面宣传你。当你读到一篇吹捧华盛顿政界人士的报道时，那很可能反映了这个人长期给记者透露消息。然而，站到公众利益的角度来看，这种激励机制是极其荒谬的。

经济学家提出的解决委托代理问题的第二种方法是让委托人密切监视代理人的行为，以确保代理人的行为符合规范。这种特殊的解决方案在股东与管理层的案例中很难奏效，因为普通的股东既无法获得必要的信息，也没有时间来处理这些信息。大股东可以做得比较好，一些大股东确实也会这么做。相比之下，盯住正在出售你家房子的房地产经纪人更切实可行，尽管仍然很困难。

在报纸印出来之前，政府官员能盯着记者怎么写吗？你一定会说，肯定不能，这侵犯了新闻自由。你的答案在很大程度上是正确的，而实际上对新闻行业里政策干涉情况的审查虽少但还是存在的。例如，在担任美联储副主席的时候，我很多时候坚持认为，作为接受采访的条件之一，记者应当在引用我说的话之前与我核对。这意味着我不仅要检查用词的准确性，还要核对上下文的语境，这个要求不是我第一个提出来的。虽然这种较弱的监督形式并不总是有效，但如果你面对的是一位希望做真实新闻报道的谨慎记者，没准会有效。

也许在交易双方认为可能会反复交易的时候，经济学中的委托代理问题就产生了最精妙的解决方法。在这种情况下，双方都会有强烈的动机去发展一种以信任为基础的合作关系，这样双方都可以在未来受益。也就是说，委托人希望尽量减少代理人的机会主义行为，比如通过让你多付钱买房子来赚取更多佣金。如果代理人相信将来会更加有利可图，他就不会只盯着眼前的利益。

类似的想法是否也适用于政府高官和媒体之间的交易？答案是肯定的。报道白宫、财政部或美联储等机构的记者希望一而再、再而三地从同样的消息来源获取信息。由于建立与高级官员的关系是一种宝贵的资源，尤其是官员同意接受公开采访，所以记者就有强大的动力来培养彼此间的长期关系。这就意味着，他们需要彼此坦诚、尊重和信任，而不是胡编乱造。

另外，政府的高级官员，无论是选举出来的还是被任命的，都知道他们将会反复面对同一群记者。如果官员说假话或者不回应，记者们可能会不再那么友善。美国白宫前新闻发言人肖恩·斯派塞（Sean Spicer）与媒体记者的唇枪舌剑便是典型的例子。但是，如果政府官员乐意接受采访，记者可能会回敬以赞美的文章。在最糟糕的情况下，双方将达成前文提到过的浮士德式交易：用内部消息来交换正面宣传。在理想的情况下，这种交易可能意味着政界人士以真相换取了记者报道的真实性，公众成为最终的赢家。然而，实现起来并非易事。

我在担任美联储副主席时，发现了第三种方法，也用过几次：当一个记者写了一篇特别不准确或非常有敌意的报道时，我会把他放到“禁赛名单”中，意味着我将拒接他的电话，拒绝他的拜访。现在，想象你是一名被指派长期采访美联储的记者。如果你与美联储副主席的联系中断了，你可能就有麻烦了，尤其是，如果你的竞争对手还在和美联储副主席保持联系的话。这些记者通常会吃一堑长一智，一旦“禁赛时间”结束，后续情况也会有所改善。

你不能不分对象地运用这一策略。我罚下场的那一小部分记者非常清楚他们是因为什么被罚下去的，因为我会告诉他们。这个办法还取决于双方是否希望建立一种长期共赢关系。如果你的任期即将届满，这个办法是不可能奏效的。对于那些打一枪换一个地方的记者来说，也是不可行的。

到目前为止，我所讲的都是政府官员扮演着“委托人”的角色，努力地让第四权的那些脾气暴躁的家伙表现得像“代理人”。这是政府和政界的普遍观点，也是“政治化妆师”这个职业的由来。

现实情况要复杂得多，委托人和代理人的角色可能会互换。有时媒体表现得更像委托人，利用政府官员作为代理人来助力自己的事业。像《他说，她说》这样的媒体游戏，以及其他人为制造或夸大的冲突，这都是耳熟能详的例子——媒体人利用政府官员为自己的履历增光添彩。

探戈需要两个人共舞，但任何一方都可以领舞。官员们可以在记者面前拿着内部消息作为诱饵，以激发更有利的报道。记者也可以在官员面前用正面宣传或者大量关注度诱使他们泄密。维持和加深长期关系的愿望有助于让任性的记者遵守规矩，同样，它也能帮助政府官员登上报纸头条。

人为策划出来的新闻事件尤其令人费解，因为根本分不清是谁在利用谁：政府高层显然可以将新闻媒体作为不可或缺的媒介向公众推销自己；媒体也可利用重要政治人物的吸引力，带动报纸销量或提高电视收视率，就像特朗普在 2015 年和 2016 年共和党初选辩论中为美国有线电视新闻网（CNN）和福克斯所做的那样。这是一种共生关系，双方都将从中受益。遗憾的是，公众如果把这些媒体报道当作事实来接受就大错特错了。

那么谁是委托人，谁是代理人呢？换句话说，是谁在操纵谁呢？复杂的现实是，通常双方都极力试图掌握主动权。一个重要因素使天平向媒体倾斜：大多数新闻记者可以常驻华盛顿，而几乎所有的高级官员，无论是选民选的还是被任命的，都是有期限的临时工。

这种工作任期的明显差异带来的后果是显著的。记者在判断或事实描述上的错误很少会对其造成持久的伤害。在大多数情况下，这种错误可能会被要求刊登一个报道撤回说明来充样子，有时甚至到不了这个地步。尤其是意见领袖，他们可能也确实做出过极其错误的预测，或提出过荒谬的分析，但这些事很可能在下周日脱口秀节目时就已经被遗忘了。对他们来说，比赛还在继续。

政府官员的处境却截然不同，一次严重的媒体中伤可能带来致命的伤害：事业甚至生活都可能被毁掉，游戏会突然结束，职业生涯将止步于此。是的，华盛顿的每个人都可以参与这场游戏，但对公职人员来说，这个游戏很危险，对记者来说则相对安全。这种提醒无异于官方警告。

“白宫漏水”：当未经授权的信息泄密时

前文提到过信息泄露这一让人讨厌的问题。从在华盛顿工作期间一直到离开之后，我经常听到的一句话是：“国家这艘大船从上层开始漏水。”这是事实，但只说对了一部分。可悲的是，这艘国家之船也会从中间和底部漏水。

在对泄露行为进行分类时，我们首先要排除那些偶然泄露的情况，比如一位政界人士在公开场合不小心说漏了嘴。当然，这相当尴尬，但更耐人寻味的是有目的的泄露。可以使用以下两种方法对信息泄露进行有效分类：经过授权的还是未经授权的；恶意的还是非恶意的。

如果泄露的信息得到了高层人员的批准，那么它就是被授权的。就政府而言，这可能意味着美国总统或代他行事的某些人的授意。就国会而言，它的发声渠道更多，通常意味着国会领导层中某些人的授意。

经授权的泄密是华盛顿的一种生活方式，在大多数情况下并非恶意（当然，也有明显的例外）。有些信息泄密是为了试探民意或政治反应，还有一些只是为了暗示业内人士，而不是大张旗鼓的传达。此外，其他经过授权的泄密信息可能会作为礼物送给中意的记者，换一种说法是：可能是对他们所提供服务的报酬，或者是对所期望的未来服务的预付款。记者们自然会为自己通过勤奋和机智挖掘出的每一条独家新闻感到自豪，而事实上，有些新闻是自己送上门的。这一切大多数时候是与不道德无关的。公平地说，许多出色的记者通过勇敢的调查挖掘出了精彩的报道。

真正令人厌恶的是未经授权的信息泄密。在华盛顿，人们恶意地向媒体泄露消息，除了讨好记者，还有两个更重要的目的：你可以通过信息泄露来攻击竞争对手个人，也可以通过信息泄露来破坏政策。这两种令人苦恼的情况都很常见，因此它们被视为华盛顿自然秩序的一部分。未经授权的泄密是华盛顿如此艰难的一大原因。正如《纽约时报》一位记者几年前所说的那样："信息在华盛顿既是金钱，又是武器，是创造和偿还债务、回报朋友、摧毁敌人的手段。"[5] 是的，未经授权的泄密，其能量能够达到摧毁级别。

我们先来说说第一种未经授权的旨在攻击个人的泄密。旨在攻击个人的泄密有很多类型，但其中有两类最为经典。虽然我在华盛顿的三年多时间里还算安然无恙，也不处于特殊的"政治"地位，但我仍然是这两类泄密的受害者。

第一类泄密是用来给你贴上有争议的标签，这是当你在政府中身居高位时最不想被贴上的标签。尽管对于作家、教授或电视名人来说，争议性未必是坏事，甚至可能是好事。争议性会制造关注，但是对于财政部部长或美联储主席就是潜在的灾难，对他们的副手来说更是如此。一旦你被贴上这个标签，你在华盛顿的反对者会让媒体认为你说的话是有争议的。像很多"见义勇为"的人一样，泄密者通常会通过匿名来保护自己。我就亲历过。

美联储的年度会议在全球最美丽的地方之一怀俄明州大提顿国家公园附近的杰克逊霍尔（Jackson Hole）召开。对于经济学家来说，这是一个重大的国际性活动。每年 8 月，世界各地的央行行长齐聚在这个偏远的小镇，经济学家们竞相垂涎会议邀请函，媒体也蜂拥而至。几年前曾经参加过会议的华尔街人士对没被邀请感到不满，只能嫉妒地旁观。除了美丽的景色之外，这里还是一个鹰瞵虎视的地方。

1994 年 8 月的会议研讨主题是“减少失业”，组织者请我以在任美联储副主席的身份在闭幕活动上发言。不过，由于一名不道德的记者和一两个居心叵测的泄密者，我简短而平淡的发言引起了轰动。[6]

在 1994 年 6 月底加入美联储之前，我几乎没有发表过任何公开言论，除了关于两次加息的言论。在加息问题上，我坚定地与美联储多数派保持一致，但我希望大家知道，我仍然非常关心失业问题。杰克逊霍尔会议的主题使它成为一个合适的平台，让我表达这个观点。因此，我说出了当时央行行长们很少会讲的话：美联储应该为低失业率和低通胀而努力。

我是有意要讲这些的，这部分是计划好的，我是那种敢于表达观点的人，但无论我还是其他人都没有预料到随之而来的媒体风暴。事实上，如果不是那名不负责任的记者，这种事情可能永远不会发生。这名记者是在几位美联储高级官员暗地怂恿下这么干的，他们急于在我背后捅刀子（谢天谢地，还好只是打个比方）。特别是美联储的某位高级官员，为了引起记者的兴趣而称我为“离群值”（这是一个统计术语，指的是一个与其他数据点距离很远的数据点）。他们认为，一个观点如此偏颇的人不适合这个职位。

真的吗？事实上，《联邦储备法》（*Federal Reserve Act*）指示美联储既要追求“物价稳定”，又要追求“就业最大化”，这是长久以来保持不变的律法。那天早上，大约有 100 名经济学家在场，他们没觉得听到任何新的值得注意的内容。那天在场的十几位记者中，除了一位以外，其他人也都没听出新意。《纽约时报》的基思・布拉德舍（Keith Bradsher）认为，他听到了一个“大故事”。已故经济学家约翰・梅金（John Makin）目睹了随后发生的事情，他后来对一名调查记者说：“基斯・布拉德舍写这篇文章的动力来自与（美联储）内部人士的交谈。”[7] 我随后从其他渠道证实了这一点。

8 月是新闻淡季。第二天早上，《纽约时报》在显著位置刊登了布拉德舍的文章，开头是这样写的：“美联储副主席艾伦・布林德今天公开与他的大多数同僚保持距离，他认为美国央行应该设法降低失业率。”[8] 我疏远大家？其他人是否希望违反《联邦储备法》（他们没有）？尽管如此，比赛还是开始了，或者应该说，角斗士的比赛开始了。一个多月来，布拉德舍有失偏颇的报道在财经媒体上引起很大反响，支持我和反对我的声音同在。没错，我变得有争议了。

这一切在 9 月 7 日达到高潮，当时《华盛顿邮报》专栏作家罗伯特・萨缪尔森（Robert Samuelson）断言“布林德在杰克逊霍尔把事情搞砸了”，而且布林德缺乏作为美联储的领导所应有的道德水平和智商标准。[9] 这话说得好像我要篡位似的，属于恶意中伤。道德水平不足？在美联储的智商标准之下？哪个是更严重的侮辱？几天后，《新闻周刊》在全国范围内转载了这篇文章，助长了势头。

我从中有所领悟。我不会在公开场合闭嘴或隐藏想法，因为我在深思熟虑之后深信，这样做既不民主，也不尽职。毕竟，我那时是在为美国人民工作，而不是倒过来。当你住在厨房里时，你最好适应那里的温度。

我对失业的看法并没有让我成为一个“离群值”，后来美联储的动作充分证明了这一点。事实上，我在杰克逊霍尔会议上发表的那些所谓有争议的观点，在 20 世纪 80 年代就已经成为共识了。

相反，我学到的是，在一个根深蒂固、不负责任的官僚机构中生存的重要一课：小心身边的人。从那天起，我长记性了。

第二种未经授权的恶意泄密是为了让你提前成为那个跛脚鸭[①]。华盛顿的游戏主题不是金钱而是权力和影响力。一旦你成为跛脚鸭，权力和影响力就开始离你而去，你可以感觉到对手的存在，知道他们将活得更久。运气好的话，他们会和你的下一任建立友好的关系。没有人愿意和跛脚鸭一起逆流而上，因此，聪明的政界人士会推迟宣布他们的离任，直到他们最后一次离开办公室。

遗憾的是，你的对手会很乐于尽早把你变成跛脚鸭。非常简单，他们需要做的就是散布谣言，说你很快就会辞职或被解雇。我清楚地记得有这样一次不愉快的经历。

1995 年 8 月，在斯德哥尔摩的一次晚餐会上，我坐在瑞典首相的旁边，这时有人递给我一张紧急通知，要我马上给华盛顿办公室打电话。由于首相刚起身发言，我没法突然离席。我只能保持风度择机尽快离开，找到电话。我的离席显然不是很体面：会议期间，与会者纷纷猜测美国可能即将加息。当我与我的秘书通话时得知，有报道说，我将很快离开美联储，回到普林斯顿大学。

这个预言在 5 个月后的确成为现实，但在那时，连我自己都不知道在 1996 年 2 月任期结束后，我会留在美联储还是会回到大学。这一决定并非迫在眉睫。美联储紧急打了几个电话，发表了一份简短但毫不含糊的新闻声明，才平息了这一谣言。

针对个人的信息泄露行为令人厌恶，而旨在损害或取消一项政策的恶意泄密，对我们的民主更具危害性。因为这个世界充满了权衡取舍和预算约束，所

① 跛脚鸭，意指任期即将结束或无法连任的人。——译者注

以此类泄密的素材总是非常丰富。预期的政策变化几乎总是使一部分人受益，而使另一部分人遭受损失。有舍才有得。例如，一个构思缜密的税制改革计划将包括弥补某些税收漏洞以降低整体税率，或者提高某些税率以降低其他税率。事实上，所有的贸易协定都是在帮助一些行业或地区的同时，损害了其他一些行业或地区；任何将社会保障或医疗保险建立在更稳固的财政基础上的计划，几乎肯定会伤害到一些人。类似的例子不胜枚举。

事实上，在公共政策或其他任何领域中，很少有免费的午餐。政策的变化总是会产生赢家和输家，这就是为什么恶意的泄密者有机会在一个政策还在酝酿时就把它捅出来。因为通过选择性地揭露综合性计划中的（可能是政治上最具破坏性的）一个方面，泄密者可以将人们的注意力吸引到这个计划的致命弱点上，借助媒体的疯狂报道，从而将它扼杀在萌芽中。你是说医疗改革将由新的税收资助吗？不可能！新预算将提议大幅削减农业补贴？完全不能接受！你想通过减少老年人的福利来改革社会保障制度？休想！你可以随便举你喜欢的例子。

因为权衡取舍是不变的事实，任何政策都必须跨越类似的政治桥梁才能成为法律。所以，你可能会问：提前披露信息真的会对政策造成伤害吗？答案是肯定的，而且伤害非常大。

首先，政府或国会委员希望对外宣布其条理清晰的综合性计划，并以强调积极方面、淡化消极方面的宣传活动来推进。泄密者通过在其他人之前，也就是在政府的信息管理者准备好之前，公布政策中最不理想的一个方面，给计划的公布实施泼冷水，目的是把方案推上袋鼠法庭①，让它失败。特朗普总统试图取代奥巴马医改的第二次尝试就是一个完美的例子。2017 年 4 月中旬，早

① 袋鼠法庭即非正规法庭，也指私设公堂或不符合法律和正常规范的审判。——编者注

在众议院共和党领导层公布该计划之前，一些泄密者就透露，这个计划（当时还是机密）将允许各州取消“社区评级”。听起来非常可信。这意味着，对于那些有既往病史的病人来说，保费可能会大幅上涨。这简直太残忍了，或者就像后来总统自己所说的：卑鄙！

其次，任何政府或国会委员会所考虑的许多在政治上不尽如人意的想法从未公开过，或者有些秘密其实本不需要让大众知道，但是却被泄密者公开了，而这样恶意泄密的做法给最初的计划加上了额外的政治负担。2017 年 4 月，在特朗普税制改革计划草案公布之前，一个近乎滑稽的事情发生了：当时一些匿名的泄密者暗示，税制改革将包括增值税。这显然是不可能的。

信息泄露是令政府官员感到挫败的一个无休止的源头。在克林顿政府任职期间，有几次我似乎理解了促使尼克松建立其声名狼藉的“管道工部门”的幕后原因。（难道没人能帮我摆脱这些卑鄙的泄密者吗？）你可能会问：摆脱了又能怎样？没有人许诺给高级政府官员一份安逸的生活。他们的工作很艰苦，原因有很多，比如工作时间长、工资低、压力大等，而处理“管道漏水”只是其中之一。或许政府官员应该把处理“管道漏水”视为工作职责的一部分。

这种傲慢的表述只说对了一部分，却忽略了一些重要的内容。未经授权的泄密损害了内部辩论的环境，对或许不会被采纳的建议的充分讨论以及专门针对政策弱点的探查，这些都很可能影响决策的质量。当政策制定过程受到损害时，主要的受害者是民众，而不是官员。

我在克林顿政府首次任职期间经历过的医保政策制定过程就是一个典型的例子，工作小组像筛子一样泄露会议内容。我们曾经开玩笑地说，即使你错过了一个会议也不要紧，因为你可以在第二天早上的《纽约时报》里读到它。政策制定也因此受到严重影响。

在某一时刻，泄密事件变得令人难以忍受，因此此后所有的会议都实行无纸化。这就意味着，即使讨论重要且复杂的问题，也不会提前分发文件。会议是这样进行的：我们都在房间里坐下，医疗改革工作小组的负责人艾拉·马加齐纳（Ira Magaziner）开始发言，同时他的助手们开始发放纸质文件。我们经常发现，自己一边对复杂的表格和数据感到困惑，一边还要试图理解马加齐纳所说的内容。（你能一边讲话一边思考数字吗？）会议结束时，所有的文件都会被瞬间收回，包括那些还没来得及读的。当离开房间时，我们只带走了脑海里的印象。这是特别工作组应有的工作方式吗？显然不是。

美联储的情况与我刚刚描绘的场景截然不同。美联储的泄密绝非日常，它不仅被视为严重违反道德规范（即使不是犯罪的话），而且还被视为对机构诚信的打击。特别是关于货币政策的泄密很少有新闻价值，比如 2017 年 4 月时任里士满联邦储备银行的主席杰弗里·拉克尔（Jeffrey Lacker）泄露了市场敏感信息（可能是无心之过，拉克尔后来辞职了）。保持这种高度机密性极大地活跃了内部讨论氛围，并会带来更优质的决策。

请不要误解，我并不是主张政府应该有更多秘密。读过我以前的著作和熟悉我公开立场的读者会知道，早在美联储推行透明制度之前，我就曾提出过这一主张。为了混淆、掩饰决定而隐瞒信息是不妥当也是不民主的，为了逃避严厉的公众问责而隐瞒信息亦是如此。记住，你是在“厨房”工作。

我的主张是：虽然政策建议的早期草案应该是机密文件，但最终成果应该是公开的。出于讨论的目的，政策制定者应该自由地提出他们可能还没完全成形的观点，充分讨论，进行思维实验，甚至发挥想象力去探索更多的可能性。如果对于泄密的恐惧影响了讨论，讨论的充分程度就会受到限制，决策的质量也会受到影响。

早期草案是一码事，最终的成品是另一码事。几乎所有关于政府政策的最终决定，包括支持这些决定的论据和事实，都应该及时充分地向公众披露。显然，这个规则会有一些例外，比如国家安全信息和国家机密信息，但大部分经济政策基本不涉及这些高级机密。

要是把泄密程度比喻为一座高山，那么美联储就在山脚下洼地的雾气当中，而国会山则处在顶峰。如果说白宫有点漏水的话，那么国会应该算是大出血了，这比人们通常想象的还要严重得多。

在美国的政府体制中，潜在的立法需要在行政部门和相关的国会委员会之间进行协商。如果不是这样，国会很有可能独断地处理总统提案，尤其是当政府行政部门和司法部门由对立党控制的时候。这是国会的宪法特权。因此，为了尽量减少这种风险，总统或他的高级助手们会在提案起草过程中与国会领导人进行广泛磋商。职位较低的工作人员经常会协商解决许多细节问题。

如果在立法过程的早期，这种重要的互动做得不够，那么总统的提案可能会在到达国会山时受到冷遇。例如，共和党人抱怨奥巴马总统最初的 2009 年财政刺激方案没有征求过他们的意见，该方案是白宫和国会民主党人单党制定的。我对这个抱怨的合法性表示怀疑，但这已是事实，它是共和党人顽抗的理由或借口。同样，当众议院共和党人在 2017 年设计出第一份医疗改革提案时，不仅民主党人，甚至连共和党参议员都被排除在商议之外，这也是这份提案被人嫌弃的原因之一。

当准备不足影响了国会提案通过立法的时候，两类问题便会暴露出来。第一，政府内部所做的大量努力可能会付诸东流。这既是对稀缺人才的浪费，也给过度劳累的白宫工作人员带来压力。第二，也是更重要的一点，公众很可能会目睹并且厌烦频繁出现的党派之争和政策僵局。这种政治闹剧加深了人们对政治的负面刻板印象，使选民疏远他们的政府。2016 年选民投票的结果就反映出了这个问题。

因此结论似乎很明确：白宫和国会应该尽早且经常进行各个层面的积极协商。这里存在一个问题，而且是一个无法解决的问题：一旦政府提案的消息到达国会，它就会立即被泄露给媒体。在国会，泄密不是一种风险，而几乎是一种必然。20 世纪 90 年代在白宫工作时，我总感觉向参众两院提交一份提案就相当于把它传真给了《华盛顿邮报》。如今，在 24 小时全天候新闻报道以及共和党和民主党针锋相对中，情况变得更糟。

泄密在国会司空见惯，其原因在很大程度上和那些促使行政部门内部泄密的原因是一样的：为了讨好某个人，为了害某个人，或者是为了破坏某项政策提案。还有一种原因：国会山特有的社会学。

任何组织都有一些心照不宣的（如果不是明确的）行为准则来定义可接受的行为。遗憾的是，在众议院和参议院中，普遍存在的准则似乎遗漏了“不应该泄密”这一条。虽然未经授权的泄密在行政部门也很普遍，但泄密在那里至少会被视为令人厌恶的行为。而在国会山，泄密就像吃午饭和收看美国有线电视新闻网电视节目一样，是日常生活中很正常的一部分。委婉地说，对泄密，没有来自同僚的压力。相反，对笛卡尔的“我思故我在”的曲解形成了这里的规则——“我在，故我泄密”。

面对媒体：说还是不说

媒体在华盛顿生活中有时扮演着奇怪的角色，其中一个具有讽刺意味的角色很少被讨论。我曾在本章强调过，新闻界经常侵蚀甚至破坏内部讨论。但有时，政策制定者会积极利用媒体来影响甚至代替内部讨论。在这种情况下，媒体奇怪地成为内部人员之间的交流媒介，充当内联网而不是互联网。

这种事情在美联储经常发生，尽管大多不是通过泄密来达成的。我认为原因很简单，即人性憎恶真空地带的存在。联邦公开市场委员会（FOMC）成员包括来自全国各地的12位储备银行行长，他们每年只开8次会，而《阳光法案》(*Sunshine Act*）中的政府条款禁止超过3位美联储理事在华盛顿开会讨论政策。因此，讨论的场所少得可怜。

解决这个问题的一个办法是通过媒体来进行讨论。于是，储备银行行长史密斯可能会试图通过向当地商会发表演讲来宣传他的鹰派观点。第二天，通讯社可能会发表对美联储理事琼斯在华盛顿接受有关他的鸽派观点的采访。遗憾的是，这种看似相互矛盾的观点，不但无法给金融市场参与者任何启发，还会让他们感到困惑。

在行政部门或国会内部，情况有所不同。在这些部门，通过媒体进行内部沟通的首选方式是匿名泄密，而不是署名报道。曾任美国总统首席战略专家的史蒂夫·班农（Steve Bannon）嘲讽地称之为“深暗势力”(Deep State)。这种情况在特朗普政府开始工作的头几个月达到了高潮。当时许多野心人士和许多白宫工作人员大规模泄密，以反对他们认为是毁灭性的总统政策和总统行为。他们认为这是一种迫切的需要，特朗普总统则认为这是一种暴行。

我经历过很多旨在抹黑某一政策的泄密问题。下面列举一些其他常见的例子：

- 历史最悠久的案例当属试探气球。某个备选政策可能会被故意泄露给媒体，不是为了诋毁它，而是为了测试它在舆论中的接受程度。这种试探气球太常见了，几乎不需具体举例。如果你这周读过报纸，你很可能就会发现几个。

- 另一类泄密旨在迫使某些决策者采取行动。因为高层人员（可能是总统）很难在两个备选政策之间做出决定，决策过程可能会陷入僵局。为了走出僵局，假装不经意地使天平朝他偏爱的方向倾斜，泄密者可能会给记者一份机密备忘录，或者展示出一个或几个潜在的备选，或者只是让公众知道（如果需要，可以编造）总统在周末将给出这个问题的答案。

- 有时，媒体可以为较低层级官员发声，这些官员无法让上级听到自己的立场，也无法得到上级的垂青，或者他们可能根本不同意上级的说法，而《华盛顿邮报》或《纽约时报》上的文章会引起人们的注意。早期的特朗普政府经历了许多次这样的泄密。

- 这个游戏不仅限于官员。游说者和企业公关公司非常擅长编造一些故事，用以推进他们的目标政策或者扼杀他们的敌对政策。

这是一件奇怪的事情：争议和辩论本应私下进行，或者在某个政府机构内部进行，实际上却被公开。原则上，更加开放和包容的内部流程可以将这个问题最小化，但事与愿违，包容这一优点却因泄密的倾向而严重受损。

每一位政府官员都必须面对这个比哈姆雷特面对的更难的问题：我应该告诉媒体，还是保持沉默？

一方面，那些想要与公众交流的高级政府官员，如果要阐述自己的观点，即便算上推特，也几乎没有多少选择。但我想进一步指出：政府官员有责任与公众交流，除非你是总统，否则通过媒体是唯一可行的方式。另一方面，你说的任何话都可能而且经常会落人口实。这是一场本质上危机四伏的游戏，华盛顿媒体的两个令人不满的特点，更是让它雪上加霜。

首先，华盛顿的记者们（他们可长点脑子吧）有办法把每一场争论都变成一场体育比赛：洋基队对红袜队，俄亥俄州立大学对密歇根大学，基督徒对角斗士。谁领先了？谁落后了？谁是前锋？谁是后卫？最重要的是，谁在暴打谁？如果你看报纸、博客或电视，那么你会不由自主地形成这样一种印象：华盛顿每一场辩论的本质都是一场不体面的政治利益之争。这简直是一个电台的大型谈话节目。

其次，因为复杂的事情并不能提高报纸销量，不能阻止电视观众调换频道，也不能写进 140 个字符的推特，因此记者们非常尊重“KISS 原则”①。此外，对记者来说，弄清谁领先谁落后要比弄清并解释一个复杂政策问题的本质容易得多。遗憾的是，这种约定俗成对复杂性的回避给理性的辩论和决策造成了严重的障碍。

例子比比皆是。你还记得 2016 年竞选时关于《跨太平洋伙伴关系协定》，即 2017 年特朗普总统决定退出的贸易协议的辩论吗？可能你忘记了，那场辩论涉及的问题很多，其中一些非常复杂。双方在理论、社会、经济方面都进行了深入的辩论。但媒体对这些问题的关注却微不足道。相反，美国人听到了很多关于党派利益、《跨太平洋伙伴关系协定》如何分化民主党以及为什么希拉里在与桑德斯争夺党内提名时也从支持《跨太平洋伙伴关系协定》突然掉转方向。我们知道希拉里转变立场的原因吗？想想吧，我们只听说她换了立场。她确实给出了理由，却几乎没有任何媒体去报道。这并不是一场很有启发性的“辩论”。

2017 年，美国国会就最终导致共和党在医改问题上失败的原因所展开的辩论还算受到些关注。至少媒体告诉了广大民众，国会预算办公室提出的预算影响和各种“废除和替代”方案的可能损失。但这也只是多了一点点关注，民众将更多的注意力还是放在了支持率和争吵不休的画面上。

① “Keep it Simple, Stupid”的首字母缩写，意为保持简单、浅显，也被称为“懒人原则”。

那么，可怜的政府官员该怎么做呢？联系媒体，还是保持沉默？如果你身在其中，你知道你是在玩火，但你着实没有选择，只能冒着手指被烧焦的风险。毕竟白宫是全世界的政治和媒体中心，如果你在那里身居高位，要么你去投喂饥饿的野兽，然后祈求好运常在，要么就躲起来。你可以决定讲什么、讲多少、对谁讲、何时讲，但切记不要说总统不想听的话。

美联储有更多的选择，它几乎不算是媒体的焦点。一些美联储官员喜欢高谈阔论，而另一些则守口如瓶。几年前，当我还是美联储副主席的时候，我经常思考与媒体对话的优缺点，这在当时并不常见。然而，有一件事我从未怀疑过（尽管我的一些同事不同意）：美联储在道义上有义务向公众解释其行为和想法。由于货币政策对数百万美国人的生活有着重大影响，因此人们有权了解更多。幸运的是，珍妮特·耶伦和本·伯南克[①]都认同这一点。事实上，这已成为央行界的共识。

任何时候，美联储官员开口说话都存在风险，就像我的观点不止一次地被断章取义且被认为搅乱了市场，就像我不止一次地看到精心设计的、“两面性的”回答被删节或歪曲，就像我曾经冒着被匿名泄密者背后捅刀子的风险（我确实承担了这个风险）。沉默显然是更安全的做法。

但沉默并不是正确的做法，正如我当时和现在所看到的，公共目的（为公民提供更多信息）的重要性远远超过了个人安危。所以，对我来说真的没有选择。“职务责任重于个人利益。”当时在美联储，并不是所有人都认同我的观点，有些人至今仍不认同。但在伯南克和耶伦的领导下，美联储变得更加开放和善于沟通。

① 珍妮特·耶伦（Janet Yellen）曾接替本·伯南克担任美联储副主席，2021 年 1 月任美国财政部部长；伯南克是美国经济学家，曾任美联储主席。——编者注

所以，争论还在继续。有折中的办法吗？对于华盛顿的高级官员们来说，是否有一个合适的程度以及一个恰当的方式来与媒体对话？即使有，我想我还没发现。我也不相信其他人已经找到办法，尽管有些人显然处理得比其他人更好。正如阿里斯托芬所说："不能忍受她们，但也离不开她们。"

ADVICE AND DISSENT

WHY AMERICA SUFFERS WHEN ECONOMICS AND POLITICS COLLIDE

| 第二部分 |

灯柱理论的经济学启示：理智的头脑与善良的心灵

如果把世界上所有的经济学家首尾相连排成一队，他们也达不成一个共识。这句话很有趣，但错得离谱。事实恰恰相反，经济学家不但远没有人们通常想象得那么乖张，而且在许多问题上的共识程度令人震惊。

第 5 章

经济政策中的墨菲定律

凡是可能出错的事就一定会出错。

——墨菲

墨菲是一位工程师，而非经济学家。几十年来，他那备受推崇的定律的各种版本一直广为流传。大约 30 年前，我为经济政策领域创造了一个特别版的墨菲定律：

> 经济学家们对于他们最了解和最认可的政策的影响力很小；对他们最不了解和最反对的政策的影响力却很大。[①]

① 摘自艾伦·布林德《理智与善良》第一章。本章和下一章的部分内容都是取自这本书的第一章。

我的新理论引起了人们对生活中一个普遍却反常的现象的关注：不良的经济建议被接受和良好的经济建议被拒绝的频率畸高，这也正是灯柱理论所预测的。我现在之所以提出这个问题，是因为这些年来事情并没有发生明显的好转。墨菲定律在今天和30多年前一样适用。我们不妨思考一下：

- 无论是过去还是现在，几乎所有经济学家都反对农业补贴，但这些补贴依然存在（第2章提到了一个非常相似的关于海事补贴的例子）。

- 无论是过去还是现在，大多数经济学家都认为，用抵押贷款利息来抵税是一种低效且不公平的补贴购房的方式，结果很可能使整个国家在房地产领域过度投资。从那时起，美国人目睹了房价的惊人上涨、接踵而来的崩盘，以及由此导致的自20世纪30年代以来最严重的经济衰退。然而，抵押贷款利息的税前扣除仍是政治上不可触碰、税法中备受保护的条款。

- 经济学家们知道，向在交通高峰期进入曼哈顿的车辆征收上岛费，可以减轻岛上经常性堵到水泄不通的状况。经济学家们在30年前就知道这个道理，但直到现在也尚未开始收取任何费用。[1]

例子还有很多。墨菲很有先见之明。

我认为公众不会对墨菲定律的后半部分吃惊，因为即使经济学家乱说一通，也会对政策产生影响。相反，公众会对前半部分感到惊讶，因为有些问题在经济学家的知识领域内是确凿且有充分共识的，但他们对这些领域内的政策的影响却微乎其微。有这样一句话经常被引用（据说来自萧伯纳，或许有误）："如果把世界上所有的经济学家首尾相连排成一队，他们也达不成一个共识。"这句话很有趣，但错得离谱。事实恰恰相反，经济学家不但远没有人们通常想象得那么乖张，而且在许多问题上的共识程度令人震惊。

经济学家的共识

几十年来，各种调查问卷都记录了这种高水平的共识。自 2011 年以来，芝加哥大学布斯商学院一直在收集一流大学顶尖经济学家小组意见的系统数据，作为其全球市场倡议的一部分。全球市场倡议的组织者这样描述他们的遴选原则："我们希望小组成员涵盖各主要经济学领域，他们是对公共政策有浓厚兴趣的杰出专家，他们来自不同的地方，包括民主党人、共和党人或独立人士，以及不同年龄的学者。"简而言之，该组织力求做到多样性，不希望大家都是相同的背景。

以下例子皆来自该调查，经济学家之间达成的共识可能会让公众大吃一惊。关于刚才提及的拥堵费概念，他们要求小组成员对以下观点给出同意或不同意的回应：

> 一般来说，在拥堵的交通网络中，比如在城市交通高峰期收取更高的通行费，以及在飞机起降的繁忙期收费，并将这些收入用于降低其他税收，这将有利于提高民众的平均生活水平。

令人吃惊的是，92% 的受访者表示了同意或者强烈同意，没有一人反对（另外 8% 的人有的没有回应，有的没有发表观点，有的表示不确定）。

还有另一个例子。2016 年 10 月，随着美国总统竞选活动进入高潮，以及两党政治氛围中弥漫着保护主义情绪，经济专家小组的成员被问及对以下声明的观点：

> 对空调、汽车和饼干等商品征收新的或更高的进口关税，以鼓励生产商在美国设立生产基地，这将是一个好主意。

没有一个经济学家表示同意，大多数人表示“强烈不同意”。

当然，经济学家并非在所有问题上都如此一致。他们的确有自由派和保守派之分，例如在累进税制问题上，他们会存在分歧。我的观点与此不谋而合：在某些问题上，经济学家看法一致，而在另一些问题上，他们存在分歧。这完全符合墨菲定律。

很明显，除非经济学家在所有事情的判断上全都错了，否则失败政策的制定简直完全符合墨菲定律。想象一下，如果把类似的墨菲定律应用到医疗建议上，美国人的身体健康状况会是什么样子。在治疗那些医学知识不太管用抑或偏方众多的疾病时，比如治疗普通感冒或节食减肥时，我们会认真地听从医生的建议。相反，我们会让孩子们不要接种疫苗，在不戴帽子、不涂防晒霜的情况下暴晒，或者常吃高脂肪的油炸食品，有些人真的会做所有这些事情，但大多数人不会。

然而，在与经济学“医生”① 打交道时，人们的做法却有所不同。伟大的经济学家保罗·萨缪尔森（Paul Samuelson）曾睿智地指出：“从众多彼此竞争的医生中挑选医生的人，实际上就是自己的医生。国王经常能听到他想听的话。”[2] 在制定经济政策的时候，美国民选官员表现出了一种明显的倾向，即忽视专家意见，认为不需要专家启发他们，只听见他们想听的和得到专家的支持就行了。难怪经济学家们的头顶都被乌云笼罩，而这些乌云在特朗普政府时期变得更加阴沉，因为新总统和他身边的人要么忽视、要么诋毁健全的经济学。其他专业领域也同样深受其害。

本书的一个主要观点是，在政策制定过程中，对良好经济学的误用和弃用不是因为运气不好或偶然的失误，而是系统性问题。民主国家经济政策的选择是由

① 英文中，博士与医生都是 doctor。文中的“医生”有一语双关的意思。——译者注

政界人士做出的，这没有问题。只有极少的经济学家可以私下或通过公开评论把想法传进政界人士的耳朵里。但正如墨菲定律所警告我们的那样，政界人士不会随意地接受或拒绝经济学家的建议。相反，政界人士通常会选择自己认为有益的政策方案，而拒绝其他方案。然而，好的经济解决办法往往会损害政治利益，反之亦然。因此，政策决策者通常会拒绝让更多人受益的方案。

当经济学家的共识与政治利益相悖时

下面几个例子既能说明墨菲定律的基本道理，又能说明它在制定经济政策时所起的关键作用。第一个例子是我在《理智与善良》这本书中提到过的，可以追溯到 40 多年前。

1974 年的一天，成名在即的经济学家阿瑟・拉弗（Arthur Laffer）在华盛顿的一家餐馆的餐巾纸上，画了一条著名的曲线。它看起来像一座小山。当曲线随着山丘向山顶爬升时，表明在较低或中等税率的情况下，增加税率可以带来更高的税收收入，这是显而易见的。但当曲线下降时，它暗示着如果增加税率到非常高的水平，可能会影响（纳税的）经济活动的活力，从而导致实际税收收入下降。

拉弗曲线背后的基本逻辑是不容置疑的，毕竟，如果所得税税率是 100%，那么所有人的税后收入都为零。但后来在没有证据的情况下，拉弗竟然能让一些有影响力的记者和政界人士相信，20 世纪 70 年代末的美国所得税实际上可能处于拉弗曲线的下降通道。拉弗和他的支持者开始宣称，美国政府实际上可以通过降低个人所得税税率（尤其是最高税率）来获得更多税收，这是自彼得・潘以来最异想天开的想法之一。这也是一项新的数学发明：越减越大！

拉弗的灵感一定是来自另一个世界，因为在这个世界上，从来没有丝毫证据表明美国的所得税制度接近于税收禁区的危险地带，即降低税率可以增加税收收入。事实上，反而有大量相反的证据。所以，拉弗的观点几乎没有获得任何经济学家的支持，而且经济学家从那时起就没有改变过想法。2011 年 10 月，当华盛顿专注于结束或放缓小布什的减税政策时，芝加哥大学的专家小组被要求对这一反对拉弗的陈述做出回应：

> 在其他条件相同的情况下，将对普通收入群体征收的最高边际税率（目前 35%）永久性提高 1 个百分点，将在未来 10 年增加联邦税收收入。

结果，93% 的人选择了同意或强烈同意这个论点，没有一个被调查者表示不同意（拉弗不在小组成员之列）。

但那又怎样？墨菲定律认为，即使经济学家之间达成了强有力的共识，当这种共识与政治利益相悖时，它对实际的政策决定也影响甚微，甚至可能是负面影响。在 1980 年美国总统竞选期间，拉弗激发了候选人里根的想象空间，使得拉弗最初的幻想有了落地的种子。在里根以压倒性优势赢得大选后，供给经济学（认为减税只会带来好结果）成为新一届政府的官方政策。几个月后，国会也加入了自欺欺人的队伍，超乐观地预测（其实是幻想）联邦预算赤字将缩减，因此大幅削减税率。即便国会的证据、报刊的专栏文章和经济学家反对的言论如海啸般袭来，也无法抵挡这场政治狂欢。最强大的思考能力常常被证明是一厢情愿。

至于后续的故事，大家都知道了：供给学派的自吹自擂被证明是错误的，减税给联邦预算带来了巨大的缺口。但是供给经济学被清扫出局了吗？完全没有。对高收入者大幅减税迄今为止还是共和党经济政策的核心内容，即便是非典型的共和党人特朗普，也在 2016 年大选时支持减税政策。当特朗普成为总统时，他还对自己提出了“美国历史上最大的减税计划”感到自豪。

第二个墨菲式的例子出现在早期的奥巴马政府。对奥巴马 2009 年初提出的经济刺激法案的批评之一是，它将阻碍经济增长，而非刺激经济增长。参议员约翰·麦凯恩（John McCain，亚利桑那州共和党议员）反对该法案，理由是：“这不是一个刺激法案，这是一个支出法案。”这还没完，当时的众议院议长约翰·博纳热衷于将刺激法案称为“扼杀就业的政府支出”。多么奇怪的说法！如前所述，即使你不喜欢某些特定的政府支出，提出支出会扼杀就业也是不合逻辑的。然而当时共和党人完全相信，如果经济刺激法案得以实施，总就业人数就会减少。谁知道他们是如何得出这个结论的！（思考一下：他们是如何得出这个结论的？）奥巴马的反对者利用错误的经济学结论来作为他们抵制法案的工具，而不在乎经济学对实质问题的启发。

尽管如此，经济刺激法案还是勉强通过了。它是否如预期一样有效？全球市场倡议的专家小组是认可的。2014 年 7 月，在经济刺激计划实施 5 年多之后，他们被要求对如下描述做出评价：

> 由于 2009 年的《美国复苏与再投资法案》的颁布实施，美国 2010 年底的失业率低于没有该法案的情况。

麦凯恩和博纳的回答是，不如预期的有效。但有 82% 的经济学专家以压倒性优势表示同意或者强烈同意这个观点，只有 2% 的人（1 人）表示不同意。

不要轻易下结论说经济逻辑这次大获全胜，因为情况很快又发生了变化。在经济刺激计划通过一两年后，虽然当时经济仍然低迷，但预算赤字正在缩减（尽管仍然庞大），政治风向就突然转向反对“凯恩斯主义”的财政刺激计划。联邦削减支出和部分增税使 2011 年、2012 年和 2013 年三年的 GDP 增速下降了 1 ～ 1.5 个百分点。[3] 在 2010 年大选后控制了众议院的共和党人赢得了这一轮的政治对抗。但可悲的是，输了的不只是民主党人，还有整个国家。

第三个墨菲定律的例子就在我们身边。21 世纪初，当对气候变化的担忧终于唤醒公众的关注时，经济学家们对这个问题已经进行了全面研究，并准备好了直接的补救措施。基本的理论分析在近一个世纪前就已经形成，几乎出现在每一本经济学入门教科书中，而且几乎每一位经济学家都了如指掌。几年前，处理二氧化硫和酸雨问题的理论研究取得了显著的成功，只是在等待应用于处理碳排放和全球变暖问题。（二氧化硫和二氧化碳两种氧化物对经济层面的影响可能有那么大的不同吗？）

根据该分析，市场经济下的二氧化碳过量排放，是因为使用化石燃料的个人和企业不需要为碳排放对大气造成的污染买单。这个问题具有外部性。基本经济学知识告诉我们，当某些资源（比如煤炭）的使用者无须支付全部使用成本时，他们将会过度使用。市场机制的缺陷是造成碳排放过量、二氧化硫排放过量和许多其他环境问题的根源。

解决办法也很简单：让化石燃料使用者为他们对环境造成的污染买单，例如对碳排放征税或者政府可以要求他们购买可交易的许可证。这听起来很简单，而且从经济学的角度来看也是很直接的，但是碳税一直是美国政界人士的噩梦。小部分是由于技术原因：有时排放量是很难测量甚至不可测量的，如果排放量无法测量，就无法进行恰当的评估。碳税最大的缺点是：大多数右翼政界人士一听到“税”这个词就被吓得退缩了，担心他们的选民会对此反感；而一些左翼政界人士认为，让企业“花钱解决”污染问题是不道德的。

然而有压倒性的证据表明，通过征收碳税来减少二氧化碳排放的成本远远低于通过直接管控来实现同样减排的成本。当被要求对以下陈述反馈意见时，专家小组几乎没有分歧（这也就不足为奇了）：

与针对汽车行业的“企业平均燃油经济性”要求等一系列政策相比，对燃料的碳含量征税将是一种更便宜的减少二氧化碳排放的方式。

90% 的人选择了同意或强烈同意，只有 2% 的人表示不同意。

经济学家们质疑：为什么要依靠笨拙的命令和管控的方式而不是市场定价来改善全球变暖问题，这不是要付出更多的成本吗？我们仍在等待一个答案。但经济学家对碳税的建议仍未得到应有的重视，全球变暖的威胁仍在加剧。

主导经济决策的是政治学，而不是经济学

墨菲定律的例子比比皆是，例如租金管控、农产品价格支持等，但关于这一点的阐述已经足够多了。有些经济学家认为许多不言自明的真理被政治团体误解、忽视和拒绝。另一些人虽然理解，却为既得利益集团大笔投入的宣传攻势所淹没。另外，糟糕的经济建议有时获得了过多的尊重，尤其是在我们的知识尚不完善，或者在内部辩论还处于胶着状态的领域。让人遗憾的结果是，在政策舞台上，经济学往往表现得不尽如人意。

墨菲定律的根基很深，前几章中均有所提及。

众所周知，美国人性格中有一种明显的特点，即倾向于拒绝任何过于复杂、连棒球帽上都印不下的补救措施。然而，像“让美国再次强大”这样的短语到底想表达什么？短小精悍的口号几乎总是错误的。H. L. 门肯（H. L. Mencken）几十年前就明白这一点：“如果有一个众所周知的方法可以解决人类的所有问题，那它一定是简洁、似是而非和错误的。”[4]

在经济学中，这种虚拟的解决方案通常是基于对基本经济学的严重误解，或者是对事实的根本无视，抑或两者兼而有之。然而，更好的政策往往没有那么明确，却有着很多限制条件。它们很难用 5 个或更少的词或 140 个字符来概括，因此它们在政治市场上很不受待见。我们如果要改善国家的经济政策，就必须首先接受复杂的解决方案。遗憾的是，普通民众几乎没有动力去自学经济学，这门学科让他们不是头疼就是犯困。

口号只是本书所关注的稳健的经济与稳固的政治之间深层次冲突中的表象。合理的经济政策促进的是广泛的国家利益，而不是狭隘的特殊利益。它们常常通过让少数人承担更多的成本，以确保多数人受益，而这些好处只有在长期内才会显现。事实上，它们可能非常不易察觉或根本不明显。我们可以站在政界人士的角度来想象这样一种场景：从长远角度来看，反对特殊利益集团，支持那些有切实好处，哪怕收益可能分散且难以精准地确定的项目。如果你想知道这样行事的政界人士在我们的制度中能生存多久，那就去问问达尔文吧。

当稳健的经济和稳固的政治发生冲突时，很少有政界人士会在站队之前犹豫不决。结果就是第 1 章的章首隽语所说的：“在许多问题上，美国两党的经济学专家会站在各自对应党派议员的对立面各抒己见。”主导经济决策的是政治学，而不是经济学。因此，我们有了那些经常牺牲公共利益来支持一个个特殊利益集团，或者更关心国会议员所在州或地区的福祉而不是美国福祉的低劣的经济政策。

经济学并不是完美的，它并不像我们所希望的那样健全与精确。我们不是物理学家，也不是医生，然而不可否认的事实是，经济学家虽然不能洞察一切，但并不意味着对一切都不了解。尽管经济学可能并不可爱，但它确实能给社会带来一些积极的影响以及有限但正面的帮助。然而迄今为止，整个社会一直不愿接受经济学家们的大部分提议。

这些提议仍然有效。在下一章中，我将讨论并提倡一种经济政策的制定方法，它既可以保护和提高市场体系的效率，也可以改善社会底层公民的生活水平。其中有些政策很保守，有些政策很激进，但是它们都源自一种连贯一致的基本哲学，一种关于经济政策可以是什么样以及应该是什么样的愿景。接下来，我们就来谈谈这种哲学。

ADVICE
AND DISSENT
WHY AMERICA SUFFERS WHEN
ECONOMICS AND POLITICS COLLIDE

| 第 6 章 |

呼吁：理智且善良的政策

改革者认为，可以通过残酷的理智来实现变革。

——萧伯纳

墨菲比萧伯纳口中的改革者更聪明。只有“残酷的理智”还远远不够，但让我们暂时把怀疑放在一边，然后想象一下：如果我们能够以某种方式来克服墨菲定律，从而采取更好的经济政策，那么这些政策会是什么样的呢？

在上一章提到的那本《理智与善良》中，我提倡一种在 18 世纪和现代意义上都是“自由主义”的经济政策方法，我称它为“理智的头脑，善良的心灵”。我之所以在这里重提该政策方法，是因为它在今天和 30 年前一样重要。事实上，如果美国还有两党合作，我将称这种方法为代表两党合作的钥匙，因为它打破了传统的民主党和共和党的彼此独立的标签。理智但温和的政策绝对尊重自由市场的优点（理智的头脑），同时也深切关怀为市场所抛弃的人群

（善良的心灵）。虽然许多经济学家都对这一哲学感到满意，但对于大多数民主党人和共和党人以及公众来说，它还是非常陌生的。所以，我有必要对其先解释一番。

保守的心态创造了一种解决市场问题的强烈倾向。在一只看不见的手的指引下，市场为许多经济问题提供了正确的解决办法。在我看来，18 世纪以来的自由主义者都是传统的共和党人（让我们暂时忽略特朗普），他们因为捍卫贸易自由、反对租金管制并提醒我们巨额预算赤字会带来风险而赢得声望。只有共和党人关爱房东，而且共和党人似乎只有在民主党人占据白宫时才会提起巨额预算赤字问题。

当代的自由主义却是共和党人一次又一次荒谬地提出给富人减税（没有尽头吗？），将气候变化视为一个骗局，反对减轻对气候影响的政策，从而把地球置于危险当中，对穷人持以刻薄的态度（共和党人是吝啬鬼吗？）。你还能如何解释 19 位共和党州长毅然拒绝 2010 年奥巴马医改提出的几乎覆盖全部医疗费用的补助提案？

在传统的民主政策下，对弱者的同情是显而易见的，但必要的经济考量和对市场的尊重却微不足道。因此，民主党人有时会提出充满善意但过于理想的计划，却很少关注高额的成本由谁来买单，以及意想不到的副作用。遗憾的是，善良的初衷无法弥补不切实际的行动。

参议员桑德斯在 2016 年的民粹主义竞选活动中提出的几项特别提案说明了这一点，例如公立大学学费免费（谁来出钱？）或每小时 15 美元的国家最低工资（即使在密西西比州也能实现吗？）。桑德斯在提名战中输给了更温和的希拉里，但希拉里只是险胜。近一半的民主党初选选民投票给了一位 74 岁的老人，这一事实说明了民主党左翼派系的态度。

也就是说，善良的心确实有用。毕竟，富兰克林·罗斯福领导下的民主党为美国人带来了失业保险、社会保障、联邦存款保险等多种福利。哈利·杜鲁门领导下的民主党承诺政府将致力于实现充分就业。约翰·肯尼迪和林登·约翰逊领导下的民主党推动了医疗保险和医疗补助的施行，并向贫困宣战。奥巴马领导下的民主党通过《患者保护与平价医疗法案》，向全民医保迈出了一大步。这些利好的社会与经济立法让美国成为一个更宜居的国家。几乎所有这些都遭到过共和党的反对。

往好听了说，共和党的经济学有时不会对那些没能进入前 1% 财富榜的人怀有同情之心。如果用特朗普那句令人难忘的无情的话来形容，他们就是“失败者”。尽管表达得很粗鲁，但特朗普的态度并不新鲜。四年前，米特·罗姆尼（Mitt Romney）和保罗·瑞安的总统竞选团队曾轻蔑地将政府项目的受益者描述为“索取者”，而非“创造者”。尽管有大量证据表明，涓滴经济学[①]对底层 99% 的民众不起作用，但共和党人仍然认为里根的减税政策是有史以来最接近完美的政策。他们一直在寻找削减食品券、社会保险、医疗保险甚至失业保险的方法。自从茶党派系[②]和特朗普本人崛起以来，共和党的经济学似乎变得更加愚昧、更加无情，这是对昔日共和党名副其实的讽刺。

为了实现理智与善良的完美结合，我们必须在理性的经济考量和对市场的尊重以及对弱者的同情之间找到平衡。这听起来可能比让哈特菲尔德家族和麦考伊家族联姻更难，因为两个家族都可能认为走向团结简直就是与敌人同床共枕。但是，如果退一步冷静地思考这个问题，你所需要在态度上做的改变其实并没有那么大。更清晰的思考和更少的意识形态口号，你也可以称之为“残酷

---

① 涓滴经济学（trickle-down economics）用于讽刺给富人减税可惠及穷人的主张。该主张认为，政府对富人阶级减税与提供经济上的优待政策，将改善社会整体经济，最终也会使社会中的贫困阶层得到生活上的改善。——编者注

② 茶党派系（Tea Party）属于共和党的一个派系，共和党的另一个派系是建制派系。如今，茶党派系占据共和党的绝大多数。——编者注

的理智”，将为我们带来最大程度的帮助。我们必须开始用我们的头脑思考，用心感受。我想这不是不可能。

负所得税的成功案例

事实上，我们也是有成功案例的，比如 1962 年的例子，它依然具有现实意义。当时，伟大的极端保守主义经济学家米尔顿·弗里德曼（Milton Friedman）出版了一本名为《资本主义与自由》（*Capitalism and Freedom*）的著作。[1] 这本薄薄的书中包含了许多政策智慧的精华，其中有一个新颖的建议——弗里德曼认为，美国最好通过一种所谓“负所得税”（Negative Income Tax）的东西来减轻贫困。

这个想法本身很简单：如果一个家庭的收入低于法定的最低金额，比如 X 美元，联邦政府就会给他们发钱，以弥补他们与 X 美元之间的部分收入差距。因为政府提供收入，而不是拿走收入，所以弗里德曼将这种转移支付称为负所得税。当 X 美元和家庭收入之间的差距缩小时，负所得税将会平稳下降；当差距缩小至零时，负所得税就会降至零。

负所得税的想法是理智而善良的，因为它试图在减轻贫困的同时，只对就业造成了最低程度的抑制。这一特点与当时以及现在许多其他的脱贫计划形成了鲜明的对比，其他计划往往对穷人的收入征收极高的边际税率，有时甚至达到 100%。想象一下：你赚得越多，你的家庭税后收入却越少，你还会老实本分地努力工作吗？过高的边际税率创造了一个福利陷阱，而负所得税方案却避免了这一弊端。

弗里德曼的方案吸引了包括自由派和保守派在内的全部经济学家。它只存在于象牙塔中吗？实际上，美国现在至少有两个主要的脱贫计划与负所得税计划非常相似。

其中一个是劳动所得税收抵免制度（Earned Income Tax Credit，简称EITC），它自1975年以来一直是税法的一部分。劳动所得税收抵免如同负所得税，通过在工人的收入中增加所得税退还来补充低收入工人的工资。劳动所得税收抵免的支付随着收入的增加而平稳下降，就像负所得税一样。劳动所得税收抵免与负所得税唯一重要的区别在于，弗里德曼的观点只适用于低收入人群，而劳动所得税收抵免的好处则适用于低工资人群，即必须工作才能享受这项福利。

另一个著名的和负所得税相似的计划是食品券，现在的正式名称为补充营养援助计划（Supplementary Nutritional Assistance Program，简称SNAP）。1964年，林登·约翰逊总统发起了一场脱贫战，食品券就是其中一环。首先，发放给每个家庭的食品券价值会随着家庭收入的增加而下降，就像负所得税的支付一样。其次，如果食品券福利不能完全满足家庭在食物上的全部支出，而且通常会是这样，那么食品券只能用于购买食物的限制就变得不重要了。无论如何，大家都会用光全部的食品券去购买食物，这使得食品券等同于现金。

因此，美国本质上有两个负所得税项目，其中一个得到了两党的广泛支持。福特、里根、克林顿和奥巴马四任总统都支持推广劳动所得税收抵免制度。甚至众议院议长保罗·瑞安也表示支持，否则他就不是社会保障体系的伟大捍卫者了。这或许也是一个运用理智与善良而结下善果的例子。

理智的头脑：效率原则

这种理智且善良的做法建立在两大原则之上，这两大原则本不应有争议，但显然存在争议：第一条，头脑理智的人认为多比少好；第二条，心地善良的人认为穷人比富人更需要帮助。

经济效率概念的本质是理智的头脑的精髓。虽然经济学家无处不提效率，但效率这个概念似乎让很多人都感到费解。经济学家未能解释为什么经济效率如此重要，使得他们几乎不可能与全体国民所见略同。这有点像给一个完全不了解美国人如何打发时间的人去解释棒球的乐趣，比如为什么那家伙走到一垒？反过来，这种认知壁垒也有助于解释为什么政界人士不愿从经济学家那里寻求太多启发。

一个简单的测试就能告诉你，你是否真的理解经济学家对效率的看法。看看你是否同意以下三个观点：

1. 多比少好。
2. 资源是稀缺的。
3. 高生产率比低生产率好。

它们听起来都很合理，对吧？让我们依次聊聊。

首先，自亚当·斯密以来的经济学家一直认为，经济体系是一种为人们提供所需商品和服务的机制。如果消费者不愿在市场经济中购买企业所生产的商品，那么近 250 年来我们全都找错了研究对象。这似乎不太可能发生。尽管我们每个人都可以列出自己不喜欢的商品清单，但每个人的清单肯定是不同或不尽相同的。否则，这些所有人都不喜欢的商品将找不到市场。经济学家更进一步指出：迎合消费者的喜好是自由市场最擅长的，没有其他体系能与之媲美。

其次，地球上的土地、劳动力、机器和自然资源比人类所期望的要少。你如果质疑这一点，那么试着让这些稀缺资源的所有者免费交出它们吧。资源之所以稀缺，是因为大多数人对商品和服务的渴望超过了他们所拥有的或所能支付得起的程度。从生物学上讲，人类可以依靠很少的东西而得以生存。然而从经济学角度来看，人类的欲望几乎是无法满足的。因为我们对智能手机、飞机旅行和跑鞋的渴望只能通过使用硅、铝和皮革等资源，再加上工程师、飞行员和设计师的熟练劳动来实现。所以这些资源是稀缺的，也是有价值的。

最后一个命题几乎是前两个命题的必然结果。从定义上讲，更高的生产率意味着通过同样的劳动力、资本和自然资源，生产出更多的商品和服务。如果一个经济体的基本作用是生产出更多人们想要的东西，那么任何对稀缺资源的节约利用实际上都是可取的。虽然在这一点上的认知不完全一致，但广大公众显然也倾向于提高生产率。

然而高生产率优于低生产率的观点在暗地里是存在分歧的。如果你直接提出这个问题，那么几乎没有人会倾向于低生产率。正如经济记者尼尔·欧文（Neil Irwin）所说："效率是个听起来很棒的东西。有谁不想优化可能性、最低程度的浪费、最大化利用有限的资源呢？"但正如他警告的："经济精英和政策精英可能比普通人更看中效率"。[2] 确实如此。

我们以那些主要以"创造就业"为卖点的政策改革为例。创造就业机会有两种基本方法：对社会有益的方法是扩大 GDP，这样就有更多有价值的工作要做；自欺欺人的方法是让每个人减少产量，这样就需要更多的劳动力来生产同样的商品。第二种方法确实也能促进就业（尽管可能是暂时的），但这条路通往贫穷，而不是富裕。然而我们采用的许多政策都欠缺考虑，比如特别税收优惠、进口配额、农业补贴和许多类型的监管法规都以这种方式降低了生产率，造成了效率低下。

这三个命题，每一个都应该是无可争议的：多比少好，资源是稀缺的，提高生产率是有益的。我希望读者可以认同每一点，甚至觉得毋庸赘述。如果你认同这些命题，你就会被经济学家所珍视的效率概念吸引。如果多比少好，资源是有限的，那么我们应该寻求使经济生产效率更高而不是更低的经济政策，我们也应该禁止浪费。道理就是这么简单。

那么，我们应该如何识别违背效率原则的行为呢？有些浪费非常明显，一眼可以看穿，比如企业中人浮于事，或者固执地使用成本高、质量差的老旧技术。更多形式的浪费一般不容易被发觉。

标准经济分析提出了一个简单的问题，以测试是否存在更不易被察觉的浪费行为：在不使任何人生活变差的情况下，是否可以重新安排经济活动，令一些人生活得更好？如果可以，就说明存在效率低下的情况。

就像上面三个没有争议的命题一样，这个测试看起来很老套。如果每个人都同意另一种经济安排会比我们现在所拥有的更好，或者至少不会更差，那么目前的情况就不是最优解。这种经济效率测试的优势恰恰在于它的老套。谁会对老生常谈的事情表示怀疑呢？几个世纪以来的经济分析证明，它的普适性令人震惊。

然而，一个重要且微妙的原则是：经济低效并不一定意味着政府应该采取措施来纠正它。这是为什么呢？因为诸如税法、法规条例或贸易条款的修改可能会伤害到一些人。因此，尽管改善后可能比维持现状更好，但改变的过程可能会产生问题。

这种说法听起来有些自相矛盾。如果经济效率低下，难道不能在不伤害任何人的情况下纠正错误吗？这难道不是效率的应有之义吗？然而，弥合理想与现实之间的差距往往会出现严重的问题。我们来举一个罕见的案例，前文也略有提及。在这个案例中，好的经济建议在很大程度上违背了墨菲定律。

如果你生活在20世纪80年代的美国，尤其是美国东北部，那么你会听到很多关于酸雨的讨论。酸雨被认为是美国当时主要的环境问题之一。酸雨主要是由二氧化硫排放造成的，其中大部分来自美国中西部的燃煤发电厂。污染物被盛行风吹到美国东部。烦琐的法规对这方面的限制不是很有效。

然而现在酸雨已经很少被提及了，因为这个问题已经基本解决，不是通过科学上的突破，而是通过应用直接的经济逻辑。就像经济学家通常对待污染问题所建议的那样，最有效的解决方案不是详细的管控措施，而是给污染物贴上价签。让污染者为污染付费，他们就会减少污染，几乎所有的经济学家都同意这个观点。以二氧化硫为例，1990年《清洁空气法》（*Clean Air Act*）进行了重大修订，美国国家环境保护局（Environmental Protection Agency）制定了基于市场机制来减少二氧化硫排放的方案。具体方法称为“总量管制与交易”（Cap and Trade）。政府规定排放量的上限（这个例子里指的是二氧化硫的排放量），然后在上限内，出售可交易的许可证。

因为许可证是可以交易的，所以市场决定了许可证的价格。就二氧化硫排放许可来说，主要购买者预计将是排放大量二氧化硫的燃煤电厂。事实也是如此。但同时，民众和环保组织也会购买许可证，但并不使用它们，从而有效地将排放限额降至政府的目标以下。

总量管制与交易制度取得了巨大的成功。自20世纪90年代以来，美国二氧化硫的排放量下降了大约40%，酸雨量的下降幅度更大，而且成本仅为美国国家环境保护局最初预测的1/4左右。事实证明，总量管制与交易制度既省钱（理智的部分），又非常有效（善良的部分），它不仅得到了经济学家的称赞，也得到了国家环境保护局、发电行业和许多环保组织的称赞。

是什么让总量管制与交易制度拥有了“魔力”？主要是因为在初始状况中，严重的污染没有被定价，加上管控污染的严格法规难以执行，导致减排效率低下，所以应用新政策很容易使问题得到改善。最初的受益者会有所损失，因此在理论上，赢家（例如受酸雨影响减小的人，以及合规成本降低的发电厂）可以在补偿输家（例如合规成本上升的发电厂）后，还依然能获得净收益。

然而实际情况是，二氧化硫案例里几乎从来没有发生过补偿。原因很简单：从纯粹的技术角度来看，赢家和输家名单以及每个人的得失很难被详细地列出。当这个话题不可避免地带上政治色彩时，统计工作就更不可能完成了。由于政界人士和官僚们并不想直面这个话题，因此补偿问题很少被提及，更不要说支付补偿金了。

在许多情况下，这种补偿的缺失会导致严重的问题，虽然酸雨的例子并非如此。经济运行情况的改善比如总量管制与交易制度可以给整个社会带来利好，但这些改善几乎总是会伤害到某些个人或企业。由于所有收益和损失的总和是正的，效率提高了的赢家在理论上可以补偿输家，但是针对二氧化硫的排放却没有建立这样的补偿机制。通常，其他情况下也没有这样的机制。

对输家没有任何有效的补偿，是经济低效的现象如此之多的原因之一。任何提议的改变都会产生输家，他们有理由为自己遭受的损失而哭泣。他们的哭声经常可以被同情他们的政界人士听到，而政府行为绝不能直接伤害任何人（间接伤害显然是可以接受的）这一不成文的规矩阻碍了改革方案。

对国际贸易日益增长的敌意（下一章的主题），是个经典且重要的例子。任何结束对特定行业保护的提议都将提高经济效率，以更低的价格让消费者受益。但这将损害受影响的企业及其工人，他们会呼吁其游说者和国会议员来捍卫他们的利益。他们的抱怨是合理的，当此前受到保护的公司及其工人被迫在公开市场上竞争时，他们确实会遭受损失，这就是为什么贸易保护一旦被准许，就很难取消。但总的来说，从贸易保护得来的好处要比受到的损失少得多。在所有那些特别的诉求中，没有人提出为全国利益而开放贸易。

我们来概括一下：美国的政治体制最难以接受的变化，就是那些收益是微小的、隐蔽的、分散的，但成本是明显的、可见的、集中的变化。遗憾的是，许多减轻或消除效率低下问题的政策恰恰具有这种特点。农业补贴就是一个很好的例子。尽管 98% ～ 99% 的美国人最终会为食品支付过多的费用，以使 1% ～ 2% 的美国人能够享受更高的收入，但这个效率极低的补贴政策在政治上却是神圣不可侵犯的。农业补贴对纳税人和消费者的损失是微小的，比如食品价格的小幅上涨，而对农民的好处是巨大且明显的。

国际贸易协定的不受欢迎，比如美国几年前令人遗憾地退出《跨太平洋伙伴关系协定》，也是这个道理。毫无疑问，与 11 个环太平洋国家进行更开放的贸易将使整个美国受益。但是，效率的提高将为每个美国消费者节省相对微薄的支出，少到不足以推动他们支持贸易协定（国际贸易委员会预测，美国消费者 15 年后的实际收入将增长约 0.23%）。相比之下，那些将会因《跨太平洋伙伴关系协定》而蒙受损失的少数人（比如那些将会受到国际竞争威胁的行业中的从业人员）清楚地知道他们的饭碗将会丢掉。受到的影响之大，足以让他们动用一切能动用的政治力量。

经济学家像会计师一样汇总了 3.2 亿[①] 美国人从提高经济效率中获得的微小的潜在收益，并得出结论，《跨太平洋伙伴关系协定》的贸易扩张对于整个社会的净效益是相当可观的。但政治的游戏规则完全不同，因为输家一直在哭闹，而赢家却很安静。当美国的政治体系被要求在受到集中、明显的损失的少数人和默默得到分散效益的大多数人之间寻找平衡时，它会毫不犹豫地站在少数人那一边。[3]

这就是贸易限制、农业补贴、税收花招和其他许多破坏经济效率的政策在

① 截止日期是本书英文版的出版时间。截至 2021 年 2 月，美国人口约 3.33 亿。——编者注

政治上受欢迎的主要原因。由说客推动的政府体系带来了代表与纳税的新形式，这是开国元勋们没有预见到的：特殊的利益集团拥有代表，而广泛的公共利益集团需要纳税。

普遍存在的问题是，经济考量和政治考量的角度截然不同。基于效率原则的经济分析往往着眼于长期，并提出为大多数人带来较少收益的解决办法。但政治是由短期考量来主导的，往往倾向于使少数人获益而不顾多数人。民主被定义为尊重少数人权利的多数统治制度，是理念优良的主义。但不知为何，榨取公众利益的权利已经渗透美国的经济权利法案。如果美国要追求一种基于效率原则的理智的经济政策，那么该趋势必须得到扭转。

理智的经济政策要基于清晰的逻辑

对效率的追求大概是理智的经济政策的决定性特征，但也并不是全部。首先，理智的经济决策必须以事实为基础。诚然，生活中充满了不确定性，许多有关经济问题的证据都是粗略而有争议的，但这并不意味着任何人可以歪曲事实来迎合他们的先入之见。明智的政策必须基于我们对相关事实的最佳判断，尽管判断可能并不完美。如果白宫和国会盛行“另类事实”，麻烦可能就大了。

历史上可能没有哪位总统比特朗普更好地展示了另类事实对公共利益的危害。想想这些年他的所作所为吧：2017 年 2 月 27 日，特朗普告诉美国人“没人知道医保这么复杂”。事实上，每个人甚至是最不熟悉医保的人都知道这一点。作为 2016 年总统大选的候选人，特朗普曾表示，美国可能会像一个破产的赌场一样就其国债与债权人进行重新谈判。真的吗？众所周知，特朗普曾承诺要沿着与墨西哥 3 200 多千米的边境修建一堵高墙，这显然是一项重大工程，但我们无须庸人自扰。特朗普是否知道，在他当选前的几年里，越过美墨边境南下的人比北上的人还多？难道《北美自由贸易协议》大幅降低了墨西哥的关税，仅小幅降低了美国的关税？类似的例子我可以一直讲下去。

理智的经济政策也必须基于清晰的逻辑，而不是一厢情愿的想法。尽管实际的政策制定者轻视“理论”，但他们不得不预测其正在酝酿的行动可能产生的后果。而预测从定义上讲，多多少少是依赖于理论的。诚然，有时合理的经济分析会做出糟糕的预测，但一厢情愿的想法只会带来更糟糕的结果。

供给经济学是一个很好的案例，说明当一厢情愿的想法取代逻辑和证据时会发生什么，可悲的是其目前依然存在。早在 1980 年，供给学派就在没有证据的情况下向公众兜售他们的主张。他们相信自己想相信的，并向美国人保证传统的经济分析是完全错误的，但臆想只有在梦中才能实现。20 世纪 80 年代早期，供给学派预测储蓄、投资、劳动力供给、生产率和 GDP 都将飙升，同时预算赤字将会缩减，而现实证明其大错特错。针对这些数据，传统经济学家的预测都更接近于事实。

小布什政府应用供给经济学不出意料地带来了第二次失败，然而令人遗憾的是，种种糟糕过往也未能阻止后来的共和党人坚信供给学派的无稽之谈。在 2016 年总统初选中，共和党候选人（不仅是特朗普）还大言不惭地宣称，低税率政策将带来 4%、5% 甚至 6% 的经济增长。在特朗普当选美国总统后，这种夸夸其谈有所收敛。在特朗普的第一个预算案中，预计的 GDP 增长率“只有” 3%，几乎所有经济学家都依然认为这是不可能实现的。

一厢情愿的想法并不仅限于共和党人。正如前文提到的，桑德斯通过承诺 15 美元的全国最低工资标准，限制贸易带来的大量就业机会，免除公立大学的学费，提高社会保障的支付额度以及其他被搁置的支出计划，来振奋他的选民。

最后，理智的经济政策必须尊重算术法则，这似乎是理性决策的一个被普遍认同的最低要求。但一些政界人士执意摆脱算术带来的恼人的约束。美国人生活在一个所谓伟大的民主国家，每个人似乎都有着高于平均水平的权利，而最富有的 1% 的人却通常称自己为“中产阶级”。因此，里根总统为了他的支持者背叛了他的数学老师，他于 1981 年承诺减税，增加国防开支，同时还要削减预算赤字。2016 年总统候选人特朗普有过之而无不及，他承诺不仅要平衡预算，还要在大规模的减税后，于 8 年内还清国债。对于这种承诺，算术法则无能为力，只有魔术师才能帮忙兑现。

因此，理智的经济政策的核心要素简单明了：尊重效率、关注事实、符合逻辑、遵守算术法则。如果美国政府在实际的政治生态中对这些要素予以重视，那么其经济政策会比现在好得多。

善良的心灵：公平原则

你一定可以认出一个真正的自由主义者，即使你看不见他们内在的多愁善感。假如他正在电视前看比赛，你不妨问问他支持哪支球队。如果比赛双方没有他最喜欢的那支球队，那他很可能会支持暂时落后的一方。他也许并不真正关心哪支球队获胜，只是条件反射地支持落后方。这种倾向延续到经济政策上，就是自由主义者倾向支持那些有利于社会弱势群体的政策。

在某种程度上，市场经济可以被看作会产生胜负关系的比赛。但是经济比赛并不比新英格兰爱国者队与当地高中橄榄球队之间的比赛更公平，总有一些人带着天然优势上场。

体格大小在经济学中不那么重要，但是我们中的一些人出生在富裕家庭或者天生就有个聪明的头脑，这使他们能够从事利润丰厚和令人愉快的职业，或者具有在商业上取得成功的商业嗅觉和自驱力。有些人有幸拥有良好的成长环境，享受高质量的教育，被灌输“正确的价值观”，即促进经济成功的价值观。没有政府的任何帮助，这些天生的或后天培养的赢家也可以在经济比赛中表现出色。尽管有些人会失败，但大多数会在自由的经济政策下表现良好。杰夫·贝佐斯和马克·扎克伯格都不需要政府的帮助，就能获得巨大的成功，就读于普林斯顿大学和哈佛大学更成为他们的加分项。

其他那些不幸的人或许出生在贫困阶层，或许天生智力水平较低，抑或生活在教育资源贫乏和经济薄弱的地区。其中一些人通过十足的勇气战胜了这些不利条件，令人敬佩，但大多数人缺乏完成这一壮举的能力。没有外界的帮助，他们会消极沉沦并且生活贫困。

很明显，并不是所有人都生来平等地具备参与经济比赛的能力。现在出现了一个难题——将理智和善良剥离开来。社会是否应该试图改善由此产生的不平等？政府是否应该帮助弱者？

铁石心肠的人认为，对社会繁荣至关重要的市场体系是极其脆弱的，所以我们绝不能改变它来帮助贫困、短视、懒惰乃至不幸的人。这种观点认为，应该让每个人都平等竞争，让一切顺其自然。如果参赛选手受伤或者肢体残疾，那么他们只能遗憾地接受现实。他们需要自己一瘸一拐地离场，因为援助他们的努力往好了说是徒劳的，往坏了说是有害的。多年来，这种态度导致了保守派对于工会、社会保障、失业补偿、最低工资、医疗保险、医疗补助、奥巴马医改等的反对。

近年来，这种声音在共和党内部似乎也变得更强。带头的“思想家”、现任众议院议长保罗·瑞安在2012年担任众议院预算委员会主席时，承认他关于“机会社会”的愿景需要社会保障体系“帮助那些不能自救以及那些不幸的人，这样他们就能重新站起来”。他补充道：“但我们不想把保障体系变成温床，让那些明明可以自食其力的人生活在依赖和自满中，而不再拥有把生活过得更好的意愿和斗志！”

我想这就是保罗·瑞安建议大幅削减美国社会保障体系的理由。基于此，自由派预算专家罗伯特·格林斯坦（Robert Greenstein）将保罗·瑞安在 2012 年提出的预算描述为：“其极端性质甚至超出了过去半个世纪的主流讨论范围。从本质上讲，把社会保障体系比喻成舒适的温床简直与罗宾汉①的精神截然相反。”[4]

格林斯坦代表了一种温和的态度，他希望为那些在经济比赛中表现不佳或根本无法上场的选手减轻遭受打击的压力。这一目标可以通过降低比赛的风险来实现，这也是医疗保险、社会保险和失业保险等项目的底层逻辑。或者这一目标可以通过与市场赢家一方分享部分战利品来达成，比如社会福利、公共住房、医疗补助和累进税制等。自由派通常倾向这种对公众的慷慨。诚然，社会没有外来的捐助者，为输家提供的福利意味着得由赢家来买单。

哪种态度是正确的？哪种更接近公平的道德观念？这个问题没有客观、科学的答案，就像找不到客观、科学的答案来决定支持新英格兰爱国者队还是支持前文所述的那支高中橄榄球队一样。自由派本能地支持对公众慷慨，保守派则只相信机会平等，但不只是下意识的反应让我和许多人都觉得这种善良的态度更有吸引力。下面这个思维实验将有助于解释其中的原因：

> 想象一下：一位亿万富翁走在曼哈顿的第五大道上，一张 100 美元的钞票从他的口袋里滑落，这对于证明这 100 美元不是偷来的至关重要。几分钟后，一名来自南布朗克斯（South Bronx）的服务员在

① 罗宾汉（Robin Hood）是英国民间传说中的英雄人物，他武艺出众、机智勇敢，仇视官吏和教士，是一位劫富济贫、行侠仗义的绿林英雄。——编者注

> 去当地麦当劳上班的路上把它捡了起来。亿万富翁损失了 100 美元，餐馆服务员赚了 100 美元。整个社会将变得更好还是更差？

大多数人会本能地回答：变得更好。然而，这种回答却得不到科学的佐证。这位亿万富翁可能是通过公平合理的经济活动而赚取这 100 美元的，他可能也会因为这一损失而极度懊恼。也许他会把这 100 美元捐给慈善机构。餐馆服务员不劳而获地捡到了这 100 美元，或许不会明智地把它花掉，也许会用来娱乐消遣。我们没有客观的度量体系来平衡一个人的损失和另一个人的收获。因此，没有人能肯定地说，100 美元的意外转移让整个社会变得更好了。

然而，当一个答案看起来如此正确时，它可能就是正确的。人们自然会认为，这位亿万富翁非常富有，损失 100 美元根本不值一提。这 100 美元可以支付餐馆服务员一周的伙食费，所以对他有巨大的价值。因此，我们有理由假设，亿万富翁的损失和餐馆服务员的收入会让整个社会变得更好。自由派无疑是这么想的。

当然，这个例子是为了制造这种效果而设计的。现在我们让它不那么极端。

同样的场景，但是现在假设：

> 一个年收入 30 万美元的律师把 100 美元的钞票弄丢了，一个年收入 3 万美元的职员把它捡了起来。社会现在变得更好了吗？

在这个问题上，你可能会考虑久一些，但道理是一样的。如果我们认为穷人比富人更需要帮助，那么这 100 美元对于职员就比对于律师更有价值。因此，意外的财富转移会让社会变得更好。

我们从这里移步到使用税收和政府重新分配收入的基本论点。假设现在政府把律师的税额提高了 100 美元，把职员的税额降低了 100 美元。除非是因为使用税收系统而不是随机事件来重新分配收入本身令人反感，或由于这种收入转移产生了严重的逆向激励，进而损害了市场机制，否则结论应该和上面的案例相同，我们稍后讨论这个问题。收入沿经济阶梯向下转移会使社会整体变得更加富裕。

多年来，许多哲学家和经济学家发现这个论点很有说服力。我称之为公平原则，它是善良的认知基础。

当然，根据定义，任何重新分配收入的税收和其他财富转移制度都会干扰自由市场的结果，从而在某种程度上需要强制执行。就像自由派本能地喜欢对公众的慷慨行为一样，保守派本能地对干涉自由市场感到愤怒。出于达尔文主义的原因，自然赋予我们这两种本能。如果使用得当，那么双方都有存在价值。作为地球上最高等的动物，我们应该采取一种平衡的态度，既要重视市场的惊人成就，又要认识其局限性。

1776 年，一些精彩的观点不断涌现出来。亚当·斯密向世界展示了自由市场如何奇迹般地将贪婪用于建设性的目的。资本家的动机仅仅是自我致富，他们被亚当·斯密暗示的看不见的手引导着去发明新产品，去满足未被满足的需求，去寻找更好的生产方式。简而言之，资本家做了许多事情让社会当然也包括他们自己变得更好。

亚当·斯密是对的。作为一种以尽可能低的价格向人们提供商品和服务的机制，市场机制还有待完善。市场最大限度地利用了社会的有限资源，自由市场把最高的价格赋予最稀缺的资源，因此具有成本意识的企业家将节约使用这些资源。因为供应充足的商品会很便宜，所以会被肆意浪费，这在很大程度上是正常现象。

但不受约束的市场并不会把所有事情都安排妥帖。正如我们所看到的，通常清洁的空气和水是免费的，不受监管的市场会导致环境恶化。市场本身不具备防御能力，因此它无法阻止衰退。与当前的话题最为相关的是，除非纯属巧合，市场不会按照任何人关于道德公平的观念来分配收入和财富。

市场是为效率而设计的，不是为了公平。那些玩经济游戏并取得成功的人会变得非常富有，不会玩的人可能会饿死。原因很简单，一个资本主义社会要繁荣，就必须有大赢家。因为成功离不开艰苦努力的工作，有时还需要心甘情愿承担巨大的风险，所以为了鼓励有胆量的人去拼搏冒险，奖励必须与之相对等，这导致了胜负双方在结果上惊人的差距。

真正的自由市场会毫不留情地榨取社会稀缺资源，甚至允许极端的剥夺。如果想在其中留有仁慈和怜悯，就必须施加外力进行干预，这就是为什么所有资本主义社会的政府都在一定程度上重新分配收入。资本主义早期的再分配是不足的，例如为穷人提供收容所，大部分是由私人慈善机构来负担的。看看查尔斯·狄更斯的作品，你便会一目了然。但随着资本主义国家的成熟和富裕，社会也变得更加人性化。越来越多的人开始相信，穷人遭受的惩罚甚至比犯人还要重。公共慈善机构应运而生，我们现在称之为社会安全网。

几十年来，政府的再分配计划不断加码，不仅是在美国，更是在世界各地。越来越多的再分配引发了争论。在美国，争论通常沿着党派路线展开，民主党人普遍支持再分配政策，而共和党人则普遍反对。

最近关于税收和预算的经济辩论与过去如出一辙。是伍德罗·威尔逊领导下的民主党人给了我们累进税制；是富兰克林·罗斯福领导下的民主党人推行了无数的新政项目，比如社会保障和失业补偿；是约翰·肯尼迪领导下的民主党人推动了医疗保险和更强有力的脱贫计划；是林登·约翰逊领导下的民主党人颁布了这些计划；是巴拉克·奥巴马领导下的民主党人给了我们后来被称为奥巴马医改的政策。

民主党人比共和党人更注重再分配，这一现象并不意味着哪个政党在哪个时期是正确的，它只是告诉我们，民主党更重视公平原则。选民的态度不时地变化，而与欧洲人相比，美国人通常更喜欢把收入分配问题掩盖起来。在 2016 年的总统初选中，参议员桑德斯把经济不平等作为自己的中心议题，与希拉里展开了激烈的竞争。毕竟，这只是个人尽皆知的例外。总之，几代人以来，美国人对不平等这一抽象话题并没有表现出太大的关注。

尽管如此，政策总是以多种方式来重新分配收入。事实上，与社会福利和食品券等明确的再分配政策相比，隐性的再分配政策，比如农产品价格支持、关税和配额以及税收漏洞等可能会重新分配更多的收入。在通常情况下，这些隐性的再分配要么是反复无常的，要么是朝着罗宾汉的反方向发展。由于这些政策在加剧了不平等的同时，还降低了市场体系的效率，自由派和保守派按理都应予以谴责，然而美国的利益集团主导的政治体系却非常中意它。

把理智的头脑和善良的心灵结合起来

经济学虽然不是政治的试金石，但至少可以避免一些政策灾难，经济学的照明指引作用可见一斑。当评估一项经济政策提案时，我们首先要问：这会提高市场体系的效率吗？也就是说，它会不会给社会整体带来更多利好？如果答案是否定的，那么我们接着会问：这是否有利于富人财富向穷人转移？如果答案仍然是否定的，那么这个提案既违背了效率原则，又违背了公平原则，应该被否决。

许多牺牲公众利益来满足特殊利益集团的政策都无法通过这个简单的测试，例如：大多数保护主义措施将普通消费者的收入重新分配给富裕的资本家和工资高于平均水平的工人，同时还损害了经济效率；许多惊人的税收漏洞扭曲了市场激励的初衷，使富人从中牟利。

相反，如果一项政策建议既能提高经济效率，又能帮助弱者，那么它大概率是有价值的。这就是为什么不同政治派系的经济学家都支持全面的税制改革并捍卫自由贸易。美国的政治经济体系应该具有一种本能的偏见，反对那些无视公平和效率的政策，而支持那些促进公平和效率的政策，然而现在的方向似乎反了。

要提高国家经济政策的质量，我们必须把理智的头脑和善良的心灵结合起来，把精明的会计师和富有爱心的社会工作者结合起来。保守派必须更加重视公平，并认识到通过精心设计促进平等的政策不一定会过度干预效率。自由派必须对效率给予更大的尊重，并认识到通过保守的手段也可以达到自由主义的目的。如果双方都能认识到自己的不足，我们就更有可能制定出既理性又富有同情心的经济政策。退一万步来说，我们至少应该开始拒绝那些既损害效率又加剧不平等的政策，然而我们目前还没有这样做。

效率和公平原则不仅是务实决策者的灯塔，而且体现了政治意识形态的一个要素。美国当前制定经济政策的方法常常使得利益集团之间彼此对立：劳动力与资本、富人与穷人、出口商与进口商、买家与卖家。在某种程度上，这些集团的利益确实是冲突的，这就是生活。但是，当特殊利益集团在政治舞台上相互厮杀时，国家利益往往丧失殆尽，他们忘记了美国的立国宗旨之一就是“促进公共福祉”。在当今这个时代，这句老话可能已经过时了，但有些东西在 18 世纪 80 年代被看得更清楚。

要想以理智而善良的方式取得成功，在处理经济问题上必须减少对抗。我们必须认识到，广泛的国家利益不是一个毫无意义的抽象概念，而是具体的存在。至少有些时候在某些问题上，我们必须准备好把狭隘的利益置于共同利益之下。

自由企业制度是了不起的，但不是万能的，特别是它不能保证分配的公平。为了创建一个高效但富有同情心的社会，我们必须建立合理的再分配机制，然后让那些富有生产力的参与者在几乎或根本没有保护的情况下与来自国内外的对手展开竞争。只要弱者能在一定程度上受到保护，激烈的竞争就没有错。

但是，对公平和效率原则的更高敬意将不会为所有的经济政策问题提供答案。许多政策提高了效率，但损害了公平，反之亦然。例如像许多民主党人希望的那样，提高个人所得税的累进程度将减少不平等现象，但会让高收入阶层承受更高的税率，从而扭曲激励效果。也正如许多共和党人所希望的那样，削减食品券将有利于提高穷人的工作积极性，但也会将穷人的利益再分配给富人。

当公平原则与效率原则发生冲突时，我们必须使用道德判断作为补充。效率的提高弥补了在公平上的损失吗？或者公平的加强弥补了在效率上的损失吗？在这两个问题上，即便理性的人也未必能达成共识。这种判断从本质上是政治性的，但是牢记以下两个原则仍然大有裨益：我们不必仅仅因为一项重大的再分配计划对经济效率造成微小损害，就草率地将其抛弃；我们也不该避开虽然轻微地加剧不平等现象但可以显著提高经济效率的机会。

几十年来，经济学家们一直强调公平和效率之间基本的权衡：如果社会想要更多的公平，它可能不得不接受较低的效率，反之亦然。这种分析没有错。如果我们当前的经济政策基本上是正确的，那么我们每天都会面临这种痛苦的权衡。促进公平的政策，比如增加所得税累进程度或提高食品券福利将损害效率，反之亦然。但就目前的情况而言，因为起点很低，我们往往可以忽略公平与效率之间的权衡，把精力集中在同时提高这两个方面上。

我想把这种机会称为客观的政策改善，这应该是没有争议的，因为大多数人都接受“多比少好”，以及“穷人比富人更需要帮助”的观念。然而，现实世界的经济决策往往粗暴地将这两项原则置于脑后。本书旨在给出更好的方法，接下来我们来看一些具体的例子。

ADVICE AND DISSENT

WHY AMERICA SUFFERS WHEN ECONOMICS AND POLITICS COLLIDE

| 第三部分 |

灯柱理论的应用：三个关键政策领域的问题

一些拿高薪的专业人士，比如医生，碰巧很擅长洗衬衫，甚至比专业干洗店洗得还要好。那么，医生是应该牺牲为病人治疗的时间来自己洗熨衬衫，还是应该把衬衫送到干洗店，从而给别人提供一份稳定的收入，让自己专注于治病救人？

第 7 章

对国际贸易问题的分歧

没有人会去关心谁因为保护主义而失业。

——罗纳德·里根

里根说这话时，一定不会想到在 2016 年的大选中，自由贸易和全球化会遭到普遍打击。无论是移民问题，《北美自由贸易协议》，还是中美贸易问题，美国选民以及获胜的特朗普似乎都与所有经济学家以及里根站在了完全不同的立场。

事实上，美国高层对国际贸易的失望更早些时候就展现了端倪。在民主党初选中，希拉里不得不面对桑德斯的严峻挑战。桑德斯自称是来自佛蒙特州的社会主义者，他和特朗普一样，是个十足的贸易保护主义者。事实上，桑德斯在 2016 年 4 月与《纽约每日新闻》（*New York Daily News*）讨论贸易协定时表示："如果他（特朗普）认为这些是糟糕的贸易协定，我同意他的看法。它们确实是糟糕的贸易协定。”

希拉里在担任第一夫人期间支持《北美自由贸易协议》，并在担任国务卿期间将《跨太平洋伙伴关系协定》称为贸易协定的“黄金标准”。她显然不是特朗普或桑德斯那样的贸易保护主义者。正如希拉里在第一场总统竞选辩论以及其他演讲中指出的那样：“美国人口只占世界人口的 5%，我们必须和另外 95% 的人进行贸易。”希拉里迫于政治压力，提出反对《跨太平洋伙伴关系协定》，除非它被修改成一份对于美国工人来说“更好的协议”（谁知道这是什么意思）。在竞选活动的进程中，希拉里对《跨太平洋伙伴关系协定》的敌意逐渐变得强烈。2016 年 8 月她曾表态：“我现在反对它，选举后反对它，当上总统后依然会反对它。”如果她真的当选，那也没有什么回旋余地了。

另一位候选人特朗普，他在共和党初选中战胜了其他 16 位总统候选人，最后在近 300 万张选票的劣势下却赢得了大选。他对贸易政策和移民政策的刻薄及敌意使他区别于其他候选人，也区别于美国历史上大部分总统。他声称只要其他国家对美国表现出贸易顺差，美国就是“失败者”，这是一种荒谬的想法。在特朗普许诺要让墨西哥出资修建跨越美墨边境的高墙，吸引了最多的关注力的同时，他还承诺重新谈判《北美自由贸易协议》，甚至对墨西哥进口商品征收 35% 的关税。此外，特朗普还声称要对中国进口商品征收 45% 的关税。这是《斯穆特－霍利关税法》（*The Smoot-Hawley Tariff Act*）[①] 的阴影重现。

特朗普就任总统后，重新修订《北美自由贸易协议》的进程十分缓慢。有进展吗？也许吧。但在此之前，特朗普打了一场贸易战，对手你永远猜不到，居然是加拿大！

---

① 《斯穆特－霍利关税法》是大萧条期间试图通过减少进口来“拯救就业”的这种全球趋势的美国版本，最终没有成功。问题在于：当每个国家都这么做时，整个世界都会遭殃。从历史记录来看，《斯穆特－霍利关税法》是大萧条持续时间如此之长的原因之一。

经济学家拒绝“照明”，政界人士无须支持

也许没有什么比国际贸易更清晰地把经济学家和政界人士区分开来了。自然，2016 年对贸易如此敌视的政界人士既没有寻求也没有获得经济学家的支持（作为希拉里竞选团队的外部顾问，我尽量避开贸易话题），他们也不寻求“照明”。那么关于国际贸易，双方为什么会存在这么大的分歧呢？多年来我多次思考过这个问题，这一章的目的就是带大家一起来思考一下。

杰出的经济学家、思想家大卫·李嘉图（David Ricardo）在 200 年前发表他著名的比较优势（Comparative Advantage）原理时就对国际贸易进行了分析，几乎所有经济学家对此都深信不疑。其大意是：当每个国家都生产它们的优势商品，并与其他国家交易时，大家的生活都将变得更富裕。为了证明经济学家在贸易问题上的看法近乎一致，芝加哥大学在 2016 年向其经济专家小组询问了对于以下观点的看法：

> 近年来，密歇根州和俄亥俄州许多工人失去工作的一个重要原因是，过去 30 年里美国政府在贸易谈判中不够强硬。

毫无疑问，大多数政界人士都同意这个观点。事实上，特朗普的主张几乎和这段话的描述如出一辙，他在密歇根州和俄亥俄州都获得了选票。但是在经济学家中，只有 5% 的人同意反贸易的主张，而有 64% 的人表示不同意。

李嘉图在 1817 年并没有把所有的细微差别、例外和条件都交代清楚，他给后世经济学家留下了许多有待解决的问题。然而，他非凡的洞察力是人类思想的伟大成就之一。我每年给普林斯顿大学经济学入门课的学生讲到比较优势时，都会告诉他们，他们将跨越一个巨大的认知鸿沟——一边是少数了解比较优势原则的人，另一边是绝大多数不了解的人。我向他们保证，一旦他们越过了这道鸿沟，就再也不想回去了。

我们用例子来说明一下李嘉图的天才理论。假设这里有两个国家，我称之为“美国”和“中国”——好吧，这个例子可能不完全是假设。假设美国擅长生产汽车，而中国擅长生产玩具，那么专业化和贸易的基本情况是清晰且直观的：美国应该制造汽车，中国应该制造玩具，然后两国应该进行贸易。这种劳动力分工将使两国工人的生产力更高，也将使两国的消费者更富裕。

现在调整一下，假设中国能够以比美国更低的成本生产汽车和玩具，也就是说美国工人在任何产品的生产上都不如中国——这只是假设，尽管它反映了当前的担忧。如果两国之间进行贸易，那么所有美国工人都会被低成本的中国工人抢走工作吗？许多人条件反射地回答“是的”。但李嘉图在200年前发现，这个“显而易见”的答案是错误的。相反，自由贸易将推动每个国家的工人进入本国拥有比较优势的行业。那么，什么是比较优势？

比较优势是本章的核心词汇。假设中国制造汽车的效率仅略高于美国，但制造玩具的效率则要比美国高很多，那么我们就可以说中国在玩具制造领域拥有比较优势，美国在汽车制造领域拥有比较优势。在每种情况下，比较优势都是和其他国家相比较而得出的。其核心思想是：中国任何被用于生产汽车的劳动力，都可以被转移去生产玩具，从而提升生产效率；而美国任何浪费在玩具制造上的劳动力，都可以被转移去生产汽车，从而提升生产效率。

在这种情况下，两国之间开放的市场将迫使中国工人离开汽车工厂，因为汽车行业的比较优势会自然而然地转移到美国。被取代的中国汽车工人将在不断扩张的玩具行业找到工作。在太平洋彼岸，自由贸易将把美国工人从玩具制造业推向汽车工业。诚然，中国能够以比美国更低的成本生产汽车，但是将劳动力转移到汽车制造业将会浪费中国在玩具制造业的巨大比较优势。因此，专注于玩具生产并从美国购买汽车，对于提高中国的生产效率和人民的生活水平是有经济意义的。

如果你不同意这个结论——数百年来，人们大都不同意，以下这个更简单的例子可能更具说服力。想象一下，一些拿高薪的专业人士，比如医生，碰巧很擅长洗衬衫，甚至比专业干洗店洗得还要好。那么，医生是应该牺牲为病人治疗的时间来自己洗熨衬衫，还是应该把衬衫送到干洗店，从而给别人提供一份稳定的收入，让自己专注于治病救人？

对每个医生来说，答案都是显而易见的，这就是对李嘉图的比较优势原理的直接应用。医生在洗衣方面略有优势，但在行医方面优势巨大，因此医生们应该充分利用自己的比较优势，把干洗工作留给别人，他们也正是这么做的。如果有人建议医生“保护”自己，免受“廉价干洗店”的“不公平竞争”，那么医生可能会建议这个人去看看精神科。然而当这种莫名其妙的逻辑被应用到国家层面时，许多人就丢掉了理智，比如认为中国人用廉价劳动力占了我们的便宜。

200 多年来，经济学家们尝试对李嘉图的洞见进行解释说明，但只取得了微不足道的成果，这或许是我们这个职业最大的失败。除非我们能够更好地说服选民，否则我们永远无法说服政界人士，他们只顾得上争取选票。然而，现状却不尽如人意。

为什么这种不尽如人意的状况持续了如此长的时间？一个主要原因是，比较优势是违背直觉的，而且似乎是违反常识的。常识通常引导我们走向正确的方向，并且具有达尔文式的生存价值观，但比较优势是这一规律的少数例外之一。在这一点上，常识常常令我们感到困惑。中国较低的劳动力成本在任何方面都比美国劳动力更有竞争力，这难道不明显吗？这一认识是错误的，需要思考才能理解其中的缘由。

另一个重要的原因来自人们对不必要的改变的抗拒，以及他们对政治体系维持现状的诉求。新的贸易模式，无论是贸易协定还是其他，都可能对人们的生活造成重大破坏。在我们假设的中美关系中，效率低下的美国玩具制造商将在与中国的贸易中蒙受巨大损失。随着中国玩具涌入美国市场，美国的玩具工厂将倒闭，工人们将失去工作。因此，如果他们能说服政府保护他们免受“不公平”的中国竞争的影响，他们将获益匪浅。中国的汽车制造商也是如此，他们可能会因为中美的自由贸易而倒闭。因此，两方都会抛出各种各样的论点，以达到他们的目的，其中的一些论点我们将在本章中详细分析。

从假设回到现实，21 世纪的中国作为世界贸易主要参与者，它的崛起实际上已经让美国人失去了很多就业机会。虽然美国通过向中国出口商品也创造了新的就业机会，但数量较少。更重要的是，新老就业岗位有很大区别，适合它们的就业人群是不同的，工作类型也大相径庭。随着中美贸易规模的爆炸性增长，美国的失业主要集中在没有受过大学教育的蓝领工人群体，以及中国竞争力最强的行业。为了服务中国市场，美国各地也的确涌现出了许多新的工作岗位，但它们主要面向的是受过高等教育的高技能人群。[1]

当这样的事情发生时，国际贸易的输家将动用他们所拥有的一切政治力量来阻止贸易；在美国这样的国家，政府的响应速度是相当快的。在 2016 年总统大选中，这种政治力量得到了体现，这也是本章论述的核心。最好的经济观点几乎总是支持贸易，但最主流的政治观点往往是反对贸易。

视野上的差异导致观点上的分歧

为什么我们要讨论时间视野？让我们从前文强调过的一个重点开始：经济学家和政界人士的大脑运行在不同的时间维度上，经济学家从更长远的视角来看问题。在一些问题上，这种时间视野上的差异与贸易观点上的差异一样明显。但事实证明，政界人士的情况可能没有大多数经济学家以为的那么糟。

经济学家喜欢专注于对比不同的均衡点，而忽视中间的过程：一旦尘埃落定，开放贸易让经济变好还是变差？李嘉图在两个世纪前就曾给出答案，结果几乎总是变得更好。但要知道，尘埃落定可能需要很长时间，尤其从政治的角度来说耗时更长。

再来考虑一下中美贸易。美国工人如果在服装厂或鞋厂失去工作，很难立即或轻松地在飞机制造或软件行业找到新工作。相反，他们可能会面临长时间的失业，甚至被迫搬到能找到工作的地方居住。相关证据表明，当他们找到新工作时，大部分人的薪水将比以前更低。经济学家将这些相关的成本称为“过渡成本”，这个词显然是在弱化影响。是的，这些过渡成本会逐渐消失。但对于一个 55 岁的美国工人来说，在一家鞋厂丢掉了工作，那将代价不菲。这种“过渡”可能在这位工人剩余的工作生涯里如影随形。经济学家往往会忽略这一点，但政界人士不会忽略，也不敢忽略。

现在我们扩展一下这个例子。几十年来，美国制造业就业总人数一直在下降，从 1979 年的近 2 000 万人下降到 2018 年的不足 1 250 万人（见图 7–1）。某些特定的制造业，其就业人数下降幅度相当惊人。例如，美国服装制造业的就业人数已经从 1990 年的 90 万人下降到现在的约 13 万人。在包括炼钢业在内的初级金属行业，自 1990 年以来，就业岗位从近 70 万个降至约 37.5 万个。许多人，尤其是那些服装制造业或炼钢业的工人，对这样的数字感到担忧，但经济学家却无动于衷。

为什么会产生这样的分歧？例如，当一家钢厂倒闭时，经济学家倾向于认为这种趋势是不可避免的，因为美国已经失去了炼钢的比较优势，所以钢厂倒闭甚至可能有利于整体经济。但从实际情况来看，美国炼钢工人失去的工作可能是不可挽回的。如果乔被当地的钢厂解雇了，他可能再也找不到钢厂的工作了。而且，他最终找到的工作几乎肯定会比他在钢厂赚得少。因此，这些成本对乔来说似乎不是“过渡性的”。使用“过渡性”这个词汇的经济学家在乔或者他的国会代表前很可能得不到认同。

经济学家们经常指责政界人士目光短浅，只关注短期，即使短期的情况是不可延续的。实际上，美国制造业的就业人数永远不会回到 2 000 万，匹兹堡也永远不会再成为钢铁之城，美国人购买的平板电视将继续在国外生产。每个美国人都应该明白这一点，并采取相应的行动。那些告诉大家事实并非如此的政界人士是在误导大家，并在营造虚假的希望。

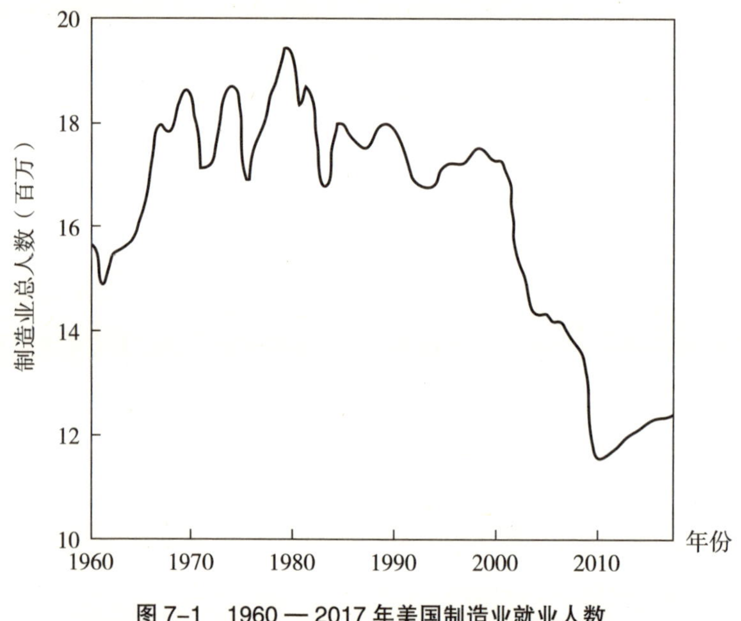

图 7-1　1960 — 2017 年美国制造业就业人数

注：月度数据针对所有制造业员工，并经过季节性调整。

资料来源：美国劳工统计局。

但许多经济学家只沉迷于难以到达的长期结果，甚至没有去考虑“过渡成本”对于现实生活中的人们是如此难以承受。

谁是谁非呢？都不对。一个全面且现实的贸易政策必须平衡远期收益和短期痛苦。但是近视的政界人士和远视的经济学家大多各执一词，而没有进行有益的讨论。

政界人士来自金星，经济学家来自火星

关于贸易话题的柏林墙超越了时空的界限。就像所有的经济变化一样，新的贸易模式会产生新的赢家和输家。这一简单的描述似乎对政界人士的影响要大得多，因为与经济学家相比，政界人士把更多的注意力集中在与政治相关的输家身上，而经济学家只关心净收益。

请记住，经济学家通常关注的是从贸易中获得了分散的、几乎不可见的好处的大众。与此形成鲜明对比的是，政界人士常常通过为相对较小的特定群体争取集中的、明显的利益来讨好选民。可以参考利用贸易壁垒保护钢厂工人的例子，在经济学家看来，政界人士的态度很愚蠢；对政界人士来说，经济学家的态度就像是政治上的渎职行为。难怪政界人士不向经济学家寻求帮助。

我们来回顾一下前文假设的中美贸易的例子。美国人的每次玩具消费都会省下几美元，考虑几亿人次的购买，这可是一笔相当可观的数字。但是有多少美国人会为压低玩具价格给自己省了几美元就为政府喝彩呢？又有多少人会把更自由的中美贸易与更低的玩具价格联系起来呢？与之形成鲜明对比的是，受到贸易严重威胁的美国玩具厂及其工人会向政界人士大声而明确地表达自己的立场。因此，如果你在美国从政，你会站在支持自由贸易的经济学家一边，还是与特朗普一起站在贸易保护主义的一边？

在你跳到保护主义一边之前，请记住自由贸易也有好处。在我们假设的例

子中，贸易将为美国的汽车工人和中国的玩具工人创造新的就业机会。在实体经济中，总体上更自由的贸易（虽然不一定特指与中国）将在出口行业创造出新的就业机会，数量规模将与进口行业因竞争而丢掉的就业岗位基本持平。这就是里根总统在本章的章首隽语中提出的观点。对美国来说额外的利好是，出口创造的就业岗位的工资通常比进口创造的就业岗位的工资高出 5% ～ 18%。

一切看起来都还不错，但是由贸易创造的所有这些美好的新工作抚慰不了那些丢掉工作的人，他们会让政界人士知道他们受了委屈。尽管经济学家通过计算机模型分析向所有人保证，美国人和中国人的平均生活水平都将通过贸易得到提升，但政治并不是为了平均数而存在的。更确切地说，政界人士听到的是那些在现有议题上既得利益者的洪亮声音，尤其当那些人面临失去利益的时候。

政客们的如此表现反映了一部分经济学家的另一个盲点，这在很大程度上解释了关于贸易政策方面的经济建议的政治需求如此之低的原因。正如我以前所观察到的，提高效率的经济政策并没有让每个人都过得更好。这时，一个记录着赢家和输家的名单往往会应运而生。就自由贸易而言，输家的名单一定会更短。但如果把你放进这个输家名单里，就像几十年来的美国钢厂工人那样，你一定不会支持自由贸易。你会为其他人而牺牲自己吗？

一些头脑理智但铁石心肠的经济学家的回答是：会的。他们认为该来的事情总会来，并不是所有的事情都是有利无害的。具体而言，经济每时每刻的变化肆无忌惮地造就了赢家和输家。互联网扼杀了大多数旅行社，亚马逊等公司夺走了传统零售商店的市场份额，优步（Uber）和来福车（Lyft）彻底撼动了出租车和豪华轿车行业。这种“创造性破坏”并不新鲜：几十年前，航空旅行取代了长途客运列车；更久之前，汽车的出现摧毁了马车行业；再往前追溯，电灯意味着很多蜡烛制造商的末路。

请注意，在这些案例中，真正的罪魁祸首是技术进步，而不是国际贸易，而且在这些案例中，政府都没有干预阻止这一进程。许多经济学家质疑，为什么要区别对待国际贸易？毕竟扩大贸易其实很像技术进步，事实上前者往往作为后者的结果而出现。例子比比皆是，比如几个世纪前的商业海运、近一个世纪前的货运飞机以及大约 20 年前的互联网。如果"把我送回去，斯科特"① 的即时传送最终实现，那么贸易将会得到更进一步的巨大发展。事实上 3D 打印已经朝着这个方向前进了。虽然"斯科特"还不能传送同事，但它已经可以通过互联网来发送一些设计作品了。

如图 7–1 所示，制造业工作岗位的减少大部分是由技术而非贸易引起的。随着制造业生产率的飙升，企业发现它们可以用更少的劳动力生产出更多的产品。图 7–2 令人震惊。数据显示，自 20 世纪 60 年代以来，美国制造业在总产出中的占比几乎没有变化，但制造业在总就业中的占比却大幅下降。与贸易引起的影响相比，机器取代了更多的美国制造业工作岗位。尽管许多人试图阻止贸易协定，但自 19 世纪以来，卢德分子② 的队伍已经逐渐缩小，现在已很少有人试图阻止技术的进步，尽管技术比贸易摧毁和创造的就业机会更多。

这是另一个可能会令你吃惊的经济数据：美国每个月大约有 500 万名工人因为被解雇或辞职离开他们的工作岗位，而大约有 510 万名工人找到新工作，从而呈现月度就业数据少量净增长。即便是最积极的贸易保护主义者也不会再断言国际贸易在就业损失中所占的比例很大。失业问题在更大程度上源于技术变革和激烈的竞争。技术和竞争受到了广泛的赞扬，几乎没有人报以怨言，它们也理应受到如此待遇，但贸易就没那么幸运了。

① 这个短语改编自科幻电视连续剧《星际迷航》。说出这句话后，斯科特会使用一种隐形传送技术将船长和其他人送回飞船。——编者注

② 卢德分子是指 19 世纪英国工业革命时期因机器替代人力而失业的技术工人，现在引申为持有反机械化以及反自动化观点的人。——编者注

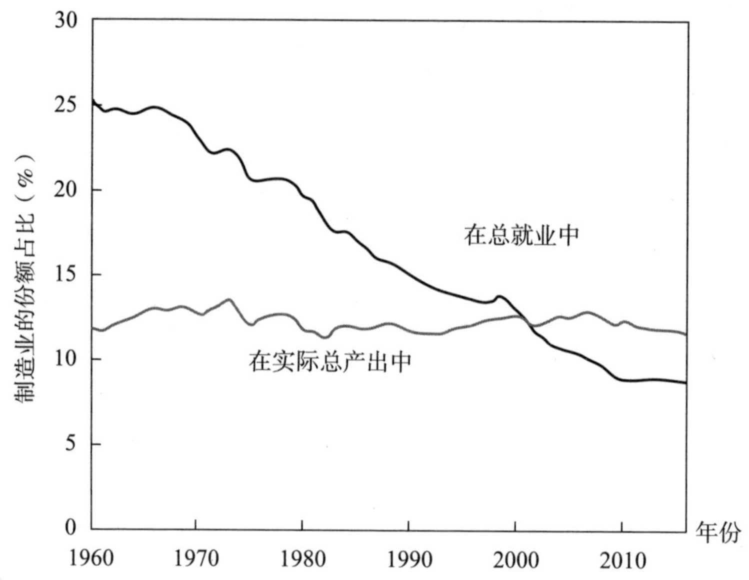

图 7-2 1960 — 2016 年美国制造业在总就业和总产出中的份额

注：产出数据以 2009 年美元价格的实际增加值计算，单位为 10 亿美元，使用链式物量指数（Chain-type Quantity Index）进行调整。

资料来源：美国经济分析局。

让我们来看看这是为什么。

第一个原因是国际竞争。顾名思义，国际竞争是来自国外的竞争。如果加州奇诺（Chino）的高效新工厂摧毁了底特律的就业机会，那么密歇根人肯定不乐意，但他们不会要求联邦政府叫停加州的技术进步。就算他们真的这么做了，也不会奏效。然而，如果竞争对手来自中国，那么密歇根人的态度和政治立场都会发生改变。虽然不管新的竞争对手是来自中国还是奇诺，底特律的失业情况可能是一样的，但在政治上却截然不同。问题也不仅仅停留在就业层面：国内技术变革带来的利润很大概率会留在美国，但当中国制造技术超越美国公司时，利润就会流向海外。

第二个原因往往可以直接追溯到政府的决定，比如贸易协定产生的后果以及所谓的“华盛顿制造”。相比之下，由难以溯源的技术进步导致的失业是“自然而然地发生的”，国会不需要做出明确的支持或反对。当国内的赢家在政治舞台上面对国内的输家时，这场游说之战至少在理论上是公平的，双方带上各自的说客。但当一个国内的输家与一个外国的赢家竞争时，政治上则呈现一边倒的趋势。

第三个原因是前文提到的教育失败。人们认为技术进步是自然规律的一部分。他们知道技术进步可以提高效率，提高生活水平，而且他们显然愿意接受马车行业和蜡烛制造业注定灭亡的残酷事实。但很少有人理解比较优势原则，该原则论证了更开放的贸易具有完全相同的效果：效率提高，生活水平上升，尽管一些人和一些企业会蒙受损失。

走向善良的贸易政策

刚刚总结的理智的贸易政策强调了效率，但是从公平的角度来看，让贸易协定中的输家承担痛苦，让赢家获得收益，这公平吗?

记住，交易的赢家和输家不是随机挑选的。在一个像美国这样比较富裕的国家，资本所有者和受过高等教育的人很容易从贸易和更广泛的全球化进程中获益，而受教育程度较低的人则会蒙受损失。这会产生一个令人不满的后果，即贸易收入的再分配主要会沿着收入阶梯向上进行。当经济蛋糕不再快速增大，而且蛋糕的切分已经相当不平均时，这种再分配就会显得格外困难，很不巧这就是当代美国经济的两个特征。

我们可以更好地分享收益吗？当然可以，只是目前我们的努力还不够。让我们将话题转回贸易上。就像之前提到的，贸易总是会产生赢家和输家，但是赢家赢的比输家输掉的更多，因此整个国家将变得更加富裕。简单的算术就能论证互惠互利的可行性：赢家给输家分享一些收益，或许足以在净收益层面把输家变成赢家。李嘉图曾证明这个算法在原理上是可行的，但是在实践中设计一个可行的方案却并不容易，后期的政治运作就更加困难。

难题中也有简单的部分。美国的税收转移体系自动地从赢家那里征税，并通过失业保险、食品券和累进税制等这些人们熟悉的机制将征收的税款转移给输家。当贸易输家的差距与赢家拉得更大的时候，这些机制的帮助作用就更大了，目前的情况就是如此，但现有的补偿机制还不能将贸易输家变成净赢家。

一些贸易输家从所谓的贸易调整援助计划（Trade Adjustment Assistance）中获得额外的援助。贸易调整援助计划始于1962年的《贸易扩大法案》（*Trade Expansion Act*）。当时美国总统肯尼迪清楚地阐述了基本论点："不应要求贸易竞争的受害者承受全部打击。相反，部分经济调整的负担应该由联邦政府来承担。"[2] 当然，"由联邦政府来承担"意味着由纳税人承担，而由纳税人来承担意味着至少部分由赢家来承担。

肯尼迪认为贸易调整援助计划为更开放的贸易铺平了道路，减轻了对输家的打击（当时民主党是支持自由贸易的）。请注意，肯尼迪的基本论点与失业保险、医疗补助和其他社会保障计划的基本论点完全相同。在所有这些案例中，政府从"赢家"那里收税，给予"输家"福利。就这一点而言，贸易调整援助计划和私人保险的作用是一样的。无论是人寿保险、家庭火灾保险还是商业财产保险，都是将个体风险社会化，而不是让它们落在不幸的少数人身上。

起初，想获得贸易调整援助计划的福利需要通过严格的资格审核，申请者必须证明其失业是美国贸易妥协的直接后果，但这很难做到。此外，肯尼迪－约翰逊时期的经济繁荣使失业率多年保持在低位。因此在20世纪60年代，居然没有一人享受过贸易调整援助计划的福利！**伞准备好了，但没有下雨。**

随着《1974 年贸易法》的颁布，情况开始发生变化。这是一项具有里程碑意义的法案，其中增加了贸易调整援助计划的福利，并且放宽了对资格的要求，例如失业工人只需要证明进口对他们失业有重要影响，资格门槛降低了很多，至今仍然执行此标准。对于符合条件的工人补贴也设定在一个相当慷慨的水平：制造业平均周薪的一半。善良的经济学家对这些变化拍手称赞。

除了这些立法上的变化外，1974 年美国还经历了一次严重的经济衰退。因此，就受益者和援助金额而言，贸易调整援助计划的福利在 1975—1979 年增加了两倍多，尽管基数比较低。此后在 1980 年，由于大量的汽车工人失业，贸易调整援助的规模爆炸性增长。[3] 然而，在 1980 年的选举中，有人指责卡特政府为了获得政治优势而发放了更多的贸易调整援助福利。因此，急于削减预算的新里根政府提议完全终止贸易调整援助计划，但最终还是决定降低福利水平，提高资格门槛，认定标准提高了很多。1980—1981 年，获得贸易调整援助计划福利的人数下降了 93%，贸易调整援助计划几乎搁浅。

随着时间的推移，民主党对贸易协定和共和党贸易调整援助计划的支持逐渐减弱。重要的是，劳工领导人对贸易调整援助计划失去了他们曾有的热情。他们想保住工人的就业，而不是缓解贸易对就业的冲击。如果贸易调整援助计划有助于国会通过进一步的贸易自由化法案（这正是肯尼迪总统的意图），工会就会持消极态度。多年来，国会多次修改贸易调整援助计划，最近一次是在 2015 年 6 月，现在有 4 个不同的版本，分别称为 2002 年、2009 年、2011 年和 2015 年计划。听起来够复杂吧？

公平地说，贸易调整援助计划在政治上或经济上都没有达到肯尼迪总统的预期。在政治上，它未能消除人们对自由贸易的敌意；在经济上，它的运作规模太小，强调的是援助而不是调整。例如，2016 年只有大约 10 万名工人得到了福利，而用于职业培训的资金上限为 4.5 亿美元。调整力度如何体现？参与者平均在贸易调整援助计划中逗留近两年，这表明该调整力度相当有限。[4]

贸易调整援助计划的规模始终上不去，至少归咎于两个原因。

第一个原因是美国政府在这个计划中投入的资源太少。所有面向劳动者的贸易调整援助计划在 2017 财年仅支出了约 8.5 亿美元，相对于其他计划所投入的资金，这个数字简直微不足道。

第二个原因是贸易调整援助的福利，比如工作培训、求职协助、搬迁津贴、医保保费和其他收入支持，较难通过审批。首先，失业者必须向劳工部申请表明他们失业的主要原因是国际贸易。其次，这份申请必须得到劳工部的认证，在 2015 年仅有 72% 的申请得到了认证。最后，只有在申请人仍处于失业状态并正在接受培训时才能领取援助金。所有这些要求造成的结果是，在 2015 年，仅有 57 631 名工人达到了贸易调整援助金的获取资格。

通过更慷慨的贸易调整援助计划预算，并使贸易受害者更容易获得援助，可以优化其中的一些不足之处，国会可以也应该这样做。然而，更深层次的矛盾却不那么容易解决。这种深层次的矛盾表现为，因贸易失业的美国工人希望得到的是帮助，而不是救济。他们想要的是一份工作，而不是一份美化版的失业保险。一些劳工领袖嘲笑贸易调整援助计划和其他缓和措施是“丧葬保险”。他们宁愿阻止贸易协定，也不愿参加葬礼。正如少数几个关注心理学的经济学家之一罗伯特·希勒（Robert Shiller）所言：“人们渴望一种职业成就感，而不仅仅是拿到钱。再分配让人感觉失去了尊严，就像被贴上了失败者的标签。”[5]

不管潜在的原因是什么，当一个旨在帮助劳动者的计划难以获得工会的支持时，它的政治前景就是黯淡的。贸易调整援助计划难以获得支持，实际上指向了一个更广泛且更深层次的问题，这可能也是许多民主党人对自由贸易不屑一顾的根本原因。宣告每个人都有权得到一份工作是一码事，具有里程碑意义的《就业法案》（*Employment Act*）在 70 多年前的 1946 年就已经明确了这一点；每个工人都有权继续从事现在的工作已经是另外一码事了——在不断变化的经济形势下，这种承诺是难以兑现的。

没有人希望被解雇，但是正如一些欧洲国家多年来的情况那样，把特定的人锁定在特定地方及特定工作岗位的政策只能带来经济停滞。请记住，每个月大约有 500 万名美国人失去工作，还有 500 万人同时找到了工作。500 万啊！如果这一“跳槽”数量大幅降低，美国经济的活力和生产率也将相应减弱。事实上，一些观察人士担心，这种活力的降低正在发生。[6] 贸易是将资本和劳动力转移到最需要的地方的几种市场机制之一。过程可能是痛苦的，但它非常具有实际意义，也是必不可少的。理智但温和的经济学家和政界人士应该想办法减轻这种痛苦。

反对自由贸易的虚假论点

在政治领域，你会听到很多反对贸易的言论，在学术界你却很少听到。这些论点中有一些是对的，我后面会谈到，此时我们还是先从那些错误的讲起。

当然，没有人，准确地说，几乎没有人会反对公平。但是，当听到有人表示支持公平贸易而不是自由贸易时，你便要小心了。这往往是保护主义的烟幕弹。回想一下，特朗普总统频繁地抱怨：墨西哥企业可以向美国消费者销售商品而无须支付关税是多么不公平。

公平贸易的一个大致论点是：由于 X 国实施限制性贸易，我们就也应该这样做。从字面上看，这个论点就是错误的。× 国剥夺了其公民从贸易中获得的部分好处，并不意味着我们应该效仿这种行为，进而恶意伤害我国公民。这是亨利·乔治（Henry George）在 130 多年前写下的名言："保护主义教给我们的，是在和平时期对自己人做那些敌人在战争时期想要对我们做的事。"[7]乔治知道，如果我们的贸易伙伴对我们的出口设置壁垒，我们就会蒙受损失。但是，如果我们以限制进口来进行报复，我们同样会蒙受损失。

一个更古老的贸易保护的例子是亚历山大·汉密尔顿提出的所谓的"幼稚产业保护理论"。该理论认为，有潜力成长并变得强大的新兴产业可能需要暂时的庇护，以使它们成熟，这有点像保护脆弱的花朵免受严酷环境的伤害。如果让这些有前途的花蕾过早地暴露在激烈的外国竞争中，它们在盛开之前就可能会夭折。表面上该论点好像有点道理，实际上却很肤浅。

请记住，汉密尔顿为全新的美利坚合众国提出这个论点时，美国国内几乎所有的产业都是"新生儿"。把该论点应用于当代美国这样的发达经济体明显有些不妥。如果"新生儿"行业真的有美好的前景，私人资本为什么不冲进去抓住机会大赚一笔，就像 19 世纪的铁路行业、19 世纪早期的汽车行业、20 世纪七八十年代的个人电脑产业、20 世纪 90 年代的互联网，以及今天的社交媒体？尽管许多早期的公司已经破产，但这些行业最终都繁荣起来了。这就是创业的本质，即创业不适合胆小的人。毫无疑问，汉密尔顿时期的美国没有创投和私募基金，但现代美国有。所以，1790 年的论点现在早已不再适用。

此外，一旦"幼稚产业"逐渐习惯了在国外或是国内竞争中被保护，它们可能很难找到合适的时机脱掉尿布。行业高管会向当地政界人士解释，如果贸易保护被解除，他们这些雇用了许多选民的优势产业将遭到灭顶之灾。他们或许没有错，竞争确实会淘汰效率低下的公司，然而它也给普通大众带来了巨大的好处。再者，这也是美国的风格。

反对自由贸易的虚假论点还声称，美国工人工资高、福利好，所以无法与廉价的外国劳动力相竞争。这种认知导致特朗普在 2015 年 11 月的总统初选辩论中无意中说了“我们的工资太高了”[8]这句失策的言论。你还记得 1992 年罗斯·佩罗说的“巨大的吮吸声”吗？这被认为是美国的就业机会流向工资水平较低的墨西哥的声音。

但是，廉价的外国劳动力将导致富裕国家的就业岗位大量减少的言论，是违背比较优势原则的。贸易导致了工作机会的变化，或许影响了很多人的就业，但并没有导致大规模的失业，正如李嘉图在 200 多年前解释过的那样。此外，随着美国劳动力进入其具有比较优势的行业，这些领域的工资水平通常高于平均工资，美国人的平均收入会随之上升，而不是下降。

上述论点不仅仅是经济学教科书中抽象的论点。如果进口竞争真的扼杀了就业机会，那么我们应该看到，随着进口占比的上升，美国的失业率也应随之上升，但图 7–3 并没有显示出这种相关性。20 世纪 80 年代初，美国开启了长期的贸易逆差，自那以后，进口占 GDP 的比例（深色线）几乎稳步上升，从 1984 年的约 10% 上升到大衰退来袭之前的近 18%。现时失业率（浅色线）显示的波动只反映了繁荣和萧条的周期，并没有任何明确的趋势。实际上，当今的失业率比 20 世纪 80 年代末的还要低。是的，正如李嘉图所预见的那样，面临进口竞争的美国工人在其他岗位找到了工作。

他们是怎么做到的呢？答案的实质是，一个国家的实际工资从根本上取决于其劳动力的生产率，而不是对外贸易。而一个国家劳动生产率的主要决定因素是其工人的技能和受教育水平、资本投入的数量和质量，以及国家的技术水平。美国工人在所有这些标准上的得分都很高，所以不论是否进行贸易，美国工人的生产率和工资都会很高。相比之下，许多贫穷国家在这些标准上得分很低，这也正是它们贫穷的原因之一。

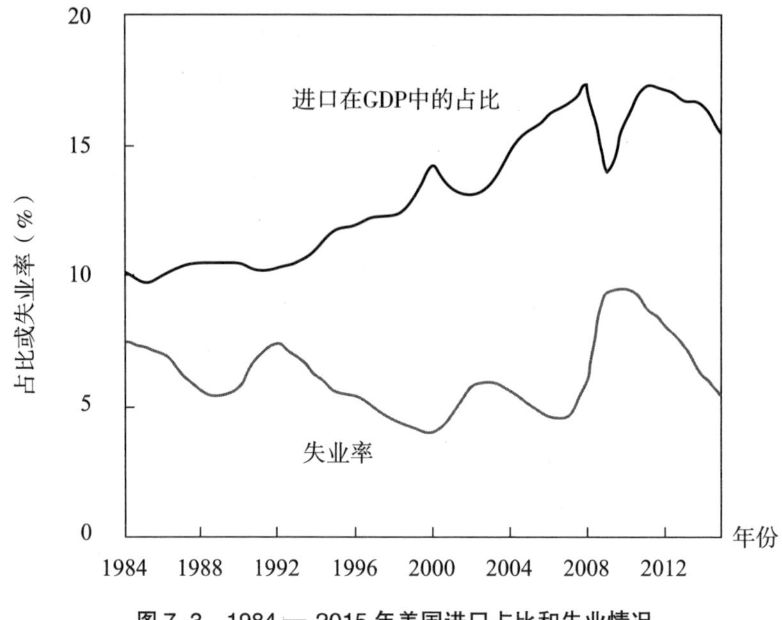

图 7–3 1984 — 2015 年美国进口占比和失业情况

资料来源：美国劳工统计局；美国经济分析局。

现代的“廉价外国劳动力”论点除了涉及工资范畴，还指出贫穷国家的劳工标准（童工、工人权利等）和环境标准也远比美国宽松。这被称为不正当竞争的另一个方面。好吧，出于假设某些国家的工人无法成立工会，或在污染的空气里工作等令我们感到愤愤不平的原因，现代贸易协定几乎总是包括对于环境和劳工标准的要求。然而，发达国家与发展中国家进行贸易的基本理由与李嘉图的观点几乎是一致的。的确，较贫穷的国家的工人工资较低，劳动力标准较低，环境管控较少。他们的苹果手机持有量和有线电视频道更少，他们付给足球运动员的薪水更低，他们确实很穷。但如果我们拒绝与这些国家进行贸易，他们的工人将变得更加贫困。此外，为了与我们签署贸易协定，他们的政府肯定要提高他们的劳动力标准和环境标准。

政界人士和其他反对贸易协定的人经常严重依赖错误的逻辑，下面用四个例子来说明。

“贸易协定”不是“贸易”。在 2016 年大选中，最热门的贸易议题当属《跨太平洋伙伴关系协定》。在特朗普当选美国总统的当天，美国就与《跨太平洋伙伴关系协定》说再见了。把围绕《跨太平洋伙伴关系协定》的讨论称为“无事生非”属于夸大其词，但若称之为“小题大做”倒也说得过去，因为《跨太平洋伙伴关系协定》对美国经济的影响预计会很小。美国国际贸易委员会的一项大规模研究表明，《跨太平洋伙伴关系协定》将使美国的实际 GDP 在 15 年后提高 0.15%，使就业增加 0.07%。不是每年 0.07%，而是总共 0.07%。简而言之，《跨太平洋伙伴关系协定》创造的就业机会简直微不足道。当然，有这些工作总比没有好，但没人会认为这是件多大的事。

另外，《跨太平洋伙伴关系协定》是在美国及其他 11 个国家之间达成的。听起来很多，但是美国已经和其中 6 个国家签订了自由贸易协定。其余 5 个分别是文莱、日本、马来西亚、新西兰和越南。除了日本以外，没有经济大国。几十年来，美国已经与日本签署了各种各样的贸易协定。因此，初步估计，《跨太平洋伙伴关系协定》的签订是为了进一步开放与日本的贸易。日本既不是一个贫穷的国家，也不是一个工资水平较低的国家。

这就引出了我的主要观点：“贸易协定”并不等同于“贸易”。跨国贸易是一种自然的经济现象；除非以国家的力量来阻止它，否则它一定会发生。尤其是贸易不需要贸易协定，这使得人们很容易夸大贸易协定真实的意图。目前美国与中国的贸易额巨大。然而，除了美国和中国（以及 162 个其他国家）都属于世界贸易组织之外，美国与中国没有签订过任何贸易协定。

事实上，大多数贸易协定关注的重点不再是关税和配额。相反，它们专注于非关税壁垒，即来自不同国家不同监管的贸易障碍。例如，欧盟由于健康方面的担忧，禁止美国的一些转基因农产品进入其市场，尽管美国政府认为此担忧毫无根据。另一个重要的例子是在《跨太平洋伙伴关系协定》谈判中保护美国制药公司的专利权，这引发了一些无力承担美国制药公司高昂药价的发展中国家的抗议。

贸易限制可能无法挽救就业。很明显，保护美国汽车工业不受国际竞争的影响，将会挽救一些美国汽车工人的工作。但再仔细想想，你就会发现里根总统的警告是多么智慧。

假设贸易限制迫使美国人减少购买日本汽车，从而在国内保住了一些汽车工人的工作岗位，就像20世纪80年代那样。这样做的一个副作用是，美国的银行将减少在全球市场上代表客户出售美元以购买日元的行为。美元供应的减少将拉升美元相对于其他货币的价值。这反过来又会使美国的商品和服务对潜在的外国消费者来说更加昂贵，他们将会购买更少的美国商品，从而使其他一些美国人失去工作。各处的失业很可能都不多，但散布在整个经济环境中，加起来不是个小数目。日元贬值也会使日本商品如电子产品对于美国消费者来说更加便宜。随着美国民众从日本购买更多非汽车商品，更多的美国人将失去工作。

这大概就是里根总统当时的想法，他说："没有人会去关心谁因为保护主义而失业。"不幸的是，导致这一结论的逻辑链条对政治家来说有点长。试着把其拆分成几个短语，可能对他们来说会有所帮助。

保护主义是一种重新分配收入的笨办法。贸易保护经常被认为是使美国工人免于失业和降薪的一种方式，这在表面上是成立的。如前所述，保护美国汽车工人不受日本竞争的影响将保留一些特定的工作岗位，也可能使得某些特定岗位的工资有所提高。

但正如我们刚刚看到的，其他美国工人将因此而失去工作或遭受降薪。消费者也将为进口商品支付更高的价格。因此，从真正意义上讲，如果你关心收入分配的话，那么保护主义就是劫贫济富。

从工作和工资方面来看，数十年来，一些最强大的贸易保护措施流向了美国钢铁和汽车行业，而这些行业支付的工资恰好是美国制造业中最高的。因此，低收入者被要求为高收入者做出牺牲。

故事还没结束。受保护行业的利润也得到了保护，而这方面的贸易再分配显然是累退的。如果更多的钱流向资本，更少的钱流向劳动力，则收入不平等会更加严重。

最后，让我们想想沃尔玛的所有消费者，也就是大多数民众。富人可以很容易地为他们购买的商品和服务多支付一些钱，但穷人不能。有证据表明，无论是美国还是其他地方的穷人，从放宽贸易限制中获得的好处都比富人多。为什么？因为他们可以买到更多便宜的外国商品。一项对 40 个国家的研究表明，如果贸易被切断，最富有的消费者将失去 28% 的购买力，而那些处于最底层 10% 的消费者将失去 63% 的购买力。[9] 还有一个有趣的例子：便宜的进口不锈钢汤匙被征收 14% 的关税，而昂贵的进口银汤匙的关税只有 3%。[10]

双边贸易逆差并不重要。特朗普总统特别指出了墨西哥和中国，因为美国与这两个国家都存在巨额的双边贸易逆差。特朗普认为美国是"失败者"，因为墨西哥和中国卖给美国的商品比美国卖给它们的更多。该想法有道理吗？

没有道理。如同国内贸易一样，国际贸易本质上是多边的，也就是说是由三个或更多国家参与的。你的苹果手机、苹果平板电脑或苹果电脑里，有来自中国、菲律宾、韩国和其他地方的公司（当然也包括其他美国公司）生产的部件。苹果公司可能与供应商存在巨额双边贸易逆差，那又怎样？苹果公司的多边贸易顺差看起来相当可观。

你与家门口的杂货店或超市之间无疑存在着巨大而持久的双边贸易逆差：

你从它们那里买了很多东西，它们可能不会从你这里买任何东西。这会让你成为一个“失败者”吗？当然不会，你可能永远不会有此担心。毕竟你对你的雇主有着巨大的双边贸易顺差，你的雇主购买你的劳动力，却可能什么都不会卖给你。然而，当你购买的所有东西的价值超过你卖出的所有东西的价值时，你可能有理由对此表示担心。

因此，简而言之，多边贸易逆差和顺差很重要，而双边贸易逆差和顺差并不重要。你现在可能在想：“难道美国不是一直拥有庞大的多边贸易逆差吗？”是的，现在我就来谈谈这个问题。

事实上，美国多年来一直背负着巨额的多边贸易逆差，这意味着美国对外国人的负债一直在增加，而且非常夸张，如图 7–4 所示。自 1989 年首次转为逆差以来，美国国债在 GDP 中所占的比例已从零左右上升至约 40%，这是个相当大的比例。

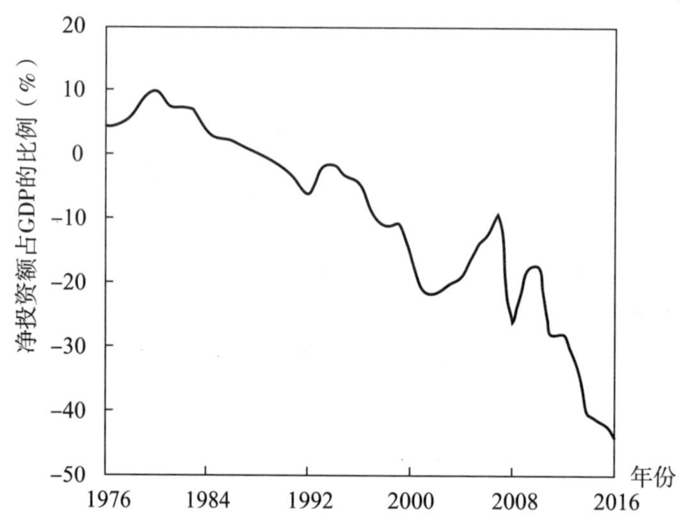

图 7–4 1976—2016 年美国净投资状况（占 GDP 的比例）

资料来源：美国经济分析局。

不断增长的债务会威胁到美国的繁荣吗？如果我告诉你美国在海外投资的收益率比外国人在美国投资的收益率要高得多，你可能就不会担心美国净投资状况的恶化了。就收入流而言，美国仍然处于盈余状态。

无须担心的更根本的原因是，在可预见的未来，全世界需要这些美元资产，而这些美元资产不是硬塞出去的。美元在世界金融体系和世界贸易体系中都处于中心地位。例如，当日本向瑞士出售商品时，双方会使用美元结算，而不是用日元或瑞士法郎结算。因此，一个日益增长的世界经济需要日益增长的美元供给来维持其日常业务。这些新的美元从哪里来呢？来自美国的贸易逆差。如果美国突然要平衡其贸易差额，那么美元向世界经济的净流入将会停止，世界各地的企业将不得不寻找替代货币。当然，实际情况并不像听起来这么简单。

从美国的角度来看这一现象，美元的中心地位给了美国一种所谓的“嚣张的特权”。因为世界上年复一年地需要更多的美元资产，美国可以年复一年地出现贸易逆差，从而从世界上其他地方获得比从美国卖出去的更多的商品和服务，并向美国的贸易伙伴支付美元作为回报。是的，这种特权按道理来讲是有极限的，但目前距离到达极限还很遥远。

为什么这么说呢？因为如果世界对美元的需求已经基本满足，那么美元的国际价值将会下降，美国的利率将会上升。如图 7–5 所示，实际情况并非如此。实际上，以主要货币为基准的美元汇率（深色线）基本处于 1990 年的水平，并且自 2013 年以来显著上升。长期国债利率（浅色线）在整段时间内几乎持续下降。

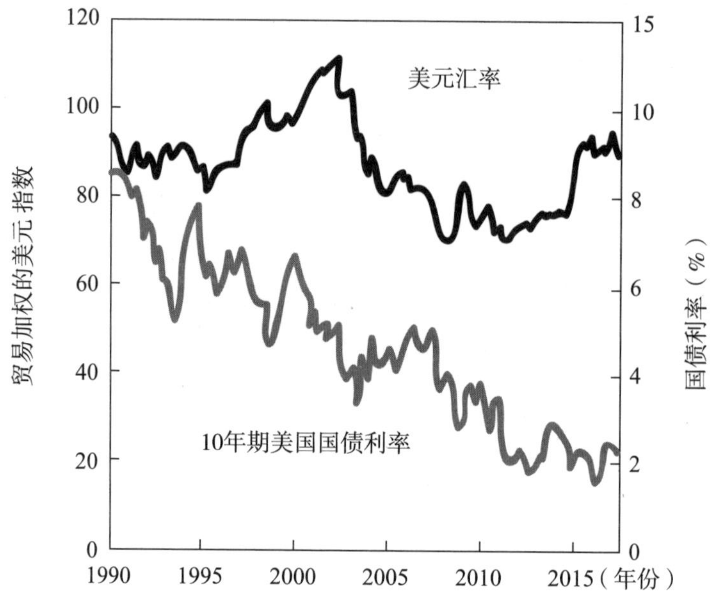

图 7–5　1990—2017 年美元汇率和十年期美国国债利率

注：美元的汇率是以主要货币的贸易加权美元指数来衡量的，以 1973 年 3 月为基准（100）。

资料来源：美联储。

为什么要贸易保护

尽管如此，诚实的经济学家会承认，自由贸易并不总是最佳解决方案。因此，我们来为以下问题考虑一些合理的理由：为什么一个国家可能想要限制贸易，以保护某些行业？这里强调“可能”二字。

我们从所谓的国防论点谈起。想象一下，假如说美国在某些方面缺乏比较优势，比如在制造飞机方面不如法国，在制造核武器方面不如俄罗斯，在制造坦克方面不如中国，那么美国应该允许其飞机、核能和军事工业被外国竞争毁掉，而完全依赖进口吗？当然不行，因为在国际形势紧张的时候，俄罗斯等国可能站在美国的对立面，而来自法国的供给可能会被切断。所以即使美国在至关重要的国防产业缺乏比较优势，它也有足够的理由维持这些国内行业的生存，不论是通过贸易保护、补贴还是其他政策。

然而，人们很容易被国防作为贸易保护的理由带偏。毕竟，军队还需要衣服、鞋子、食物、开罐器等几乎所有的东西。例如，美国手表行业多年来一直受到贸易保护，理由是战场上的士兵需要知晓时间，但美国军队现在显然不用担心此事，军队的大部分手表是从加拿大和日本进口的。正如我在之前章节中提到的，美国联邦海事局主张使用更多美国商船，甚至比五角大楼的需求还要多。

非经济目标，无论是环保主义、人道主义还是外交原因，可能是切断特定产品或切断与特定国家进行贸易的另一个合理的理由。禁止象牙和捕鲸产品的贸易就是两个显著的例子。美国不是为了保护国内的猎象业或捕鲸业，而是努力地保护大象和鲸本身，在其中也可能有合理的地缘政治理由，不时地禁止或干涉与某些国家的贸易，就像美国近年来对伊朗和俄罗斯所做的那样。在这种情况下，美国政府明知这些做法对美国消费者不利，但其认为总体上是值得的。

美国政府的这种做法很自然地引出了可能是经济学家最难对付的反贸易论点。假如美国政府完全相信不受约束的自由贸易是最好的制度（当然，事实并非如此），而其他一些国家却对美国商品设置贸易壁垒，那么就会有人建议美国用自己的贸易壁垒来威胁他国——不是因为美国想阻止他国商品进入美国，而是因为美国想让他国放开针对美国出口的贸易壁垒。美国的目标是在两个方向上都更加开放地贸易，但可能的结果是两国最终都将面临更高的贸易壁垒和更少的贸易。

这种战略威胁有意义吗？其实很难讲。这与美国和苏联持续数十年的裁军谈判有着明显的相似之处。美国威胁要制造或部署更多的洲际弹道导弹，以要求苏联减少武器储备。虽然最终一切顺利，世界变得更加安全，但在那几十年间，美苏之间引发了一场可怕的军备竞赛。类似地，用威胁干预贸易可能会使贸易更加开放，但也可能适得其反。

经济学家和公众的认知偏差

如果读到这里，你肯定会注意到，经济学家认为开放的国际贸易是无法抗拒的。但另一边，政界人士和民众却不这么认为，2016 年的美国大选充分证明了这一点。是的，尽管经过了 200 多年的努力，经济学家们还是没能说服民众支持自由贸易。为什么？

亚当·斯密在 1776 年阐明了其中一个原因。他说，自由贸易的立场“非常清晰，以至于……如果不是商人和制造商们为了自己的利益而混淆视听，从而扰乱了大众的常识，那么这也不会成为一个问题”。[11] 这种有利害关系的诡辩一直延续到今天。那些从贸易保护中受益的人继续施压，发挥他们的政治力量，总是号称为了所谓更高的国家目的来掩饰自己的私利。正如很多人所希望的，更好地理解经济学将有助于选民免于受骗，但做到这一点显然还为时过早。

为什么经济学这么难以理解呢？我认为一个重要的原因是，经济学家和大众对经济的基本目的有着截然不同的认知。

在经济学家看来，经济是一种使消费者利益最大化的机制。因此，它应当被设计和管理成以尽可能低的价格（相对于人们的工资来说）提供更多更好的商品和服务。自由和开放的贸易有助于实现这个目标，就像自由和开放的国内竞争一样。作为经济学教授，我们努力地把这一点教给学生。如果你学过经济学，那么这些知识对你来说应该不会陌生。

人们同时也是生产者。其中少数人，即亚当·斯密所说的“商人和制造商”，经营或拥有自己的企业。绝大多数人为这些企业工作，通过生产消费者购买的商品来谋生。几乎每个劳动适龄人口都具有双重角色：既是消费者，也是生产者。

经济学家当然意识到了人们的这种双重角色，他们可没那么迟钝。但经济学家强调的是消费者角色的部分：人们只要活着就会有消费行为。这就是经济学家与大多数人不同的地方，公众似乎更看重人们作为生产者的角色，即看看他们的工作。例如，《消费者报告》在 2015 年 5 月进行的一项调查发现，近 80% 的美国消费者更喜欢购买美国制造的商品，而不是进口商品。超过 60% 的人表示，他们甚至愿意为此支付 10% 的溢价。但事实胜于雄辩，美国人大量购买的却是外国制造的商品。尽管如此，如果生产者（包括企业及其工人）的福祉优先于消费者的福祉，那么大部分的自由贸易就会荡然无存。①

事实上，这种认知鸿沟可能是经济学家与公众之间最大的隔阂。在贸易谈判中，进入另一个国家的市场通常被政界人士和公众视为“胜利”，而允许外国企业进入自己的市场则被视为“让步”，认为意味着谈判代表不情愿地做出牺牲以达成协议。对经济学家来说却相反：为什么我们珍惜为别人工作的机会，却回避让别人为我们工作的机会？从消费者的角度来看，这种主流观点似乎有些疯狂，难道我们不想要更多更便宜的商品和服务，而想做更多的工作吗？但是，从生产者的角度来看，这太正常了：我们重视自己的工作，并希望保住它们。如果大多数人认为自己首先是生产者，其次才是消费者，那么 200

① 当然不是全部，因为保护 A 公司也可能会对 B 公司、C 公司、D 公司等造成伤害。

多年来我们这些经济学家都走错了方向，也许我们需要一些指引。

消费者和生产者利益的脱节会影响，有时甚至会危害贸易谈判的政治风向。企业，尤其是大型企业，具备比消费者更大的政治影响力。虽然后者的人数要多得多，但它们是无组织的，因此是一种几乎可以忽略不计的政治力量，贸易协定的支持者对此心知肚明。因此，当围绕贸易的政治斗争展开时，自由贸易者通常会向那些有望从贸易开放中获益的行业寻求帮助。他们并不指望也不会得到消费者群体的帮助，即使消费者会从中受益。

当企业认为自己是潜在的赢家，主动帮助国会推动贸易协定时，经济学家通常会感到欣慰。如果没有这些企业的支持，自由贸易者就会手无寸铁地走上战场。但是公司是为了赚钱，而不是做善事，它们的支持是有代价的。因此，美国的贸易议程最终看起来更像是企业的议程，而不是公民的议程。反过来，这种企业倾向也不会让政治上的左翼对贸易协定产生好感。

针对美国的贸易议程，桑德斯和其他批评人士提出了一个观点：更自由的贸易对大部分美国企业有利。针对此观点，应该配有一些解释会更好。应该有人向左翼批评者解释一下亚当·斯密在 1776 年向世界阐述的内容：更多的贸易会对一些美国企业有利，但这并不意味着它对大多数美国公民不利。如果这一点得到更好的理解，美国的贸易议程可能看起来就不再那么企业化，而会更加平民化。

最后，我们不要忘记一个重要的观点，即全球化既产生了赢家，也产生了输家。如果在更开放的国际市场产生的输家是随机的，那就是另外一个故事了。但正如之前指出的那样，事实并非如此。输家往往是没有接受过高等教育的蓝领工人，他们认为自己的工作被“运往国外”，要么是字面意义上的（当他们的公司搬迁工厂时），要么是比喻意义上的（当他们的公司遭遇进口竞争时）。这些工人大多错误地认为，更强硬的贸易协定，或者根本就没有协定，才可以挽救他们的工作。他们指责政府达成了“糟糕的贸易协定”。

更糟糕的是，输家清楚地意识到所谓的精英，即资本所有者和许多接受过高等教育的工人，在全球化中表现得很好，而全球化打击的正是输家自己。这让他们很恼火。在 2016 年的民主党初选中，桑德斯有效地利用了这种愤怒情绪，让希拉里遭遇了出乎意料的强劲攻击。随后，特朗普把这种愤怒情绪带到了一个全新的高度，煽动了全体选民。尽管特朗普明显缺乏经验并且很无知，尽管他粗俗、厌恶女性，还曾发表过大量虚假言论，但他最终还是在大选中胜出。美国的全球化也随之消失于无形中。

如果在 2016 年美国大选之前，有人认为更好地关心贸易输家只是次要问题，那么他们现在应该不会这么想了。在经济领域，这或许是美国当前最紧迫的政策调整方向。

| 第 8 章 |

从经济学角度看收入差距的根源

白人懂得如何创造万物，却不懂得如何分配。

——坐牛酋长

就像 19 世纪的坐牛酋长一样，很多人认为美国这三四十年来收入不平等的加剧是亟待解决的社会经济问题，也有人不这样认为。但不管喜欢与否，一个人对不平等的观点很微妙地依赖于他的价值判断。这使得收入不平等成为一个固有的政治问题，也使得技术层面相比政治层面没有任何优势。尽管如此，地道的经济学仍然可以解释一些重要问题，比如：为什么不平等现象会如此严重？这是市场的“自然”作用，还是公共政策的结果？作为社会成员，如果希望缓和这种不平等现象的话，我们能做些什么？本章将就以上内容展开说明。

在 2009 年就职日时，奥巴马总统就明确地表示，不平等已成为一个严重问题，他希望竭尽所能来缓解这种情况。为此，他推动顽固的国会提高最高税率，从而提升了税法的累进程度。他又在国会的强烈反对下施行了我们现在所熟知的奥巴马医改，其福利（更不用说为其提供资金的税收）是绝对累进的。两个举措的效果加在一起，相当于实现了税后收入的大幅再分配。

8 年后，号称要保护工人阶级利益的特朗普参加总统竞选并最终当选。你可能还记得，在 2016 年共和党的全国代表大会上，特朗普在提名演讲中宣称“我会为你发声”。然而上任后，他的政策就与主流共和党如出一辙：他的医疗改革提案试图剥夺数千万美国人的保险，他的预算提案试图削减社会保障体系，他的税制“改革”可能是历史上最具累退性的减税。民主党人强烈反对上述所有举措。

是的，两党在再分配政策上存在严重分歧，多年来一直如此。那么，实际情况又是怎样的呢?

美国不平等的时代

自 1980 年至今的这些年，有时被称为“美国不平等的时代”。这个称号很贴切，因为这期间几乎所有衡量收入或财富不平等的指标都大幅上升。三个基本事实总结了美国日益严重的不平等现象：大规模，长期存在，不平等程度高于其他发达国家。

我们从“大规模”开始说起。衡量不平等的方式有很多，有些很简单，比如最富有的 10%、5% 或 1% 的人群的收入占比；有些比较复杂，比如所谓的基尼系数，它是用一个数学公式计算出来的，我就不用公式来折磨大家了。因此，对于“自 1980 年以来，不平等程度上升了多少”这个看似简单的问题，并没有一个直接的答案。如果你不坚持要一个确切的数字，这里有一个笼统的答案：相当多。

以下是三个可供参考的量化答案，它们均基于美国人口普查局相同的底层数据，但每一种方法从不同角度衡量了不平等的程度，因此给出了不同的量化答案。如果从多个来源获取数据，那么差异会更大，但结论是一致的。

图 8–1 显示了 1967—2015 年最富有的 5%的美国家庭收入所占比例。这一衡量“富人”比例的指标在 1981 年之前是没有明显变化的（约为 16.5%），然后急剧攀升至 2006 年的 22.3%，之后稳定下来。

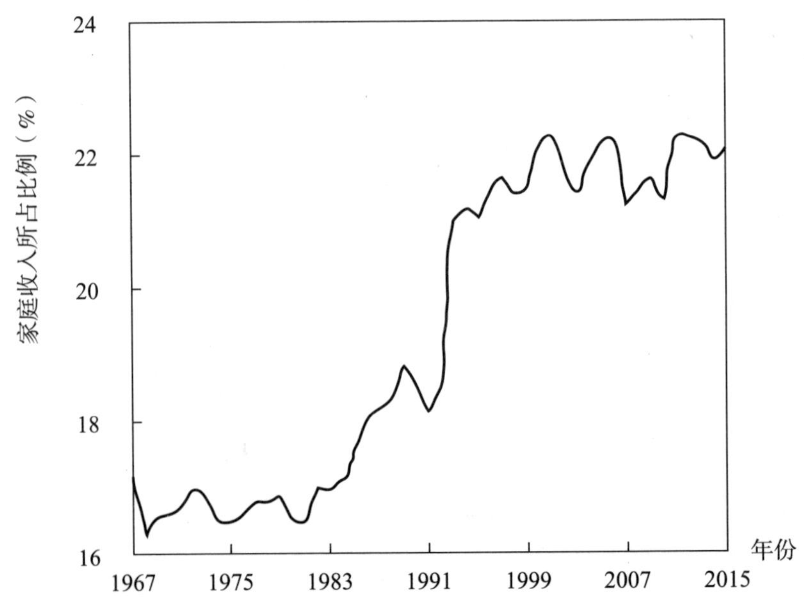

图 8–1　1967 — 2015 年最富有的 5%的美国家庭收入所占比例

资料来源：美国人口普查局。

图 8–2 显示了通过比较“富人”和“穷人”的收入而得出的另一种衡量方法。具体来说，它是收入水平在第 90 个百分点的家庭（其收入水平仅低于

10% 的家庭）与收入水平在第 10 个百分点的家庭（其收入低于 90% 的家庭）的收入比。该指标从 1977 年的 8.7 倍提升至 2014 年的峰值 12.8 倍。最后那个点意味着，2014 年，一个富裕家庭的收入（约为 15.77 万美元）几乎是一个贫穷家庭的收入（约为 1.23 万美元）的近 13 倍。

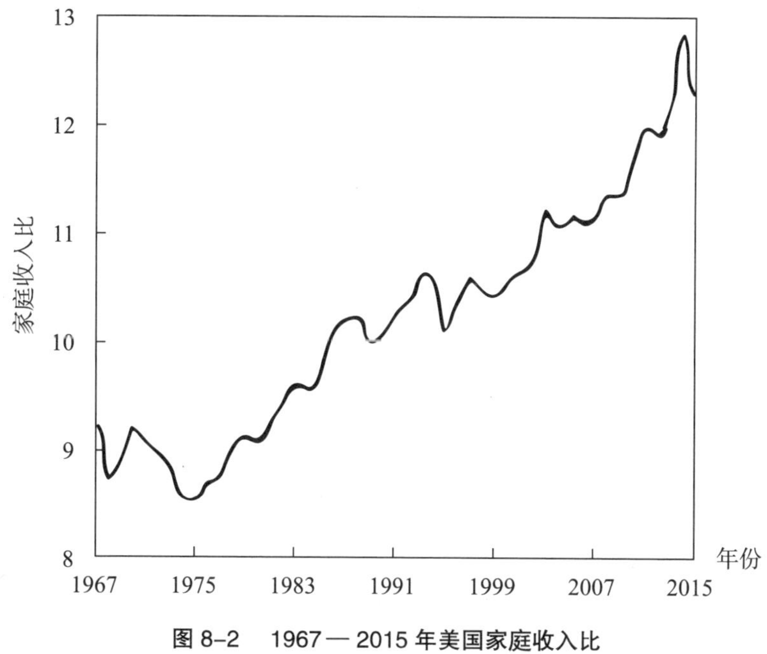

图 8–2　1967 — 2015 年美国家庭收入比

注：本图显示了收入在第 90 个百分点的家庭与收入在第 10 个百分点的家庭的收入比。

资料来源：美国人口普查局。

最后，图 8–3 描绘了前面提到的基尼系数，这是一个关注整体收入分配的复杂指标，而不仅仅是极端情况。基尼系数的范围在 0（每个家庭的收入都相等）和 1.00（只有一个家庭有收入，这个家庭拥有全部的收入）之间。现实世界中的基尼系数一般在 0.4 左右。美国的基尼系数从 1976 年的 0.398 上升到 2011 年的 0.477，之后基本稳定下来。

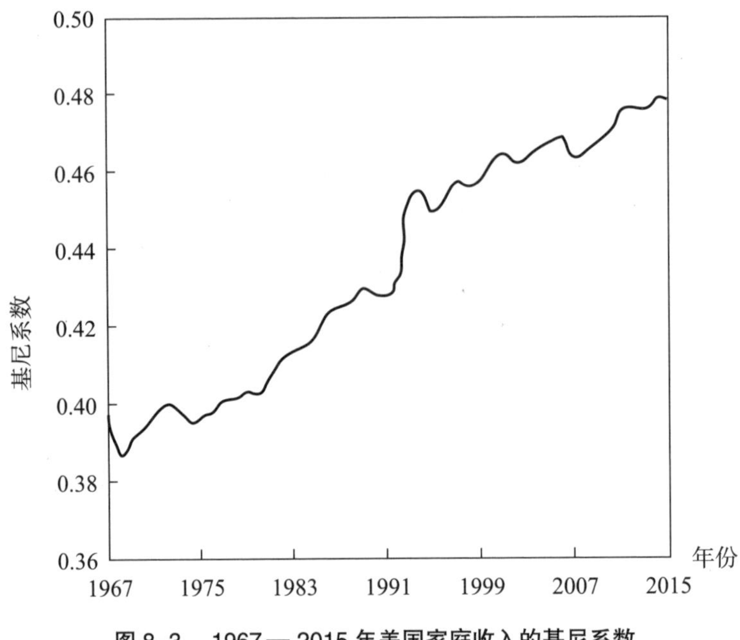

图 8–3 1967 — 2015 年美国家庭收入的基尼系数

注：基尼系数范围为 0（完全平等）到 1（完全不平等）。

资料来源：美国人口普查局。

因此，仅通过上述三个指标来看（当然还有许多其他指标），不平等程度的上升幅度在 21% 和 47% 之间，这种上升分别发生在 1976—2011 年、1977—2014 年以及 1981—2006 年期间。具体参考哪个指标，你可任选其一。幸运的是，统计间的差异并不会对结论造成什么影响，因为第一个基本事实很清晰：自 20 世纪 70 年代末以来，美国的收入不平等现象已大幅加剧，财富不平等现象亦是大幅加剧，在此就不再赘述了。

我们不需要额外的数据来证明第二个重要事实——不平等的加剧已经持续了几十年，只需回顾一下前面三个指标的时间段即可。不平等的程度稳定上升，几乎从未中断。是的，有充分的理由来将美国历史上的这段时期称为不平等的时代。它已经持续了很长一段时间，而且可能尚未结束。

最后一个基本事实是，美国的不平等程度高于其他发达国家，但由于不同国家对收入和不平等的衡量方式不同，这一事实较难论证。的确，要获得相同标准的数据，使学者和政策制定者能够在不同国家之间进行逐项比较，需要付出相当大的努力。幸运的是，几组研究人员多年来正在进行这样的努力，他们都发现，美国的不平等程度在世界所有发达国家中处于或接近最高水平。图 8–4 显示了 36 个经济合作与发展组织国家，简称“经合组织”（OECO）2013—2014 年的数据。只有墨西哥和智利这两个算不上发达的工业国家的基尼系数高于美国。

谈过收入不平等之后，现在说说工资不平等，这是我想集中讨论的问题。为什么？因为除了最富有的人以外，对其他所有人来说，他们的工资几乎就等于收入的全部。对大多数人来说，通过持有资本或经营企业获得的收入并不多。美国国会预算办公室的估算显示，在收入分配中较低的 4/5 的人群的收入中，有 80% ～ 86% 来自工资收入。只有在总收入最高的前 1% 的人群中，工资收入才占少数（36%）。[1] 因此，如果你是因为嫉妒或者好奇所以关心如何积累大量财富，那么你应该更加关注资本收入。比尔·盖茨和杰夫·贝佐斯都不是靠高薪致富的，但勒布朗·詹姆斯①和汤姆·克鲁斯是。然而，如果你更关心美国底层 99% 的家庭，那么你应该像我一样关注工资。

① 勒布朗·詹姆斯有着从篮球明星转变为商业大亨的传奇经历，其传记《勒布朗·詹姆斯的商业帝国》的中文简体字版已由湛庐引进，广东经济出版社于 2021 年 4 月出版。——编者注

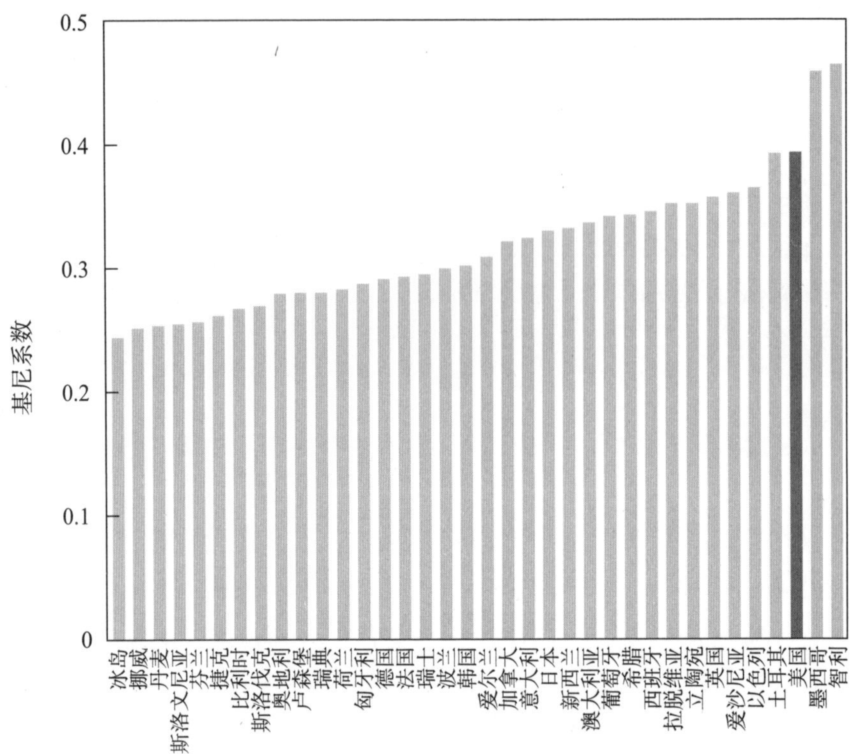

图 8–4 2013—2014 年经济合作与发展组织成员国家庭收入的基尼系数

注：各国数据分别来自 2013 年或 2014 年，以可获得数据的最近年份为准。

资料来源：经济合作与发展组织数据库。

图 8–5 令人震惊。它显示了 1980—2015 年美国工资分配中不同排位的人群的小时工资的实际累计增长。这幅图的形状令人不安。工资较低的 60% 的工作人群（前 6 个柱形图）只获得了微薄的实际工资增长，在 35 年里增长不到 9%。工资收入处于第 90 个百分位的人群，平均每年的实际工资增长居然只有 1%。但排在第 99 个百分位（最右边的柱形图）的人群的工资增长却高

得惊人。[①] 这样的数据描绘了一个国家的悲剧——平等的时代几乎把所有的劳动人民都甩在了后面。

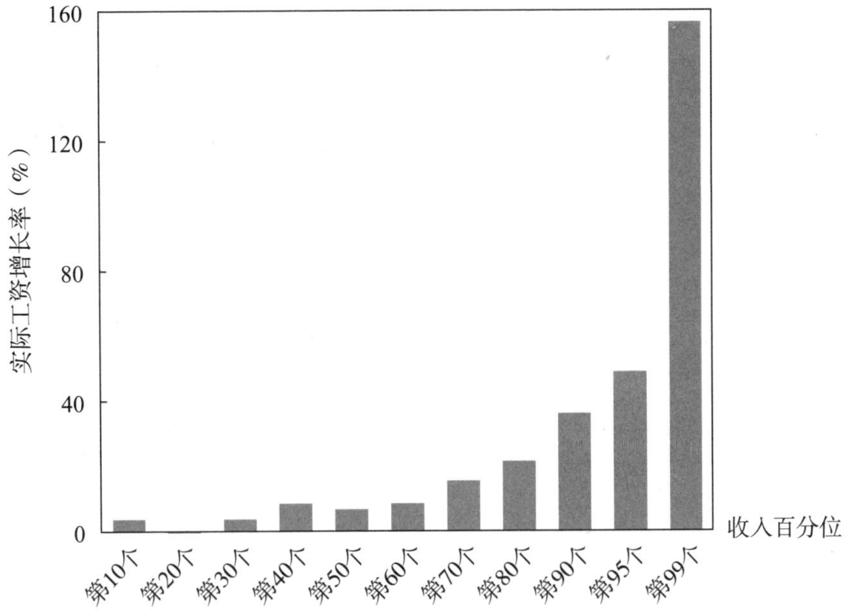

图 8–5　1980—2015 年美国按收入百分位划分的实际工资增长

资料来源：美国经济政策研究所。

① 与其他数据不同，第 99 个百分位的人群收入基于年收入，而不是基于时薪。前者的工资收入，除时薪外，还取决于每年的工作时间。劳伦斯·米舍尔（Lawrence Mishel）和特雷莎·克勒格尔（Teresa Kroeger）在年度数据中发现："强劲全面的工资增长发生在 2015 年，不仅来自工资较低的 90% 的人群，也来自工资最高的 1% 的人群。" 资料来源：经济政策研究所工作经济博客，2016 年 10 月 27 日。

加剧不平等状况的三个原因

通过上述数据，想必你已经足够了解美国目前的状况。这种情况究竟为什么会发生？关于美国不平等状况加剧的原因，经济学家已经发表了大量的研究论文。所有这些研究指向一个极其简短的结论，不平等状况加剧的原因之一来自劳动力市场的变化，即做什么工作，拿什么薪酬。

具体来说，几乎所有的研究人员都认为，到目前为止，不平等状况加剧的第一个原因是对教育与技术重视程度的差异。[1] 许多人经常忽视教育，而更重视技术，他们指出：中低层劳动力的技能未能跟上技术快速发展的步伐。如果技术变革有利于受过高等教育的人，而非受教育程度较低的人（近几十年来的确如此），那么高收入人群的工资增长速度将快于低收入人群的工资增长速度，从而导致工资差距越来越大。这正是目前所发生的。

但我们不要忽略另一方面：教育。许多人惊讶地发现，受过高等教育的劳动力曾经让美国在国际竞争中拥有巨大优势，如今优势已经不复存在。准确地说，美国已经降到了中间水平，而且还有继续退步的危险。评价这一现象的方式有很多种，但没有一种表明这是个好现象。如果把美国成年人和其他国家的成年人相比，你会发现美国人口的大学毕业率虽然曾经是世界羡慕的标杆，现在却排在西班牙、斯洛文尼亚和俄罗斯等国之后。[2] 根据最新的国际学生评估项目（PISA）对高中生的测试，我们可以看到学生在学校的实际学习情况：美国学生的数学水平排名全球第 40 位，科学学科水平排名全球第 25 位，阅读水平排名全球第 24 位。[3] 我可以继续列举下去。

现在我们把一些初步的经济分析应用到教育与技术领域：假设快速发展的技术，促进了对受过高等教育的劳动力的需求；进一步假设学校教育系统没跟上，所以受过高等教育的劳动力的供给跟不上。受过高等教育的劳动力变得相对稀缺，市场自然会推高劳动力价格。进而我们认为，教育阶梯顶端附近的工资水平的增长，将快于底部附近的工资水平的增长，而这正是美国的数据生动地展示出来的。[①] 1983 年，大学毕业生的平均工资水平比高中毕业生高出 49%，这是一个巨大的工资差距，但还不至于像是生活在不同的星球上。到 2013 年，这一数字飙升至 83%。

因此，教育发展已落后于技术进步，但这还不是全部，一些额外的不平等来自工会组织急剧下降的影响力。美国工会组织的覆盖占比从 1983 年的 20% 甚至曾经更高，下降到 2015 年的 11%。维护工人阶级利益的工会曾经可以从雇主那里争取到更高的工资，但如今很难在美国找到类似的工会。事实上，在政府部门之外基本很难找到工会。在整个私营部门，工会覆盖率已下降到 6.7%，约 1/16。

不平等状况加剧的第二个原因来自国际竞争，我们在前一章详细讨论过。印度的觉醒和苏联的解体加在一起，使世界经济的有效劳动力在十几年的时间里增加了一倍，但同时可用资本却没有怎么增加。即使你不是经济学家，你也会明白，全球劳动力供应的大幅增加，将美国和西欧的工人，尤其是技能较差的工人，推入了一个竞争更加激烈的环境。另外，资本受益于其相对稀缺的特性。所以掌控资本的人比高端劳动力抢手，而高端劳动力比低端劳动力抢手。

导致不平等状况加剧的第三个原因是最低工资的不断下降。如图 8–6 所示，美国联邦最低工资从 1978 年平均工资的 50% 下降到 2015 年的 30% 多一点（许多州的最低工资高于美国联邦最低工资）。如果美国最低工资维持在平均工资的一半，那么美国 2018 年的最低工资将是每小时约 11 美元。

① 受教育程度较高的工人经历失业的次数相对较少，时间相对较短。因此，他们能够赚取更高的时薪，而且他们多年累计的工作时间也相对更长。

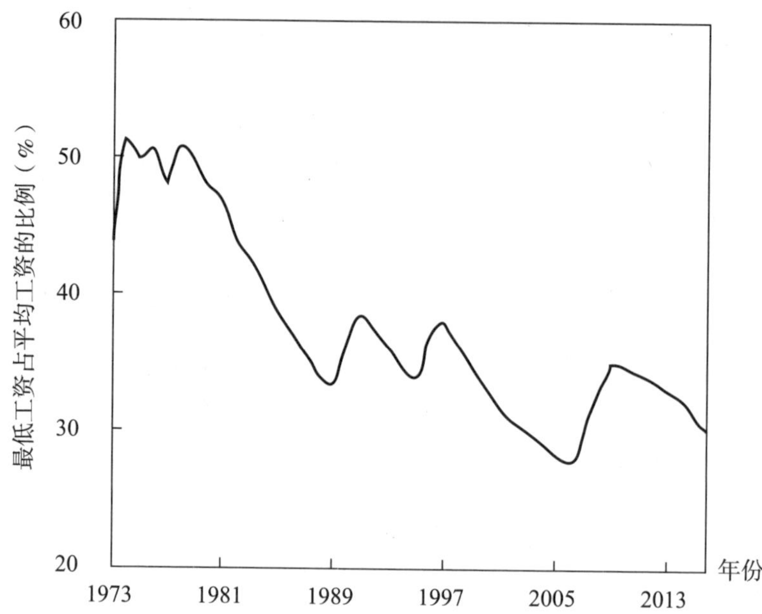

图 8–6　1973— 2016 年美国联邦最低工资占平均工资的百分比（时薪）

资料来源：美国劳工部；美国经济政策研究所。

最后，讲一个经济学家不愿谈及的可能原因，因为我们既无法衡量也无法准确定义劳动力与资本之间早期的社会契约的破裂。实际上，每一项盈利的业务都会在某处产生一些盈余，也就是公司的收入超出公司为获得所需的劳动力、资本和其他生产要素而必须支付的资金的金额。在 20 世纪五六十年代的“好日子”里，管理层常常慷慨地与员工分享盈余，可能是通过支付高于市场水平的工资，也可能是为员工提供慷慨的额外福利。那时的企业主的家长式作风很常见，而今天的企业主却更贪婪和自私。

其间发生了什么？一个重要的变化是股东价值革命，它宣扬了每一块钱的盈余都属于股东的观念。许多学院派经济学家和从业者都认为，公司唯一正确的目标应当是使公司的股票市场价值最大化。但把多余的盈利分给工人会妨碍实现这一目标。因此，更善良、更温和的资本主义让位于更吝啬、更严苛的资本主义，其结果是损害了美国劳动者的利益。这种现象的最新表现形式是所谓的“零工经济”，劳动者几乎得不到任何额外福利，企业主也告别了家长式领导。

我和其他一些经济学家都认同股东价值这一说法。但问题在于，我们虽然认同，却不能从理论上证明这个观点，更重要的是也不能从统计数据上加以验证。而在经济学中，那些无法用数据衡量和证明的东西，或许根本不存在（在政治上并非如此。切记，这是两个不同的文明）。关于不平等加剧的社会契约理论可能正确，也可能不正确，我们没有办法通过数据来证明。

我们是否有其他办法呢？衡量股东价值的重要性是否取代了企业主家长式的领导，存在一个尚不完善的指标，即 CEO 薪酬与平均工资的比率。毕竟，那些 CEO 的天价薪酬是由丰厚的股票期权之类的东西组成的，而不是高时薪。设计这一薪酬方式的初衷是，通过向管理层支付股票期权，将他们的利益与股东的利益绑定。经济政策研究所汇编的数据显示，美国最大的 350 家公司的 CEO 薪酬与该公司员工平均工资的比率，从 1978 年的 30 倍飙升至 2015 年的 276 倍。这些年来，CEO 相对比普通员工的价值真的翻了近 10 倍吗？

税收政策的正反两面

在美国的这个不平等状况加剧的时代，市场变得非常不利于劳动力，尤其是低技能的劳动力和制造业的劳动力。这个事实让人唏嘘，但最令人伤心的或许是：与世界上大多数其他政府不同，美国政府决定继续推行累退制税收政策，为最富有的美国人减税，而不是去限制不平等状况的加剧。在橄榄球比赛中，这种恶劣的行为会被标记为恶意冲撞并被罚 15 码。

关于税收的故事始于罗纳德·里根。公平地说，1981 年时没人能想到，基于市场的收入不平等会在未来 35 年加剧，所以不要责备里根总统欺压底层劳动力，尽管他推动国会通过的减税方案明显是累退的。在克林顿执政期间，这种累退趋势出现了逆转。克林顿提高了所得税的最高税率，并大幅提高了劳动所得税收抵免。克林顿之后的小布什，发起了另一轮大规模的明显向富人倾斜的减税政策。此后，奥巴马通过对富人增税和其他类似于奥巴马医改的平衡措施，扭转了局面。而紧随其后的特朗普，虽然未能废除奥巴马医改，但在 2017 年推动了美国历史上最具累退性的减税措施。

综上所述，你会得出这样的结论：美国政府的税收政策与无形但强大的市场力量联手，加剧了收入不平等状况。

与此同时，税收只是税收和转移支付体系的其中一部分，该体系将人们以市场为基础的收入转化为他们用来生活的净可支配收入。税被扣除了，但同时转移支付也被加了进来。穷人可以从社会保障、失业保险、食品券、医疗补助、住房补贴等项目中获得贴补。里根、小布什和特朗普总统都反对过所谓的“福利国家”。也许是由于国会的抵制，他们一直雷声大雨点小。尽管如此，还是“下雨”了。

毫无疑问，你已经注意到这些针对社会保障体系的攻击，每一次都是由共和党政府发起的。民主党的形象是捍卫和扩大社会保障体系。这可不是对历史的选择性阅读。① 把民主党人描绘成比共和党人对贫困者和弱势群体更友好是准确的，而且差异不止体现在态度上：数据清楚地显示，收入不平等的状况在共和党总统任期内加剧，而在民主党总统任期内好转。[4]

① 1996 年的福利改革是在民主党总统克林顿的领导下通过的，但共和党当时在参众两院都占多数席位。

现在，把民主党和共和党控制时期内联邦政府在税收和转移支付政策方面的所有举措放在一起，我们会发现什么？美国国会预算办公室的一项综合研究显示，联邦政府的税收和转移支付政策在 2013 年（研究的最后一年）对降低收入不平等的贡献几乎与 1979 年持平。因此，在这个不平等的时代，低收入和中等收入的美国人遭遇了自由市场的猛烈攻击，而联邦政府基本上是袖手旁观。

重新审视平等和效率之间的权衡

美国政府本可以做得更好吗？它是否能够反击加剧不平等状况的强大市场力量？当然可以，尽管要付出一些代价，而且可能会失败。

我在前几章提到，经济学家普遍认为平等和效率之间存在折中方案。社会可以利用累进税制、更慷慨的转移计划和更高的最低工资等手段来缓解不平等状况。但是每一项措施都要在经济效率上付出代价，即使是很小的代价，因为激励作用在无形中被削弱了。这种恼人的副作用在利用税收和转移支付来重新分配收入的理念中是与生俱来的。市场根据每个个体在经济活动中的成败，给出高度不平等的回报。如果政府增加了对富人的税收，就会减少对成功的回报。如果政府为穷人、失业者或无家可归者提供更慷慨的福利，就会减少对失败的惩罚。因此，就像那句老话所说的，**当你想把蛋糕切得更平均时，你可能也正在缩小它。**

对于那些生活在收入分配底层的人来说，在更小的蛋糕里分到更大的一块是一件好事。如果你接近收入分配的顶层，那么在更小的蛋糕里分到更小的一块就没有什么吸引力了。出于这个浅显的道理，围绕再分配的政治对抗往往是富人与穷人之间的较量。富人及其游说者和政界人士，不会使用戈登·盖柯

（Gordon Gekko）式的辩护，即“贪婪是好的”，而是主张更高的税收和更慷慨的转移支付会损害经济效率。几乎可以肯定，他们一定会这么说，而且还会夸大其词。无论是 1913 年累进税制的出台，还是 20 世纪 30 年代的新政，尽管在当时怨声载道，但都没有终结我们所熟悉的资本主义。在艾森豪威尔和肯尼迪执政期间，尽管最高边际税率超过 90%，美国经济也表现得很好。尽管里根、小布什和特朗普都曾自信地宣称过，在所得税税率较低的情况下，美国经济增长更快，但这个观点缺乏统计证据（更多内容将在下一章介绍）。

话虽如此，但没有经济学家认为激励措施无关紧要，社会保障体系肯定会减弱这些措施的效果。被失业保险覆盖的工人会对再就业的工作充满挑剔；当投资收益被课以重税时，企业就会减少投资；纳税人为了钻税法的空子，会想尽各种办法。这些行为都会降低效率。

那么，如果你认为当前的不平等程度令你无法忍受，或者至少是不满意（记住，不是每个人都这样认为），你会怎么做呢？要想权衡效率与平等，必须注意以下三点。

第一，社会如果决定动用国家权力来减少不平等，应该把重点放在对经济效率损害最小的再分配政策上。如果美国还有两党合作，那么这一做法应当得到两党的广泛支持。在这一点上，利用更多的经济学启发可以带来很多好处。

第二，应适度使用再分配工具。某些国家在经济上毫无生机是有原因的，即激励措施已被减弱到几乎不存在的程度。当然这些都是极端的例子。在美国本土，20 世纪五六十年代，90% 的所得税税率实在太高了，尽管当时的美国人已经适应了这种税率。15 美元的全国最低工资也太高了（想想看，密西西比州的平均工资只有 18 美元）。而且，与法国或丹麦等欧洲国家相比，美国对再分配的政治意愿是有限的。共和党人比民主党人更认同这一点。

第三，美国政府或许没有足够的火力来击退那些加剧不平等现象的强大市场力量。因此，即使政府采取果断行动，也不太可能将不平等时代变成平等时代。但是，自由主义者认为应该尝试一下，至少可以让现状变得不那么糟糕。民主党人比共和党人更认同这一点。

以上三点还是有些宽泛，让我们将问题更聚焦一点：更多关于再分配的启示会给我们带来些什么？美国政治会走向那个方向吗？

首先，考虑重要的税收原则：对流动的生产要素征税要比对固定的要素征税更难，无论“流动”是指地域、行业还是经济活动的类型。因此，高度的地域流动性使得像旧金山和纽约这样的自由堡垒城市的政府很难对收入进行过多的再分配。面对高税率，富人可以（也愿意）搬出去，从而侵蚀城市的税基。被提供慷慨福利的穷人可以（也愿意）搬进来，从而增加城市提供福利的成本。因此，将再分配的工作交给联邦政府更为明智，因为人们出国生活的可能性远低于改变居住城市的可能性。

其次，同样的流动性原则还应用在对劳动力与资本的相对税收上。富人几乎占有全部的资本，这也是我们之所以称他们为富人的原因。平等主义者通常赞成对利息、股息和资本利得征收更高的税，这本身不无道理。但要注意，这正是经济学理论可以提供帮助的地方。令人沮丧的现实是，资本远比劳动力更具流动性。因此，如果一个国家（更不用说一个州或一个城市）试图对资本加税，资本很可能会流向一个税收更温和的地区。相比较而言，搬家对劳动者来说更加困难。因此，尽管平等主义者希望对资本征收更高的税，但是考虑到效率成本，则需要降低对资本的征税。这的确需要权衡取舍。

政策能做什么

充当社会保障网

虽然每一个西方民主国家都在用某种保障体系（比如累进税制和转移支付）来缓解原始的资本主义自由市场所产生的不平等现象，但并非所有的保障体系都一样。似乎很少有美国人意识到，若以国际水平来衡量，美国做得还很不足。

美国现状和国际水平差多少呢？为了对各国进行比较，我参考了经合组织汇编的数据，数据聚焦于美国和其他 8 个发达国家（作为我们的对比组）。使用基尼系数来衡量不平等状况，表 8–1 的第一行显示，考虑了所有税收和转移支付之后，美国的收入不平等水平降低了 22%。这是多还是少呢？请自行判断，但这张表上的其他每个国家都进行了更多的再分配。以这一标准来衡量，美国政府提供的社会保障最为薄弱。

表 8–1　9 个国家的政府再分配

国家	税前和转移支付前的基尼系数	税后和转移支付后的基尼系数	差异百分比（%）
美国	0.508	0.394	–22
加拿大	0.440	0.322	–27
澳大利亚	0.483	0.337	–30
日本	0.488	0.330	–32
英国	0.527	0.358	–32
瑞典	0.443	0.281	–37
法国	0.504	0.294	–42
丹麦	0.442	0.254	–43
德国	0.508	0.292	–43

资料来源：作者根据经济合作与发展组织的数据计算。

这个结果到底是值得骄傲还是令人惭愧，是个见仁见智的问题。对于信奉公平原则、心地善良的人来说，这让人羞愧难当——看起来美国对穷人很吝啬。但对于支持减少政府干预和效率原则的理智派来说，这是一种骄傲。这意味着美国对市场结果的干预相对较少。从美国政坛对该问题的争执不下来看，美国人似乎对更多的再分配是好是坏存在很大分歧。例如，自 1998 年以来，盖洛普民意测验不定期地询问美国人是否应该为了进行再分配而增加对富人的税收。在这个问题上，持不同意见的双方几乎势均力敌。我们中的许多人更看重机会平等（即使这是一个幻想），而不是结果平等。[5]

具体来说，一个更薄弱的安全保障体系是什么样的呢？毕竟，没有哪个国家奉行丛林法则。虽然排序不尽相同，但当你从表 8-1 的国家列表中往下看时，你会发现这些国家通常有更先进的税收制度、更高的总体税收以及更慷慨的社会福利计划来支持贫困者和接济弱势群体。

美国和德国的数据相当具有代表性，因为纯粹出于巧合，这两个国家在这一年里市场收入的不平等程度完全相同。一个国家的市场不平等程度取决于诸多因素，美国经济和德国经济在许多方面存在差异。然而，当一切尘埃落定时，两国市场的不平等程度却完全相同（如表 8-1 所示，精确到小数点后三位，两个国家的基尼系数都为 0.508）。

但这是在两国政府采取再分配税收和转移支付计划的措施之前。一旦考虑税收和转移支付之后，德国的基尼系数一路降至 0.292，而美国的基尼系数仅降至 0.394。这种巨大的差异单纯地源于不同的政府政策，而不涉及市场因素。与大多数西欧国家一样，德国为其劳动者建立了一个牢固的社会保障体系，这不同于美国此前认真考虑过的任何社会保障措施。例如，德国人认为全民健康保险是理所当然的，并且民众可以在需要的时候领取长达两年的失业救济金。总而言之，美国更善待富人，政府允许他们留存更多的钱，而德国更善待穷人。

在这一点上，有平等主义倾向的读者可能要过早地得出结论：美国应该效仿德国，加强社会保障体系和税收体制的累进程度。毕竟，其他富裕的欧洲国家多年来一直是这样做的，并且发展得很好。

但我们要知道，美国市场的平均收入高于德国，而且因为美国的税收负担更小，美国的税后可支配收入也更高。从平均值来看，美国人比德国人更富裕，部分原因是美国市场的自由度更高。

另外，美国人对通过政府命令来进行再分配的态度与大多数其他西方民主国家的人有所不同。《独立宣言》尽管宣称“人人生而平等”，但其主要作者却仍然保留自己的奴隶，并认为“管得最少的政府就是最好的政府”。[①] 忘掉18世纪，回到21世纪，按照第一世界的标准，现代美国人似乎不是非常崇尚平等。我猜这或许是美国例外论的一部分。一个国家的不平等水平在很大程度上取决于其公民的价值判断，就像他们的政治代表所表达的那样。面对现实吧，美国是一个高度不平等的国家，造成这一状况的部分原因却是美国人满足于此。

如果有朝一日，美国的政界人士更关注公平和效率原则，并从经济学中得到更多的启发，那么到那时，美国政府也许会设计出更加有效的再分配机制。在表8-1中，税收转移系统让不平等水平降低了22%。假设这样做的成本占GDP的X %，并且存在能够将该成本降低（比如降低一半）的其他政策，那么我们会“购买”更多的平等吗？没有人知道答案，但我认为答案是肯定的。

① “管得最少的政府就是最好的政府。”这句名言经常被认为是托马斯·杰斐逊说的，但是历史学家尚未找到确凿的证据。

调整劳动力市场政策

然而，就收入不平等现象而言，市场的作用远比政府的再分配政策重要得多。如果劳动力市场的自然发展导致工资差距大幅扩大，就像最近几十年所发生的那样，那么政府几乎肯定无法通过累进税制和转移支付来扭转不平等现象的加剧。例如在德国，基于市场的收入不平等，基尼系数从 1990 年的 0.429 上升到 2013 年的 0.508。

此外，“失败者”可能对经济学家通常建议的政府援助类型并不满意。诺贝尔奖得主、经济学家罗伯特·希勒是这样解释特朗普对工人阶级的吸引力的：

> 那些受到经济不平等现象负面影响的穷人普遍不希望政府的政策看起来像是施舍。他们通常不希望政府实施累进税制，对富人课以重税，以便把钱分给他们。再分配令他们感到被看不起，以致他们就像是被贴上了失败的标签。
>
> 极度贫困的人会接受施舍，因为他们不得不接受。然而对于那些认为自己至少属于中产阶级的人来说，他们不想要任何带有施舍意味的东西。相反，他们希望可以恢复自己的经济实力，掌控自己的经济生活。[6]

事实或许如此，但也可能存在重大的不对称性。一些潜在可以获得贸易调整援助、失业保险或食品券等公共救济的人，可能并不想领取救济，因为他们将这视为一种耻辱。但在他们开始领取救济之后，一旦救济停止，他们又会感到非常委屈，而且通常会更加穷困。[7]

也就是说，希勒关于人们更重视尊严和工作而不是依附于救济金的主张是有先见之明的。遗憾的是，将这一概念应用于缓解不平等的政策绝非易事。其中包括改变劳动力市场的结果，这是美国政府历来都不愿做的事情。

是的，美国有最低工资标准，企业不得违反该标准。这不是施舍，而是通过劳动换取的。现在美国联邦政府规定的最低工资标准是每小时仅 7.25 美元，所以很少有公司会违反它而许多州和一些城市设定了更高的最低工资标准。同样，《公平劳动标准法》（*Fair Labor Standard Act*）目前规定，对于年收入低于 2.4 万美元的员工，公司必须支付加班工资。重申一次，加班工资也是劳动换取的，不是施舍的。但是，目前 2.4 万美元的上限标准只适用于 7% 的全职工人，而 1975 年设定的上限标准适用于 62% 的工人。① 一旦工人的工资超过了这个很低的标准，美国政府基本上就把工资留给市场来决定了。

很遗憾，近几十年来，市场力量加剧了不平等状况。如前所述，印度的觉醒和苏联的解体，这两股强大的失衡力量使竞争环境严重地不利于劳动者，而偏向有利于资本。这些力量在伤害了低技能工人的同时，帮助了至少一部分高技能工人，造成了更大的工资分配不平等。

技术进步作为一种比国际贸易强大得多的力量，也产生了类似的影响。卢德派一次又一次地被证明是错误的：自动化并没有让工作机会消失。但如果他们讲的是相对工资，或许他们是对的。当然，在最近几十年，技术进步改善了高技能工人尤其是受过高等教育的工人的就业前景，同时也为低技能工人带来了不利的环境。如同全球化，技术已经成为加剧不平等状况的一股力量。

---

① 奥巴马总统第二任期后期，美国劳工部发布了一项规定，将可获取加班费的上限标准提高了近一倍，后来该规定被特朗普总统取消了。资料来源：US Department of Labor，“Overtime for White Collar Workers：Overview and Summary of Final Rule，” May 18，2016。

如前所述，美国政府甚至没有试图对抗这些强大的市场趋势。它本可以做得更好吗？我认为是的。

有力的证据支持这一假说，即紧缩的劳动力市场可以缓和工资不平等，而宽松的劳动力市场会加剧工资不平等（见图 8–7 和图 8–8）。如图 8–7 所示，当失业率较低时，实际工资增长较快；当失业率较高时，实际工资增长较慢。如图 8–8 显示，当失业率较低时，（以基尼系数衡量的）工资不平等程度较轻；当失业率较高时，工资不平等程度较严重。把这两点综合便可以得出结论：劳动力市场紧缩有利于全部劳动力，尤其是低薪劳动力。紧缩的劳动力市场是消除不平等现象的良药。

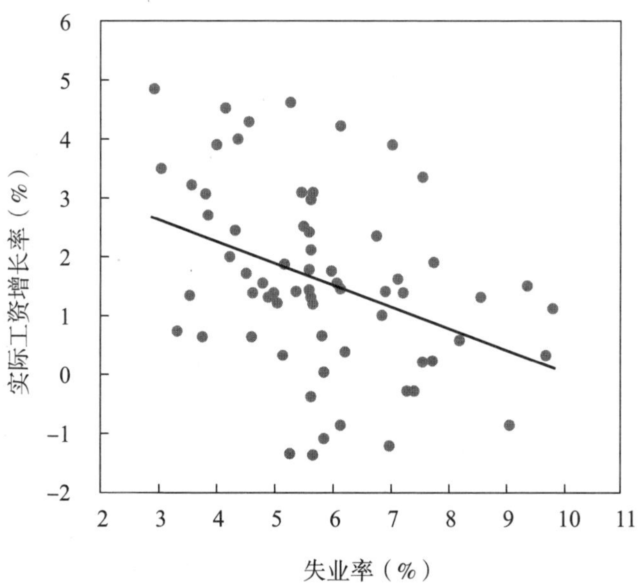

图 8–7　1948 — 2013 年经通胀调整后的实际工资增长率与失业率

资料来源：Alan S.Blinder，“Petrified Paychecks，” *Washington Monthly*（November/December 2014）：29–34。

美国在这方面做得如何？如果你只看最近几年的情况，那么表现不错，但如果时间跨度更久一点，情况就不那么理想了。从2015年1月到2017年6月，美国平均失业率为5%，可以称为“充分就业”，或者至少在一个合理的水平。但参考2009—2014年，即大衰退期间和之后的几年，平均失业率为8.2%，高失业率既抑制了工资增长，也加剧了不平等状况。由于美联储官员在制定货币政策时，以及国会议员在制定财政政策时，最关心的问题都不是不平等问题，致使高压经济可能成为政府减少不平等现象的唯一有力武器。经济衰退会导致不平等状况，就像死水会滋生蚊虫一样。

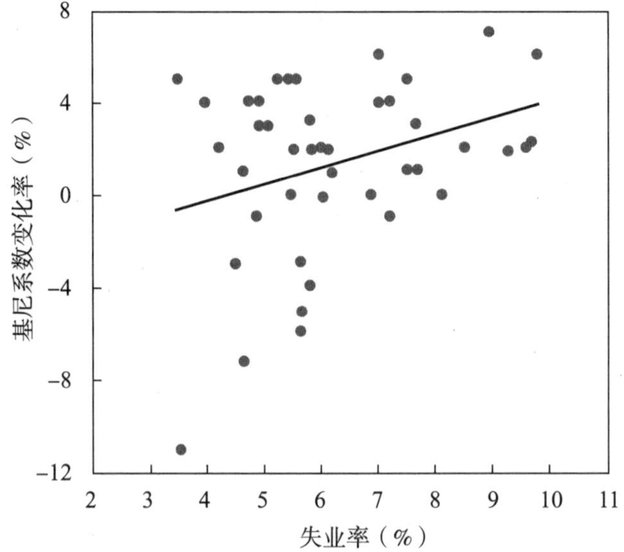

图 8-8　1968—2012 年工资不平等状况与失业率

资料来源：Alan S.Blinder, “Petrified Paychecks,” *Washington Monthly*（November/December 2014）：29-34。

如果政府真的想要改善收入不平等状况，它还可以采取很多其他政策，尽管力度较弱或效果较慢。以下是其中一些：

提高最低工资标准。这会让收入最低的劳动者获得更多的收入，只要他们不丢掉工作。长期以来，保守派一直反对提高最低工资标准，因为这被认为既侵犯了企业的权利，还可能会减少就业岗位。学术证据驳斥了提高最低工资（至少是适度提高最低工资）会导致大规模失业的说法。[8] 但是，某些人在 2016 年提出的将美国的最低工资提高一倍以上的提议，实在太离谱了。

分享更多的利润。尽管这在很大程度上不为人知，但许多美国公司都会将利润的一部分（通常是一小部分）作为工资补贴发放给员工。然而也有许多公司不这么做。[9] 政府是否应该鼓励更多的公司分享利润，比如通过提供税收优惠来实现？这势必会干扰自由市场，因为目前的情况是每个公司都可以自行决定。但出人意料的是，这种对市场结果的特殊干预可能不会违背（至少不会过分违背）效率原则。为什么呢？研究表明，分享利润的公司从员工那里得到了更好的业绩作为回报。因此，企业可以获得生产率红利，抵销部分或全部增加的劳动力成本。[10]

其结果是，政府稍加推动可能会带来更高的效率。这样的推动并不难实现，以下是一个简单的建议：修改税法，使企业只有在向所有员工提供激励计划的情况下，才可以对其高管的高额激励性薪酬做税前扣除。[11]（如果你感兴趣，可参见美国税法第 162 条 [m] 项。）我保证这一定会引起 CEO 的重视。

加强工会建设。工会组织的衰落也是工资被压低的一个因素。自 1981 年里根总统解散空中交通管制员工会以来，政府对工会时不时表现的敌意是工会衰落的原因之一。与克林顿或奥巴马相比，小布什任命的国家劳工关系委员会（National Labor Relations Board）成员对劳工组织的态度显然没那么友好，而在特朗普入主白宫后，共和党的不妥协一度让国家劳工关系委员会保留了两个空缺席位。特朗普很快任命菲利普·米斯西马拉（Philip Miscimarra），一位有丰富反劳工管理经验的律师，作为新的国家劳工关系委员会主席。如果美国政府的主张是改善日益加剧的不平等状况，而不是获得更多的积怨，那么它可以调整立场，助力工会替公司员工争取工资增长，而不是破坏工会。

职业培训和学徒制。相对自由的劳动力市场使美国在学徒制和职业培训两方面的排名在发达国家中接近垫底。以下是一组令人震惊的数据：美国只有 0.2% 的劳动力参加过正规的学徒计划，而在加拿大和澳大利亚，这一比例分别为 2.2% 和 3.7%。[12] 加拿大人和澳大利亚人与美国人看起来没什么区别，那么为什么美国政府不能像他们那样多设置些学徒计划呢？2017 年，特朗普总统提议美国政府在这方面加大力度。在为没有上过大学的学生提供职业培训方面，美国也远远落后于德国等世界先进国家，尽管接受过水管工、电工或木工等培训的人们的未来收入增长相当可观。

美国有能力也有必要推进学徒制并提供更多的职业培训，为没有接受过大学教育的工人创造提高薪资的机会。然而美国政府似乎执意无视其他国家的经验，从而使国家陷入政府和企业互相推脱责任的困境。如果双方共同出力，那么情况一定会有所好转。

减少职业许可。你希望拥有行医执照的医生为你看病，希望聘请拥有从业执照的电工为你修理电器，但是，那些制造新钥匙的锁匠、为你做发型的理发师和送包裹的卡车司机呢，他们也需要拥有职业许可吗？很少人知道这个惊人的事实：在 20 世纪 50 年代早期，只有不到 5% 的美国劳动者被要求持有职业许可；到 2008 年，这一比例已升至近 29%。[13] 这接近 5 倍的增长真的是出于人们对健康和安全的担忧，还是国家效仿了中世纪的协会制度去设置障碍，阻止人们从事某些工作？许多经济学家认为，在目前的情况下，后一种因素的影响更大。减少职业许可能够为劳动者创造更多的工作机会，尤其是对没有受过大学教育的劳动者而言。

赋能 K-12 教育体系。从更长远和更广阔的角度来看，正在摇摇欲坠的美国教育体系曾经是全世界羡慕的标杆，也是美国经济取得成功的主要原因之一。19 世纪，美国率先开启了全民小学教育，这在当时颇具革命性。此后，美国高中毕业生人数创下纪录，大学入学人数也是前所未闻，没有其他大国能与之相提并论。然而今天，美国劳动力的受教育水平不再具有竞争优势，顶多也就是个平均水平。

这里不是长篇大论讨论美国 K-12 教育问题的地方，我也不是提供这种建议的最佳人选。我只想说，需要解决的问题还有很多，而且远远不仅限于需要增加教育开支。当下至关重要的一点是：为了借助 K-12 教育体系来减少不平等现象，美国必须将增量资源尽可能多地集中在穷人和中产阶级身上。私营市场在这方面做得不好，政府必须起到表率作用。

打造高质量的幼儿教育。我把可能是最重要的教育政策留到最后来讲，主要是因为全社会必须等上近一代人才能看到它的成果。许多低收入家庭的孩子没有接受过高质量的幼儿教育，这使得他们与富裕家庭接受过高质量幼儿教育的孩子相比处于明显的劣势。虽然不是完全确凿，但大量证据表明，这种劣势是巨大的，而且其影响是长期的。研究发现，那些在三四岁时接受了高质量教育的贫困儿童，后来在学校表现得更好，辍学率也更低。成年后，他们的犯罪率较低，收入较高。

美国总统的经济顾问委员会在 2014 年发布的一份综合报告中预计，投资于幼儿教育项目的每 1 美元最终会给社会带来约 8.6 美元的收益，其中大约一半来自成年后更高的收入。一些人认为该影响被高估了，但即使受益只有预估的一半，幼儿教育仍然是一个优质的投资标的。有多少营利性企业的收益能达到原始投资的 4 倍？但问题是，尽管对幼儿教育的投资能带来丰厚的收益，大多数穷人却负担不起，这正是政府应该介入的原因。美国国会议员和州议员的问题需要从“我们如何负担得起这样做的成本”转变到“我们如何承担得起不这样做的后果”，何况幼儿教育的成本并不高。

为什么政府没能做得更多

虽然没有特效药，但还是有很多方法可以通过公共政策来逐步解决不平等问题。如果美国还有任何两党合作的话，其中一些方法将具有广泛的、跨党派的合作意义。那么为什么美国政府没有更努力地减少不平等现象呢？针对这个问题，我认为经济因素相对次要，而政治因素才是主要因素。

我们还是先从经济因素说起，尤其是在平等和效率之间令人头疼的权衡取舍，这是一个我们栽过太多次跟头的地方。由于大多数减少不平等的政策也会降低效率，许多人认为这样的事情不值得去做。“我们不要试图重新分配收入，”这些人给出的理由是，“因为这可能会伤害到我们脆弱的市场经济。”但我们从失败中获得的经验是，以最有效的方式追求更大的平等才是真谛。**权衡是个减速带，但不是一堵墙。**

此外，最近有证据表明，将权衡的观念应用于经济增长（蛋糕增长有多快？）而非经济效率（蛋糕有多大？）是错误的。尽管学术上的争论仍在继续，但迄今为止的大量证据表明，严重的不平等问题实际上会阻碍而不是促进经济增长。

国际货币基金组织的一项研究使用了153个国家在1960—2010年所有的可用数据，展示了一个国家税收和转移支付后的净收入的不平等程度与其未来10年GDP增长之间存在一定的负相关的关系，如图8–9所示。不要急于下结论说更加平等是实现经济更快增长的必由之路。正如图8–9所示，这种相关性很弱。我的观点很简单，在这些数据中找不到正相关的关系，更严重的不平等现象也不会导致更快的增长。

根据标准的激励理论，这怎么可能呢？在极端情况下，答案是显而易见的：过于贫困的劳动力甚至可能营养不良，导致生产效率低下。但这并不适用于当代美国或其他富裕国家。是的，以第一世界的标准来看，低收入的美国人虽然很穷，但他们中很少有人吃不饱饭。富裕国家的主要问题在于，低收入家庭无法利用教育机会来提高他们孩子的劳动生产率。贫困者和弱势群体对于人力资本的投资很少，结果就是他们和整体经济都遭受了损失。

如果问题的本质是收入分配中底层 40% 的人群受教育程度不足，那么补救措施是显而易见的。经济学已经指明了方向，剩下的就是政治体系应该找到改善的意愿。遗憾的是，政府有足够的理由不这样做。既然你已读到这里，想必你已经了解其中的大部分原因。

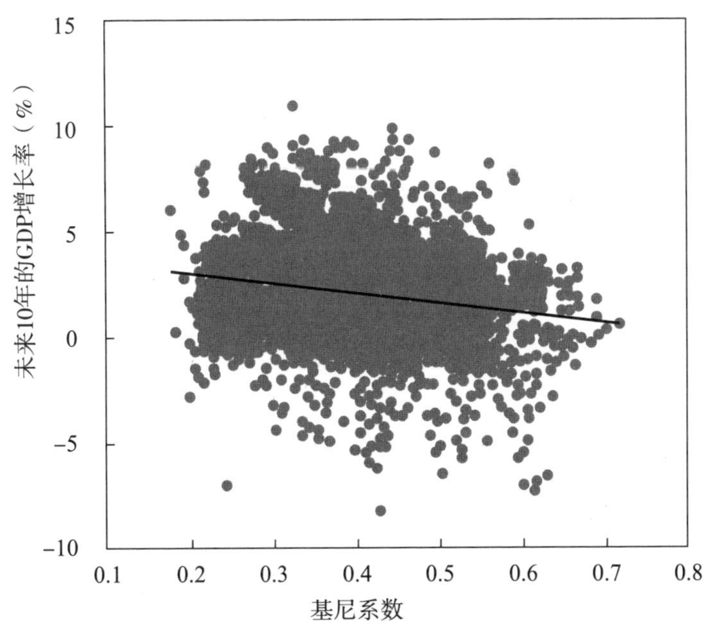

图 8–9 不平等与增长的相关性

注：增长率来自宾夕法尼亚大学“世界数据库”，基尼系数来自弗雷德里克·斯科特（Frederick Solt）的“标准化世界收入不平等数据库”。

资料来源：Jonathan Ostry，Andrew Berg，and Charalambos Tsangarides，“Redistribution，Inequality，and Growth” Staff Discrssion Note，Internationl Monetary Fund，February 2014，16。

首先，美国的政治决策是高度党派性的，当前占主导地位的政党几乎系统性地反对所有意在减少不平等的政策，无论是医疗补助、食品券、“福利”还是其他任何政策。事实上，从医保到预算再到税改，共和党的提案都在积极寻求扩大不平等。还记得众议院议长保罗·瑞安的担忧吗？他认为，美国崩溃的社会保障体系可能会为懒人提供诱人的“温床”。或许你还记得几年前《华尔街日报》发表的社论，它把那些因为太穷而不需要缴纳联邦所得税的人们称为“幸运鸭”。穷人是多么幸运啊！

在2016年美国大选中，特朗普的政治态度并没有因为他在竞选期间抛出的“工人”言论而改变。相反，新一届政府接受了国会共和党人的累退式医保法案，提出了一套惊人的累退式预算削减方案（该方案将摧毁社会保障体系），以及一项更加惊人的累退式税收计划，给最富有的人群锦上添花。对于美国的工人阶级来说还算幸运的是，这个议程中只有一小部分在国会获得通过。

其次，金钱在美国政治中起着很大的作用。在通常情况下，金钱是不会站在再分配这一边的。每个人都清楚，富人对政治决策有着与其人数不成比例的影响力，而且这种影响力远远超出了再分配的范畴，延伸到了美国政治生活的方方面面。政治学家马丁·吉伦斯（Martin Gilens）发现，就某项特定政策能否被立法而言，处于收入分配中间阶层的人毫无话语权。[14]相比之下，收入排在前10%的人的意见却有着很大的影响力。出乎意料吗？我不这么认为。

最后，美国的再分配机制长期以来一直在种族主义的重压下艰难地推进着。专家们经常指出，贫困人口中白人比黑人占比更多。事实确实如此。例如，在2015年，贫困人口中的白人与黑人的比例几乎达到3 ∶ 1。但这主要是因为白人在总人口中的占比更高（白人与黑人的比例约为6 ∶ 1）。贫困率反映了一个不同的、带有种族色彩的事实：2015年，黑人的贫困率为24.1%，是白人贫困率11.6%的两倍多。因此，从统计数据上看，心怀种族怨恨情绪的白人将反贫困项目视为“为那些人服务”。可悲的是，在美国社会中，这种态度削弱了反贫困措施本应获得的政治支持。

因此对于“为什么政府没能做得更多”的回答是：政治原因。经济学提供了一系列可以改善（尽管不能完全消除）不平等的政策清单，但美国的政治体系却无法采纳。整个社会对再分配的态度莫衷一是，而且坦率地说，与西欧人相比，美国人并不是很崇尚平等主义。

基于事实依据进行理智而善良的思考

美国能改善现状吗？经济学当然不能给出全部答案，甚至还相差甚远。即使让经济学家来统治世界（这是一个异想天开且有些吓人的想法），我们也不知道如何消除贫困和不平等，也许只能稍做改善。但是美国政府已经把门槛降得太低了，要想改善现状简直易如反掌。这就是我所说的如果政界人士能够接受更多的经济学启示，而不是仅仅要求经济学家对其先入之见提供政治支持，那么美国针对收入不平等的政策会更有效。

对民主党人和共和党人来说，再分配的“路灯理论”的用处截然不同。对于大多数倾向于解决不平等问题的民主党人来说，最主要的是更多地关注基于事实依据的政策，而不是去寻找支持政策的事实依据。我们不能否认，在很多情况下，再分配政策会导致蛋糕缩小。供给经济学可能有点夸张，但激励措施确实很重要。因此，只让蛋糕缩小一点甚至让蛋糕变大的再分配政策值得深度挖掘。我们不要再以为 15 美元的美国最低工资标准（旧金山当地最低工资为每小时 15 美元完全是另一回事）以及脱离国际贸易有助于减少贫困，这是不切实际的想法，是不可能的。

对于共和党人来说，最主要是要意识到那些贫困到不用支付所得税的“幸运鸭”并不陶醉于这样的好运，失业者更希望得到的是工作而不是施舍。我们必须承认，相比起经济学家的帮助，经济成功更需要运气成分。首先，美国并没有为社会上的弱势群体做很多。其次，美国能够以两党合作的方式做更多的事情（但现在还没有）。我在构想一个覆盖面更广的教育体系，从 3 岁孩子的幼儿教育一直到为没有上大学的年轻人准备的学徒教育和职业培训。请记住，霍雷肖·阿尔杰①出生在新英格兰的贵族家庭，上的是哈佛大学，这么优越的条件不是所有人都能享受到的。

现在的问题不在于找到时光机让社会不平等的水平回到 1980 年，美国政府要做的只是稍稍做出改变。虽然不知道如何彻底解决不平等问题，但美国政府肯定可以做得比现在更好。更多的基于事实依据的理智且善良的思考，更多的经济学启发，以及更少的党派之争将会大有帮助。

① 霍雷肖·阿尔杰（Horatio Alger），美国儿童小说作家。作品大都讲述贫穷的少年如何通过诚实正直及勤奋努力来获得成功。——译者注

第9章

对税制改革的分歧：漏洞还是支柱

这可能是标志着华盛顿决定不再缄口不言的历史性时刻。

——乔治·威尔

在当今的美国国会，还有两党合作的希望吗？2017年围绕税制改革的“辩论”似乎给出了否定的答案。你可能会认为，改革美国目前混乱不堪的税法或许可以带来一些可能性。毕竟《纽约时报》一篇专栏报道的内容引人遐想：就在2016年美国大选的4天前，两名颇具影响力的国会议员，一名共和党人和一名民主党人，就税收问题分别发表了看法：

- 众议院筹款委员会主席、众议员凯文·布雷迪（Kevin Brady，得克萨斯州共和党议员）：“美国人厌倦了这种支离破碎的税法……他们已经准备好有人来领导税制改革，让税法变得更简单、更公平。”

- 参议院财政委员会资深民主党议员罗恩·怀登（Ron Wyden，俄勒冈州民主党议员）："我认为大家都同意这样的说法，税法是一个功能失调的烂摊子。"[1]

非常相似的态度，说得也都没错，但当涉及具体事项时，党派之争还是压倒了一切。

问题就出在这里。当还在高谈阔论的阶段，从纳税人到经济学家再到两党政界人士，每个人都认为美国的所得税制度是一个极其复杂和不公平的烂摊子，亟须改革。似乎除了以此为生计的会计师和税务律师之外，每个人都讨厌税法。矛盾之处在于，尽管似乎每个人都认为美国的税法是不公平、低效且过于繁复的，但美国政府却并没有修正它。为什么呢？

答案非常简单。当面对的问题逐渐清晰可见时，双方意识到需要动真格的了，表面上的意见一致瞬间就瓦解了。是的，税法是美国的耻辱，它需要被修正。泛泛而谈时，每个人都表示认同，但要开始着手解决问题时，他们才发现前方存在诸多禁区：不要取消这个豁免，不要限制这个扣除，不要取消这个类型收入的特殊待遇。只要是涉及自身利益的问题，人人都希望固守自己的那份奶酪。

在2017年美国国会关于税法的辩论中，严重的分歧被戏剧性地展现出来。首先，没有民主党人被邀请参与讨论；共和党人决心在没有征求少数党意见的情况下，严格按照党派立场推动立法工作。其次，尽管这样，立法依旧很难通过，因为不同的共和党参众议员对税收法案中哪些内容应该保留、哪些内容应该删除也有着不同的看法。

税法并不是由一年级的小学生随便写出来的，其中蕴含着很多政治上的硬道理。每一项特殊利益条款之所以出现，都是因为有政界人士坚持极度的政治而非经济逻辑，希望它存在于此处。更重要的是，政界人士、既得利益者和游说者仍然重视税法漏洞。几十年前，担任参议院财政委员会主席长达 15 年之久的已故参议员拉塞尔·朗（Russell Long，路易斯安那州民主党议员）曾将税制改革的第一条原则阐述为“别向你征税，也别向我征税，向树后那个家伙征税”。[2] 拉塞尔·朗的见解至今依然成立。国会中每个人都觉得“我的特殊税收优惠是有充分理由的，而且非常符合国家利益。别人在税法上钻的空子才是值得一查的”。

或许是因为不必直面选民，大多数经济学家勇敢地反对隐藏在拉塞尔·朗的名言背后的特殊税收优惠——我称之为“花招”或“漏洞”。如果我告诉你，美国国会应该解决利润分成方面的税收漏洞，即对亿万富翁私募股权的大部分收入征收超低的税的可耻条款，除非你从事这个行业，否则你极有可能会同意。同样，房地产开发商存在的众多惊人的避税手段，帮助特朗普多年来避了很多联邦所得税（接下来会有更多关于房地产的案例）。对石油和天然气开采的各种各样的优惠也是如此，大部分复杂到难以解释，恼人到难以直视。这样的例子不胜枚举，藏在税法中不起眼的角落。如果让公众知道发生了什么，那么大众舆论可能会与经济学家的批判观点一致。

但是，如果让经济学家们继续在“税制改革”的旗帜下列出他们想要废除的政策，那么你的笑容会渐渐消失。比如取消抵押贷款利息的税前扣除，比如把雇主提供的健康保险当作工人的应税收入。此时，几乎除了经济学家以外的所有人都强烈反对：你管这些叫漏洞？政界人士将带头捍卫这些及其他一些税收优惠对中产阶级家庭的补贴。他们不希望因遵循税制改革的经济逻辑而导致在政治上受到漠视。是的，拉塞尔·朗是对的：**一个人认为不合理的税收漏洞，正是另一个人的生活支柱。**

不考虑政治因素的税制改革

这不是三个和尚没水喝的故事，但很接近。想象一下，我们把 6 个人锁在一个房间里，其中 3 位是精通税务的经济学家（一位民主党人、一位共和党人和一位独立人士），另外 3 人是税务律师（背景同上）。这里面没有人把政治考量看得很重，没有空想家，也没有人被游说。除非他们就一项全面的税制改革计划达成一致，否则不允许离开房间。当然，不是指每个细节都达成一致（那可能需要几周甚至几个月），而是就所有重大问题达成一致。他们能做到吗？需要多长时间？我猜，半天的时间足矣。

如果任由技术官僚在一个政治自由的虚幻世界里随心所欲，他们肯定很快就可以针对税制改革的 4 项关键原则达成一致。首先，税法应该筹集足够的税收来支付政府的支出账单。这些支出账单的规模应该有多大取决于纳税人，但真正的税制改革不会减少税收。其次，税法应该比现在更简单。再次，税法应该促进公平公正，而不是随意按照政治路线重新分配收入。对于左翼人士来说，公平通常相当于累进制，但对于右翼人士则不然。最后，税法应该促进效率提升，这通常但不总是意味着减少对基于市场的决定的干预，也就是经济学家经常说的最小化税收扭曲。①

接下来，如果这 6 人组是真正的技术官僚，那么他们将遵循上述原则，得出合理的结论，这将使得他们在很大程度上达成一致，另外的少数分歧可以本着相互妥协的精神来解决。记住，直到达成一致他们才能离开房间！

现在，改变一下条件，加入 12 位选举出来的政治官僚，每个政党 6 位。在这组更为现实的实验中，政治官僚的人数是技术官僚的两倍。这 18 个人能

① 在某些情况下，经济学家支持“扭曲”，因为它们纠正了市场机制中的一些缺陷，最显著的例子是旨在减少污染的排放税。

在一天内完成工作吗？别傻了。一个星期？不可能。一代人的时间？也许吧，但别太指望。

更有可能的情况是，政界人士会先拿政治上毫无建树的技术官僚的一些做法来开刀。1986 年，已故参议员丹尼尔·帕特里克·莫伊尼汉（Daniel Patrick Moynihan，纽约州民主党议员）曾用这句话来形容税制改革的濒死状态："我们开始全面修订税法……怀着最好的初衷，情况却每况愈下。在我们投票决定一家炼油厂的折旧年限为 5 年的那一天，我感到我们不朽的灵魂正处于危险之中。"[3] 是的，是他们的灵魂，而不是他们的政治生涯。这就是问题所在。

政界人士首先考虑的肯定不是效率，甚至不是公平，他们首先想到的是自我保护。他们不想做任何危及他们连任前景的事情，比如终止住房抵押贷款的税前扣除。下一步，如果还有下一步，他们将开始向那些可以帮助他们连任的选民提供政治庇护。莫伊尼汉提到的 5 年折旧年限的炼油厂就是一个经典的案例。既然不同的政界人士在不同的地方有各自的利益，那么可能的结果就是愈演愈烈的党派之争，要么以僵局收场，要么以无原则的政治交易告终。以僵局收场的案例有很多。回到 2010 年，当时的议题不是税制改革，而是如何减少联邦政府的巨额预算赤字，这是民主党和共和党都声称想要解决的。为了寻求两党合作，奥巴马总统和国会领导人任命了全国财政责任与改革委员会（National Commission on Fiscal Responsibility and Reform）的 18 名委员。该委员会通常被称为辛普森 – 鲍尔斯委员会，以其两位联席主席的名字命名：分别是共和党前参议员艾伦·辛普森（Alan Simpson）和民主党前白宫幕僚长厄斯金·鲍尔斯（Erskine Bowles）。该委员会由 12 名国会议员组成，每个党派 6 名，加上 6 名由总统任命的杰出的大众委员。该委员会的任务是制订一个全面的预算计划，"以改善中期的财政状况，并实现长期的财政可持续性"，这是两党都能接受的计划。当时的想法是，如果 18 名议员中的 14 人同意某项计划，那么该计划将提交国会审议，并有望进行投票表决。

事情没有预想的那么顺利。2010 年 12 月，不仅得到两位主席支持，而且得到了许多社论撰写人和预算专家支持的方案，最终只以 11 ：7 票的微弱优势“赢得”了投票，却远没有达到所需的绝对多数。有趣的是投票的构成。在 12 名现任国会议员中，投票结果是 6 ：6，平局。在 6 名大众委员（包括前政界人士辛普森）中，结果是 5 ：1，有 5 个人表示支持。就像任何两党税制改革委员会可能发生的情况一样，非政界人士的意见基本都是一边倒，政界人士却因党派分歧而莫衷一是。生活就是如此，美国人生活在一个民主政体中，而不是一个技术专家政体中。简而言之，这就是税制改革举步维艰的原因。

经济学家永远是伴娘的命吗

在政治文明和经济文明之间的冲突上，很少有什么比税收问题表现得更明显了。因此，经济学家除了提供启示，就没有什么其他方面更受政界人士的欢迎了。（请带上你按揭利息税前扣除的疯狂想法快回家吧。）结果之一是，税制改革似乎总在国家议程里，就像 2016 年美国总统大选和大选之后的情况一样，但很难实施。回想一下，上一次确实堵住税收漏洞的重大税制改革还是在 1986 年！ 2017 年的税收法案实际上还新增了几个漏洞。为什么经济学家始终是伴娘，永远当不上新娘？

民众对税法的普遍不满是显而易见的。有哪个美国人会认为税法遵循了公平和效率原则？恐怕没有。又有哪个美国人不认为税法过度复杂？恐怕也没有。因此，你可能会认为，修正税收体系为国会议员提供了一个潜在的政治金矿。（还有什么事比这更好！）既然选民厌恶税法，那么累进税制应该会让许多人感到高兴，因此大有可为。然而，那些寻找政治金矿的人并不会在这里挖矿。为什么不呢？

之前提到过的一个原因是，民主党和共和党在税制改革的关键内容上还远没有达成一致。美国最新的税法于 2017 年年底在国会获得通过，对共和党人有很大吸引力，但民主党人却不以为然。以下是共和党人眼中的亮点，民主党人眼中的不足：

- 漏洞百出的公司税率从当时的 35% 大幅降至 21%。
- 个人最高边际税率降至 37%。
- 来自合伙企业、独资企业或有限责任公司（类似于特朗普公司）的所得税率大幅降低。具体金额需要经过复杂的计算才可得知。
- 遗产税豁免门槛提高一倍，此前遗产税适用于最富裕的 0.2% 的人群。
- 大幅降低对州和地方税收的联邦所得税扣除，这将有损高税收的蓝州居民的关键利益。

还有更多，但你大概已经明白了。不论你属于哪个党派，无关你对税制改革的观点如何，共和党的提案目的显然不在于获得两党的支持，他们也确实不是这么做的。

事实上，当涉及税制改革时，我认为两党政界人士只有一件事是一致的：他们从经济学家那里得到的（主要是经济学家主动提供的）建议是没有用处甚至适得其反的。原因并不神秘。

经济学家过分关注效率便是原因之一。他们蔑视大多数特殊利益条款，因为此类条款使国会税法制定者能够凌驾于消费者和企业的市场判断之上，有时甚至能将一笔投资从税前亏损变成税后获利。经济学家称这种越权行为为"税收扭曲"，通常不予认可。

政界人士对世界的看法完全不同。即使他们在某些情况下还会以口头形式表达对市场的尊重，但当谈及税法时，效率无法吸引他们。经济效率也抓不住选民的心，他们认为经济效率要么不明显，要么无聊，要么两者兼有。下面便是一个经典的案例。

大多数经济学家认为，自有住房占 GDP 的比例应该由自己决定买什么的消费者与追求利润的建筑商和开发商之间的市场互动来决定。然而，美国的政界人士从没接受过这种市场解决方案，他们决定用一些最低效的方式来补贴购房。

让我们从买家说起。自所得税开始征收以来，抵押贷款利息支出在个人所得税纳税申报单上一直是可以税前扣除的，大概是与企业利息支出可以税前扣除进行了错误的类比。然而，这个类比并不成立。企业为它们通过债务融资购置的工厂、办公室、商店和其他任何东西所带来的收入纳税（或者至少应该纳税）。它们支付的利息属于经营成本，就像电费一样，所以这些经营成本是可用于税前扣除的，就像其他业务费用一样。相比之下，房屋所有者却不用为他们因为不用向房东支付租金而"挣得"的"假想收入"纳税。经济学家们会问：为什么要允许房屋所有者税前扣除利息支出呢？

没错，经济学家的确问了这个问题，但几乎没有其他人会这么问。大多数有房子的美国人会对取消抵押贷款利息税前扣除的想法感到震惊。这样才公平吗？事实并非如此。许多其他国家，比如加拿大，就不允许纳税人税前扣除抵押贷款的利息。如果一家兄弟两人，哥哥买了一套住房，每月支付 2 000 美元的抵押贷款利息，而弟弟租了一套相同的住房，每月支付 2 000 美元房租，假设他们的收入相同，那么哥哥支付的所得税就比弟弟少，这公平吗？大多数经济学家的回答是：不公平。但是，几乎所有的政界人士都在为抵押贷款利息税前扣除做辩护，就好像他们的政治生涯决定于此（或许真是这样）。毕竟大约 64% 的美国家庭拥有住房。是否公平的问题在政治上已经结案了，特朗普总统也深谙此道（有没有人能帮我摆脱这些麻烦的经济学家？）。

实际上，政界人士的经济意识比他们自己感知的或担忧的要好一些。当你购买房屋时，由于抵押贷款利息可税前扣除，住宅自有率相对更低，所以房价会更高。这意味着，在实际意义上，你要预先为税收漏洞买单。这就是为什么仅仅比较业主和租客的身份而得出不公平的结论还不够完备。除此以外，他们的收入也必须纳入考虑范畴。

为什么？因为对房主来说，主要的税收优惠是税前扣除，这在较高的税率等级中更有价值，而不是对每个纳税人都进行相同价值的税收抵免。2 000 美元的抵押贷款利息税前扣除对于税阶在 10% 的人来说，只相当于 200 美元的税收节省，而对于税阶在 37% 的人来说则是 740 美元。此外，许多中产阶级纳税人主张标准抵扣（2016 年的夫妻联合报税额度为 1.26 万美元），而不是分项抵扣。美国国税局的最新数据显示，在调整后总收入低于 5 万美元的纳税人中，近 90% 的人选择了标准抵扣，这个比例还会因为新税单的出台而上升。对该部分人来说，抵押贷款利息税前扣除的价值为零，而抵押贷款利息抵免则是有价值的。在收入超过 20 万美元的纳税人里，90% 选择分项抵扣，因为他们会受益于抵押贷款利息税前扣除。这听起来公平吗？

同时，抵押贷款利息税前扣除并不会提高经济效率。更便宜的税后房屋所有权会诱使高税阶的人购房而不是租房，并鼓励这些家庭购买更大、更贵的房产，并相应地增加抵押贷款。其结果是，美国人把太多的 GDP 投入到房地产上，背负了太多的抵押贷款债务。

然而，故事并没有就此止步。房地产市场上的卖方有更多的税收漏洞可钻，这为建筑商、房地产开发商和其他参与方所熟稔。由于2016年特朗普未公布的纳税申报表被曝光，现在有比以往任何时候都多的美国人意识到，房地产是出了名的被税法青睐的对象。在众多漏洞中有一个格外惊人的，被称为“同类”交易。我敢打赌，特朗普已经无数次利用了这一点。具体来说，“同类”交易是这样操作的。

比方说，某开发商几年前以1 000万美元的价格购入了一栋公寓楼，现在打算以3 000万美元的价格出售。原则上，他应该为自己2 000万美元的资本利得缴税，就像他出售大量升值的股票一样。但由于他出售的是房产，他可以通过将出售的房产与购买另一处“同类”房产进行配对，来推迟缴纳资本利得税。“同类”的构成规则出奇地宽松。美国国税局这样描述它们：“同类财产是具有相同性质、特点或等级的财产……大多数房产会和其他房产属于同类。”还有任何其他类型的房产吗？赌场和共有产权公寓的综合体？

递延缴税就是减税，但这仅仅是个开始，递延的把戏可以反复操作。更糟糕的是，当开发商老板最终去世并将其剩余财产传给后代时，所有的资本利得税都会被免除，而不仅仅是递延了。知道这些之后，你感到气愤吗？另外，这个惊人的漏洞出现在税法中并非意外，而是刻意安排的，以服务于特定的利益集团。原因是政治上的，而不是经济上的。这个税收漏洞在2017年的“改革”中得以保留。

抵押贷款利息税前扣除和“同类”交易是整个税收漏洞的象征，经济学家们憎恶这些漏洞，但政界人士却对其偏爱有加。经济学家痛恨它们，因为它们既违背了公平原则，又违背了效率原则。政界人士喜欢它们，因为它们带来选票。遗憾的是，站在两者的立场上，两者都没有错。

问题的实质是：随着漏洞和花招的增多，整个税法变得越发糟糕。也许支持购房是有道理的，毕竟房东比租客更在意他们的财产，和社区的利害关系也更加紧密。这对社会是有价值的，尽管我们会问，没有抵押贷款税收优惠的加拿大是如何做到如此文明的。我们还会问：为什么要把这些福利不成比例地分配给高收入群体？

为什么私募股权投资和石油天然气的开采可以享受到巨额税收优惠？为什么跨国公司把利润留存在国外？或许每一项税收优惠都有一个合理的经济或社会原因（尽管我对此表示怀疑）。但是，政策漏洞百出，势必会造成一片混乱。这些漏洞扭曲了经济决策的初衷，耗费了纳税人的时间和金钱，让公民感到厌恶，并破坏了人们对民主制度的信心。这就是美国的税法，2017 年的税制改革对这些漏洞依旧视而不见。

面对杂草丛生的花园，我们该何去何从？答案很简单，而且我们以前也遇到过。这里有两种截然不同的逻辑：一种是永远不能容忍杂草的经济逻辑，另一种是沉迷于杂草的政治逻辑。

特殊的税收漏洞，尤其是那些复杂到常人难以理解的漏洞，有利于政界人士给那些有权势的选民提供大量的好处，这些选民也会在适当的时候投桃报李。这些漏洞造成的损失会分摊在数百万纳税人身上，他们甚至不知道自己是受害者。对于进取的政界人士来说，这是一个诱人的组合：被偏爱的人对你心存感激，而被伤害的人却全然不知。但这令经济学家们深恶痛绝：小部分精明的赢家占了大部分不知情的输家的便宜，严重损害了经济效率。

现在反过来想想，你就会明白为什么税制改革经常会失败。改革者总是试图填补税收漏洞，无论是为了增加税收还是降低税率。但是，终止任何特定的税收优惠，都将通过使小部分身份重要的人付出相当大的代价来换取对于大多数人来说不起眼的甚至察觉不到的好处。单纯从经济学来看，这是笔好交易；但从政治角度来说，这就是潜在的灾难。理所当然地，政治学力压经济学，结果是少数特权阶层获胜。

补充一句，这并不意味着所有税收优惠都是不合理的。例如，为慈善捐赠提供税收优惠的出发点就在于造福社会，但为什么是税前扣除而不是税收抵免呢？然而，这确实意味着，立法者应该比现在更小心地对待那些被贴上“良好动机”标签的税收优惠。一个简单的测试是：“最终享受这个税收优惠的是谁？”如果答案是石油行业、房地产开发商或私募巨头，那么美国国会或许应该三思。**更普遍地说，一个人的良好动机可能是另一个人的无耻伎俩，正如拉塞尔·朗所说的那样。**也许每个人都同意排在前面的税收优惠条款A、B、C是合理的，但当我们一直看到税收优惠条款X、Y和Z时，我们不朽的灵魂可能会被撼动。

即使你不在意税收漏洞破坏了道德规范，但一个类似瑞士奶酪的税法也会破坏经济效率，因为在税基被严重侵蚀的情况下，整体税率被迫提高。和其他地方一样，这里也没有免费的午餐，即税基越窄，意味着税率就会越高。

税收政策中常见的误解

误解 1：单一税

当涉及税收时，混淆、误解和离谱的错误观点比比皆是。我打算只讨论其中的几个，先从一个简单的常被提及的误解开始：单一税可以大大简化税法。这是完全错误的，原因如下。

年度所得税账单的计算分为两个步骤。第一步，应税收入的计算，由于非常复杂，占到99.99%的工作量。这就是你或者你的会计师，面对免税项、排除项、扣除项、令人困惑的优惠条款、令人崩溃的规则时噩梦般的地方。除非你的纳税活动非常简单，比如你只挣工资，只拥有一个银行账户，否则计算应税收入会异常烦琐。如果你的纳税活动很复杂，那么它足以把你逼疯。第一步是我们迫切需要简化的地方。所有称职的税制改革者都清楚这一点。但 2017 年的税制“改革”并没有对应税收入进行简化。

一旦你计算出了应税收入，第二步计算年度所得税账单就很轻松了。用计算器的话 5 秒钟便可完成。然而，这一步是支持单一税的政界人士声称要实现税收简化的地方。他们是认真的吗？

单一税的提案通常要求对所有超过一定门槛的应税收入实行单一税率。例如，在 2016 年共和党初选期间，参议员特德·克鲁兹（Ted Cruz，得克萨斯州共和党议员）提出了一个荒唐的方案，对一个 4 口之家家庭收入超过 36 000 美元的部分征收 10% 的单一税率（该税率太低了，10% 的税率可以带来的税收太少了；更靠谱点的单一税提案提出过 17% 或 20% 的税率）。在克鲁兹的方案中，用一个税阶取代目前的 7 个税阶。这是否形成了重大的税务简化？你可以看完下一段后再做判断。

根据 2016 年的税法，如果你的应税收入低于 9.9 万美元（位于这个区间的纳税人约占所有纳税人的 3/4），那么你只需在表格中查找你的税单，不需要计算。如果你的收入更高，那么你需要进行如下计算，适用于 2016 年应税收入在 15.2 万～ 23.1 万美元的联合报税者：“将 15.2 万美元以上的应税收入乘以 0.28，然后加上 29 518 美元。”不难吧？按照克鲁兹的单一税率，相应的说明应该是：“将你 36 000 美元以上的应税收入乘以 0.10。”有变得简单很多吗？

如果要提供实际意义的简化，单一税必须返回第一步，从应纳税金额的计算中剔除几十个（如果不是几百个的话）漏洞和花招。正如所有真正的税制改革者所了解的那样，这并不是件易事。公平地说，严格主张单一税的人会建议取消诸多税收优惠漏洞，这才是真正应该简化的地方。然而，克鲁兹的方案明确保留了抵押贷款利息和慈善捐款的税前扣除。人们不禁在想，如果克鲁兹的提案被提交到国会，还会有哪些其他优惠也一起被保留呢。

如果单一税的结构并不能简化纳税过程，那么它能起到什么作用呢？为什么一些政界人士和经济学家支持它呢？目的很单纯，单一税将极大地降低富人的纳税额。以克鲁兹的方案为例，如果你的应纳税收入是100万美元，那么你的联邦所得税账单将是96 400美元，而不是2016年实际税率结构下的341 666美元。对你来说，这简直堪称完美。如果收入提高到1 000万美元，那么10%的单一税率将使你的税单从3 905 666美元降低到996 400美元。这更加完美。对于百万富翁或超级富豪来说，这是相当诱人的交易，尽管会计师的日子并没有变得更加轻松。

当然，主张单一税的人不会炫耀他们税改计划的累退程度，有的话也是用狗哨[①]吹出来的，让富人接收到了这个信息。相反，他们宣称单一的低税率将会给经济增长带来巨大的动力。自从里根成为总统候选人以来，激进的减税者一直承诺这种增长奇迹，但从来没有实现过。

让我们从一个简单的散点图（见图9–1）开始，看看关于增长问题的证据。横轴是1929—2012年的个人所得税的最高边际税率，纵轴是未来5年的平均实际GDP增长率。5年的时间足以使低税率对经济增长产生一定的影响。如果低税率确实是灵丹妙药，那么平均而言，当税率较高时，经济增长应该会放缓才对。然而如图9–1所示，尽管两者之间的关系较弱，但当税率较高时，我们可以看到更快的经济增长。一些重大事件，比如战争和大萧条，都隐藏在这些数据中。[②]我永远不会认为提高税率是实现更快增长的必由之路，但这个

① 狗哨（dog whistle），在美国属于一种政治概念，指的是一种“说者有意、听者也有心”的隐喻。——编者注

② 也就是说，如果我把1929—1950年的数据从图中剔除，即剔除大萧条和第二次世界大战的影响，那么图中正相关的关系会变得更强。

简单的图形让我们难以认同对立的观点。

这张图可以抵得上千言万语甚至成千上万页研究报告。民主党经济学家威廉·盖尔（William Gale）和共和党经济学家安德鲁·萨姆威克（Andrew Samwick）最近对上述大量研究进行了概括："尽管税收政策无疑会影响经济选择，但从长远来看，减税最终是否可以扩大经济规模却并不明确。"[4] 正如他们所观察到的："美国历史数据显示（包括将美国在征收所得税之前的情况与第二次世界大战以来的情况进行对比），尽管税收政策发生了巨大的变化，但经济增长率几乎没有发生明显的变化。"

简而言之，供给学派吹嘘的是一种没有任何证据支撑的信仰。

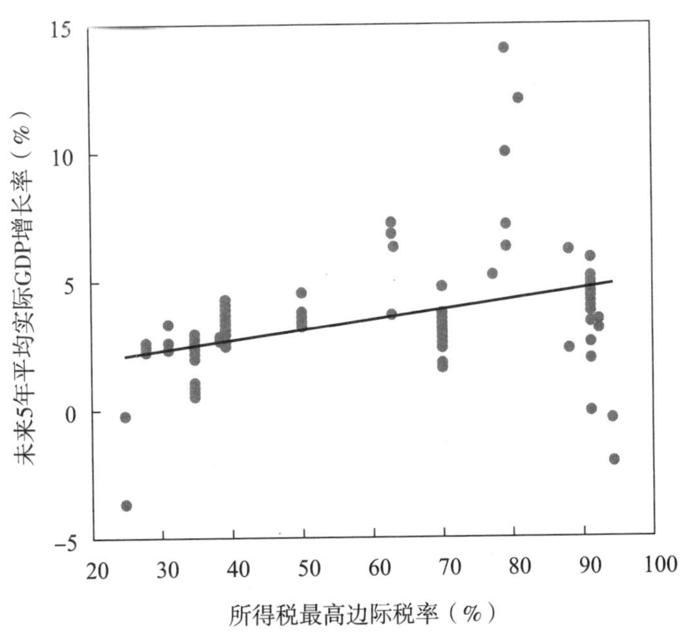

图 9–1　1929—2012 年所得税最高边际税率与未来 5 年实际 GDP 增长率

资料来源：美国经济分析局；税收基金会。

误解 2：利用税法刺激储蓄

来自经济学的支持和启发之间更复杂的冲突发生在对利息、股息和资本利得等对资本收益的复杂的税收处理过程中。许多保守的经济学家和政界人士认为，对储蓄的利息征税会激励当期的支出，而不是储蓄，从而扭曲决策。他们认为，一个更有效的税收结构应当对支出征税，而不是对收入征税。具体来说，消费税就优于所得税，因为它不会惩罚储蓄，将带来更多好处。

然而，在这场辩论中，许多自由派经济学家和政界人士站在了另一边，他们更关注公平。与所得税相比，消费税是累退的，原因很简单也很明显：穷人和中产阶级几乎没有从利息、股息或资本利得中获得任何收入。具体而言，美国国会预算办公室曾估算，在收入分配较低的 2/5 人群中，这 3 种收入来源占总收入比重仅为 3% ～ 4%；在收入水平排在前 1% 的人群中，这 3 种收入来源占比约为 30%。

因此，我们似乎在理智的效率原则（支持征收消费税）和温和的公平原则（支持征收累进所得税）之间存在冲突。事实是这样吗？

一个不容否认的事实是，美国家庭的储蓄率较低。2017 年，他们仅将可支配收入的 4% 存起来，这一储蓄率远低于许多其他国家，例如澳大利亚的储蓄率是 10%，瑞典的是 15%。

这种现状引发了美国人应该增加储蓄的一片呼声。这个主张听起来没问题，但并非无可争议。毕竟，是什么赋予了政界人士、经济学家或其他任何人告诉消费者他们现在应该花多少钱，以及应该为未来存多少钱的权利？

让我们暂且接受这个主张，以便继续讨论这个论点中最薄弱的一环：解决这个问题的方法是利用税法提供更大的储蓄激励，比如免除对于利息、股息和资本利得的征税，并且用消费税取代所得税。而我认为，即使有人认为美国人储蓄率太低，也不能得出这样的政策结论，原因至少有以下两个。

第一个原因之前提到过，收入不平等。大部分的利息、股息尤其是资本利得都是在高收入人群中积累的。毕竟穷人不买股票，银行里也没什么存款。如果对资本收入的征税比对劳动收入的征税轻，那么这将严重削弱所得税的累进程度。关于这一点，自由主义者颇为关注。

第二个原因更加严重，出乎很多人意料，大多数以刺激储蓄为目的的税收激励根本不起作用。人们很容易设想出一种鼓励储蓄的税收激励措施。想想那些众所周知的税收优惠，比如个人退休金账户（IRAs）和企业退休金账户（401k）。常识告诉我们，降低对于储蓄收益的税负可以鼓励人们更多地储蓄，许多人也都深信这一点。[5]然而，过往经验数据却无法支持这一常识。多项研究表明，除了极少数例外，税收激励并不能促进储蓄。

接下来，我来一一澄清。相关研究表明，提高税后收益率（这是美国国会在降低储蓄税率时所做的事情）并不会促使人们增加储蓄。为什么呢？其原因分为两个方面：一方面，大多数人已经生活在一个储蓄免税的世界，他们的个人退休金账户、企业退休金账户和其他退休计划已经耗尽了他们的储蓄能力；另一方面，更高的税后收益使人们更容易实现储蓄目标，从而逐渐减少储蓄。两种解释各有道理，但事实胜于雄辩。虽然不难做到让储蓄在财务收益上更有吸引力，但有证据表明，提高税后收益率并不会增加家庭储蓄。

然而，其他类型的刺激确实有效。其中最重要和最有效的是改变企业退休金账户的默认选项。在大多数企业退休金计划的表格中，显示的默认选项是“不加入”，除非雇员主动改为“加入”，否则就不能与雇主匹配。但近年来在美国政府的鼓励下，一些雇主已将默认选项从“不加入”改为“加入”。在这样设定的计划中，员工自动登记加入企业退休金计划，但如果他们希望，也可以选择退出。这只需要稍微操作一下，可能只是打个电话、填个简单的表格或者登录网站进行修改。

研究结果令人惊讶，默认选项虽然看起来微不足道，但会对人们的实际选择产生巨大的影响。最早研究这一现象的学者发现，在企业退休金计划中，新雇员加入的人数惊人地增加了 48%。另一项研究发现，当默认选项改为“加入”时，入职 6 个月后的登记率达到 85%，而当默认选项为“不加入”时，登记率仅为 26% ～ 43%。这些行为上的巨大差异，反映出人们的行为具有高度的惯性。[6]

注意，改变默认选项并不会增加储蓄的税后收益。这不是经济学家通常所说的“激励”。相反，改变默认选项的目的是克服惯性，或者更准确地说，将惯性从不支持储蓄转变为支持储蓄。更改默认选项并不会增加税法的复杂性，税法里已经对退休金账户做出了明确的规定。

听起来不错吧？然而特朗普总统上任后不久，就废除了奥巴马时代的这项帮助小企业启动自动登记退休金计划的规定。大公司许多雇员已经享受该计划，但小企业却很难做到。

误解 3：企业税负很高

事实上，企业税负并不高。近年来，美国企业所得税的法定税率为 35%，在全世界属于较高水平之一，这一情况引起了广泛的讨论。事实的确如此，但也具有很大的误导性。因为美国的高法定税率后面还充斥着大量令人眼花缭乱的特例、豁免、排除、扣除和其他各种各样的花招，其中的大部分一直沿用至今。如果你看过美国公司实际缴纳的税单，那么你会发现美国的企业税收占 GDP 的比例实际上比经合组织公布的平均水平还要低。

表 9–1 通过将美国与其他 6 个可比的高收入国家进行比较，说明了这一事实。我们看到，2016 年美国的法定税率确实是榜单里最高的，但美国的税收收益却不是最高的。与普遍的误解相反，美国实际上并没有比大多数其他国家对企业征收更重的税。实际情况是，美国从过去到现在一直是税务律师的天堂，他们把原本很高的法定税率降低到低于平均水平的有效税率。

表 9–1　7 个国家的法定公司税税率及公司税收占 GDP 的比例

国家	法定公司税税率（%）	公司税收占 GDP 的比例（%）
美国	38.9	2.2
德国	30.2	1.7
日本	30.0	4.3
加拿大	26.7	3.1
瑞士	21.2	3.1
英国	20.0	2.5
爱尔兰	12.5	2.7

资料来源：经济合作与发展组织。法定税率为 2016 年数据。税收收入为 2014 年或 2015 年的数据，取决于哪一年有最新的有效数据。

有人可能会误会我的意思。我并不是在表扬美国的高法定税率和惊人的税收漏洞这一不体面的组合。相反，这是美国公司税法的坚实罪证，美国人应该为此感到羞耻。大量的没有实际意义的工作致力于把颇高的法定税率降到中等的有效税率。那些真正擅长这个税务游戏的公司（比如通用电气），或者经常钻税收漏洞的公司（比如苹果公司），都可以把公司税单降到零。[17] 因此，美国的企业税法似乎一无是处：35% 的高税率是留给商业说客和媒体抱怨的依据，而一些大公司的零税单则激怒了普通民众。

显然，美国 2018 年以前的企业税法在公平和效率的标准上都不合格，在复杂性上来说更是一场噩梦，它迫切地需要被改变。接下来我们来讨论一些热点问题。

穿透实体。与合伙企业类似，S 类公司不需按照股份公司的方式纳税。S 类公司的利润被穿透给它们的股东，由股东基于企业利润根据个人税率缴纳个人所得税。这是一个非常简单的税务处理，我一直认为它也应该适用于所有类型的公司（见下文）。但如果处理不当，可能会出现更大的纰漏，造成一个巨大的税收漏洞，让一家规模可观的公司得以避税。

许多中等规模的公司以及一些大公司，可以选择合伙制（或 S 类公司）或者普通公司（又称 C 类公司）架构。如果个人最高所得税税率和企业所得税税率接近，就像特朗普当选时的情况，分别为 39.6% 和 35%，那么从税收角度来看，架构的选择可能没那么重要。但如果对所有的穿透业务的征税都大幅降低，那就会给税务员带来了两大问题。首先，那些在 S 类公司获得收入的组织，包括对冲基金、律师事务所、房地产合伙企业等，将获得大规模减税。其次，律师和会计师将有强大的动机，仅仅为了减税而创建出无数个新的穿透实体。这很容易做到。把公司的厨师、司机或会计变成一个个独立的承包商（一个个穿透实体）而非雇员，也遵循同样的道理，也将承担更低的税负。

在考量了拉开普通税率和穿透税率之间的差距后，美国国会决定免除穿透实体 20% 的应纳税额，个别穿透实体除外。

税收倒置。几年前，许多大型美国企业发现了通常被称为“税收倒置”的现象的甜头。简而言之（请不要向税务律师核实这一点），一家美国公司可以通过将其法定居所迁至爱尔兰或百慕大等避税天堂来大幅降低其纳税额，且无须大幅改变其实际业务所在地，甚至完全不用改变。

2014—2016 年的一波税收倒置热潮引起了媒体的广泛关注，其中几个交易是通过将一家规模较大的美国公司合并至一家注册在低税率国家的规模较小的外国公司来完成的。看，多么神奇！在律师的努力下，成立一家总部设在国外的新公司并非难事，它所缴纳的税款比它的前身要少得多。“税收倒置”剥夺了美国财政部的税收收入，令奥巴马政府非常反感。

鉴于民主党和共和党共同立法修复这一漏洞的渺茫前景，奥巴马政府财政部在 2014 年、2015 年和 2016 年分别发布了新规，降低了“税收倒置”在财务上的吸引力，也加大了操作难度。2016 年的规定产生了一个引人瞩目的效果，辉瑞（总部位于纽约）取消了原定的与艾尔建（总部位于都柏林）1 520 亿美元的兼并计划。2017 年，特朗普与国会共和党人宣称，降低企业税率将减弱“税收倒置”的动机。

非遣返利润。或许最大的企业税收问题应该是无法对留存在海外的利润征税。许多美国大公司在多个国家获取利润，这就是它们之所以被称为跨国公司的原因。税法赋予了这些公司极大的自由决定权，它们有权决定在哪里登记利润，以及在哪里纳税。当然，一家在爱尔兰、卢森堡和开曼群岛等避税天堂登记的利润越多的公司，它的总税单就越低。

从账面上看，跨国公司在全球范围内分配利润的方式有很多种，但有一种方法值得特别关注，因为它给制药公司和科技公司带来了巨大的利益。在今天的经济环境中，很多公司的利润来自知识产权。你只要问问苹果、谷歌、默克①、百时美施贵宝②等公司的税务部门就知道了。这些公司有很大的自由决定权来决定它们的利润中有多少归功于知识产权，以及（与当前讨论最密切相关

① 默克公司（Merck），1688 年创建于德国，现为全球知名试剂生产商、全球技术人员和科学家的实验伙伴，致力于为生命科学领域棘手问题提供创新方案。——编者注

② 百时美施贵宝（Bristol Myers Squibb）是一家以科研为基础的全球性的从事医药保健及个人护理产品的多元化公司，总部位于美国纽约。——编者注

的）源于哪个地区。将知识产权转让给低税率的司法管辖区，从而将大部分利润计入这个司法管辖区，自然是很诱人的。跨国科技公司、制药公司和其他公司自然会被吸引。你会惊讶于爱尔兰的新发明竟然会如此之多！

接下来，这些公司会面临一个问题：如果它们的利润是在爱尔兰“赚来的”，那么公司财务部门将如何把钱汇回美国？在很多情况下，答案是它们不会汇回去，而是将这些钱留在海外，以避免在美国缴税。虽然没有人知道确切的数字，但曾有人估计这一规模约为 3 万亿美元。这会带来一个大问题，即美国财政部损失了大量税收。还有第二个问题，即美国的跨国公司发现很难将这些资金用于国内的投资或招聘，利润滞留在国外，怎么办呢？一个众所周知的办法是，把资金留在爱尔兰等地，然后向美国政府借款来为新的项目提供资金。

对于滞留海外的资金，美国政府应该做些什么呢？多年来，各种调整建议不断涌现，奥巴马总统在 2015 年建议，只要跨国公司满足一定的条件，比如遣返资金用于国内投资或招聘，或者投资于经批准的基础设施项目，就允许大幅降低跨国公司遣返利润的企业税率。2017 年的税收法案包含了这一建议的部分内容：对遣返利润征收更低的税率（同样，夹杂着一系列额外的要求）。许多美国公司迅速宣布将资金汇回国内。

属地制度。上述这些补救措施都没有触及问题的根源。美国是少数几个对其公司在全球范围内的利润征税的国家之一，前提是这些公司将其从国外赚取的利润汇回国内。相反，大多数国家的税收依赖于税收属地制度，在这种制度下，在英国产生的利润由英国政府征税，在德国产生的利润由德国政府征税，以此类推。

这种属地原则似乎很“公平”，因为它承认跨国公司是真正的跨国公司，例如将大部分产品销往美国以外的苹果公司。苹果是美国公司吗？2016 年，欧盟税务当局决定不认可苹果公司是美国公司，并要求其补缴 140 亿美元的税款。丰田在美国销售的大部分汽车都是由丰田汽车北美公司在当地组装的。丰田汽车北美公司是日本公司吗？

在发生企业经营活动的地方征税看起来似乎很自然。然而，这种征税行为将至少带来两个巨大的问题。首先，业务活动越来越少是有形的，越来越多是概念性的，这使得确认企业活动实际发生地变得越发困难。是在总部，在研究实验室，在工厂，还是在销售地？其次，由于不同国家对企业收入的征税方式不同，企业财务极有可能将利润计入低税率的司法管辖区来钻税法的空子。

正确的税收制度应该是全球化的还是属地化的？没有明确的答案。如果世界上每个国家都以同样的方式来定义公司收入，并以同样的税率来征税，那么肯定会更公平、更有效，这也不失为一个好的方法。但别想得太美，这里没有全球政府，而且还有少数国家以避税作为它们的商业模式。例如，2010 年，美国的受控境外公司在海外经营的利润占爱尔兰 GDP 的 38%，占卢森堡 GDP 的 103%，占百慕大 GDP 的 1 578%。

另一种方法是完全放弃对公司收入征税，将所有公司视为穿透实体，就像 S 类公司一样，将公司收益穿透给股东，然后根据居住地对股东个人征税。毕竟，确定一个人的居住地要比确定一个跨国公司的总部所在地容易得多。

上述第二种巧妙的方法只存在一个大问题：它将面临参议院 0 ～ 100 票、众议院 0 ～ 435 票的否决。我提倡这个方法好几年了，深知其难度之大。一旦建议废除公司所得税，你就失去了国会中所有的民主党人的支持。一旦告诉共和党人该收入将被记入个人所得税，你就失去了所有的共和党人的支持。

2017 年的美国税制改革声称，美国将实行企业税收属地制度。现实的情况并不完全如此：该法案还对跨国公司转移到税率极低的司法管辖区的部分利润征收“最低税”。没错，更复杂了。

1986年的历史奇迹：《税制改革法案》通过

全面的税制改革的前景总是黯淡的。对于那些寻求提高公共利益的经济学家来说，美国税法就像一只丑小鸭，明明可以变成一只美丽的天鹅。也就是说，美国税法可改进的余地太大了！但对政界人士来说，税改的道路充满了荆棘，成功的回报却微乎其微。在20世纪80年代，同样的描述也是适用的，也确实有人说过类似话语。然而在1986年，经济学家的梦想《1986年税制改革法案》（*Tax Reform Act of 1986*），奇迹般地通过了。这种成功可以复制吗？

美国国会确实在2017年对税法做出了巨大的调整，即所谓的税制“改革”。但在许多人看来，新的税法太复杂，也不如以前公平。税法调整造成了很多税收损失，从而增加了未来的预算赤字。这并不是人们所熟知的改革，改革应该是具有远见的。为什么？

首先，看看日期，1986年已经是30多年前了，自那以后，税法里的藤壶[①]比废弃的船上的还要多，而每一种藤壶都有其政治捍卫者。在过去的30多年里，美国国会提出了无数的税制改革计划，最近的一次是在2017年。但真正的改革遥遥无期，这并不是偶然。

其次，尽管当年的税制改革是由广受欢迎的里根总统推动的，但竟也几乎失败。使之起死回生的是个政治奇迹，我将在下一章中详细描述，但奇迹不常

① 藤壶俗称“触”“马牙”等，是一种有着石灰质外壳的节肢动物，繁殖力强，成虫常聚集附着于船底，不但影响航速且会使船底易于污损。——编者注

发生。

最后，很多唾手可得的果实已经在 1986 年被摘下，之后几乎无果可摘。税制改革的本质是用减少漏洞换取降低税率。“拓宽税基，降低利率”是普罗大众的呼声——由前者带来的收入来“支付”具有政治吸引力的后者。但如果只能稍微拓宽税基，意味着不会有太多新的收入可供分配。经济学家抨击税收支出，认为税收支出的作用仅是使用特殊的税收条款来支持特定的活动。但当个人所得税税法的四大支出分别为从劳动者的应税收入中扣除雇主支付的医疗福利、免税的退休金储蓄账户、抵押贷款利息的税前扣除和优待的低资本利得税率（共和党人还希望进一步降低）时，经济学家们将举步维艰。2000 年，我带了一份类似的清单给当时的总统候选人戈尔，令他哭笑不得，但他很有礼貌，没有把我直接赶出办公室。

然而，1986 美国年确实通过了一次卓越的税制改革。它是怎么做到的？秘诀是什么？我们将在下一章深入讨论。

ADVICE AND DISSENT

WHY AMERICA SUFFERS WHEN ECONOMICS AND POLITICS COLLIDE

| 第四部分 |

应对灯柱理论的权宜之计：经济和政治的融合

摸着石头过河，这条河把理想经济和理想政治远远隔开。稍微拨动指针并将其指向启发方位，或许会让我们走得更远。

| 第 10 章 |

移动经济学作用的指针

摸着石头过河——踩稳一步，再迈一步。

——中国民间歇后语

2017 年 2 月，由美国财政部前部长詹姆斯·贝克（James Baker）和前国务卿乔治·舒尔茨（George Schultz）为首的一行共和党人，提出了一项抗击全球气候变化的计划：就像经济学家长期以来一直建议的那样，大规模施行碳排放税，但将税收所得作为“红利”返还美国人，使得总体上没有增加净税收。这也许是个聪明的主意，至少如贝克和舒尔茨所愿，该计划可以避免大部分对于碳税计划的抗拒。听到这个计划后，我的第一反应是：这绝对是个好想法，但在政治上难以推行。很遗憾，事态发展如我所料。美国政府就不能做得更好吗？

对经济政策中的墨菲定律的修正

即使特朗普从未当选美国总统，这本书也可以写成，因为他绝不是第一个从经济学中寻求支持而非启示的政界人士。特朗普对于专家意见的无视，对于基本事实的否定，不过是将熟悉的过往推向了一个新的高度，使得他即便身为总统，也很难获得任何经济学家的支持。你注意到特朗普身边很少有经济学家为其背书了吗？

特朗普声称可以用“一些伟大的东西”取代奥巴马医改，抑或以更低的成本和更广泛的保险覆盖面来修正奥巴马医改的所有问题，但实际上并不能。他呼吁进行“历史上最大规模的减税”，认为减税的损失将由经济增长来填补，但实际上并不会。他称《北美自由贸易协议》是历史上最糟糕的贸易协定，但实际上并不是。作为总统候选人时，特朗普声称实际失业率远远高于官方数据，但在当选后，他为官方公布的 2017 年低失业率数据感到狂喜。他甚至承诺重开那些因受新技术和其他能源的竞争冲击而关闭的煤矿厂，他确定能做到吗？类似的例子不胜枚举。

但早在特朗普宣布参选美国总统之前，两党的政界人士已经开始散播关于国际贸易的诸多误导性口号，制定藐视公平与效率原则的税制改革，也基本没有对减轻不平等现象的加剧做出实质性的努力。大多数政界人士甚至拒绝考虑诸如前文所述的碳排放税、交通拥堵费或取消住房抵押贷款利息的税前扣除等政策，而所有这些政策对经济学家来说都是必要或适当的政策方案。

“灯柱理论”并非始于特朗普政府，也难以终于特朗普政府。即便是完全恢复特朗普上任之前的状况，经济和政治之间的互动也处于非常糟糕的境地，经济政策也会因此变得更糟。所以我在本章和下一章中会讨论，我们应该做些什么来对抗“灯柱理论”。我并不指望美国的经济政策会变得完美，只希望比现在有所改善。

事先需要说明的是，我没有现成的锦囊妙计或者万能的补救方案，我也不相信它们的存在。正如我在本书的开头所说的，有些问题是要解决的，而有些问题只能应付。灯柱理论所指即属于后一类。因此，我只是在寻找权宜之计，以努力削弱灯柱理论的影响，但未必能让它失效。在此条件下，更合理的经济建议会遭遇更少的政治异议。这种改进主要有两种形式，我称它们为移动指针和移动界线。

这一章的目的是寻找一种方法，将经济学作用的指针从对党派的支持，转向对理智的政策制定者的启发。你可以称其为对经济政策中墨菲定律的修正，这些修正是切实可行的措施，能够让政治体系减少一点无知，增添一点常识。在前面的章节中，有些内容已经作为特定问题的部分解决方案出现过，还有一些未提及的，涉及范围更广。

下一章将继续讨论在政治治理和专家治理之间的界线，以及将界线向专家治理方向移动一点的可能性——只需一点，我并不会主张更多。每个社会都需要决定应将哪些政策留给专家决定（例如怎样能最好地向火星发射火箭、哪种癌症研究最有希望获得突破）、哪些政策应该掌握在政界人士手中（例如应该把多少公共资金分配到火星探索和癌症研究上）。我认为，现在美国至少在经济政策方面的分工界线出现了错误。我相信，如果更多的决策（不是全部，占比较少）是由技术官僚而不是政治官僚做出的，那么美国可以制定出更好的经济政策。

在我们展开讨论之前，重要的是要理解美国人不需要在这两种策略中选择一种。这个国家能够也应该尝试一起移动指针和界线。毕竟，灯柱理论现在已经牢牢地扼住了美国政治经济体系的咽喉，因此为其松绑是值得追求的目标。

社会急需受过更好教育的选民

让我们从一些只要去做便行之有效的地方开始，但这也可能是遥不可及的。美国选民对经济学的极度无知给任何希望推动国家进步的政策制定者都构成了严峻的挑战。想象一下，如果一位政界人士提出了一个灌溉项目，他断言可以让水在没有水泵的情况下往山上流，那么反对一定汹涌而至，不仅有来自水力学方面的工程师，也有来自竞争对手的政界人士、媒体，以及任何关注此事的公民。毕竟，人们了解足够的物理知识，知道在没有外力的情况下，水是不会往上流的。

然而令人惊讶的是，普通美国人的经济学知识还没有达到这个水平。因此，那些在经济学里等同于水往高处流的天方夜谭，在政治领域却很受欢迎，而且常常得到高薪说客的帮助和推广。比如供给经济学就是本书中多次提到的一个主要案例，特朗普政府在 2017 年的预算和税法提案中重提了这一无稽之谈，时任美国财政部部长等人赞同减税会带来很多额外增长，以致总税收将随之增加的说法。[1] 第二个例子是，在不给碳定价的情况下解决气候变化问题。第三个例子是特朗普在 2016 年竞选美国总统时居然提出让民众买账的理念，即美国可以扭转历史上以及全球的制造业工人比例下降的趋势。经济学家们认为这些观点存在明显且毫无争议的缺陷，这些缺陷为民众所不能理解，更不用说接受了。

这些令人心酸的例子，说明了美国人民正处在一个经济文盲率很高的社会。经济学家安娜玛丽亚·卢萨尔迪（Annamaria Lusardi）和奥利维娅·米切尔（Olivia Mitchell）向不同的群体提出了以下三个关于金融方面的非常简单的问题[2]：

1. 利息：如果你以 2% 的年利率投资 100 美元，5 年后你会获得超过 102 美元、正好 102 美元，还是少于 102 美元？（注意，这里的“盈亏平衡”金额是 102 美元，而不是 110 美元。他们不是在测试人们是否理解复利。)

2. 购买力：如果你的储蓄账户每年获得 1% 的利息，通货膨胀率是每年 2%，一年后你用账户里的钱可以买到的东西，比现在多、一样多还是比现在少？

3. 分散投资：通常来讲，购买单一公司的股票还是购买股票共同基金会带来更安全的收益？

这三个问题非常简单，但只有大约 30% 的美国人全答对了。鉴于这个尴尬的结果，你怎么能指望让美国选民来决定如何恢复社保的 75 年精算平衡，或者如何改革企业所得税法呢？

拥有更了解经济学的公众将是一件幸事。这样的公民将更容易理解经济学家的支持和启发作用，并会要求获得更多的启发。这是一个值得追求的梦想。无论如何，我们都应该向后代传授更多的基本经济学原理。但是，追求这个梦想需要很长时间，最终还可能是竹篮打水一场空。那么，我们能在短期内做些什么呢？

先甜后苦：向政界人士提供可先期兑现的收益

墨菲定律的漏洞或许就藏在 1983 年格林斯潘社会保障委员会成功地将退休年龄从 65 岁提高到 67 岁的过程中。其核心思想具备一种政治柔道精神：厚积薄发。我们都知道，政界人士的时间视野非常短浅。那么，为什么不利用这一弱点，提供可先期兑现的收益给政界人士，使他们同意通过提前立法把眼下难以接受的政策推迟至远期实施呢？

将社会保障福利的正常退休年龄从 65 岁提高到 67 岁会带来很多潜在的政治问题，然而这是减少福利的一种非常明智的方式，它避免了“削减福利”这一吓人的说法。但不管你怎么称呼它，几乎没有国会议员想要削减社会保障福利。他们清楚地知道（如同现在一样），老年人也会投票。因此，将正常退休年龄立即从 65 岁提高到 67 岁的提议，不仅在经济上危害严重，在政治上也是自寻死路。经济学上之所以存在危害，是因为人们需要时间来调整他们的退休计划；在政治上自取灭亡，是因为它直击当时美国的政治雷区。

幸运的是，从纯粹的经济学角度来看，提高退休年龄并不需要操之过急。不管怎样，提前通知未来的退休者都是更好的选择。将提高退休年龄推迟到很久以后（美国至今仍处于调整阶段）也避免了政治上的尴尬。毕竟，有哪位政界人士会考虑几十年后的事情？ 1983 年，国会议员们发现这个政治雷区不再危险，于是提高退休年龄的提案以巨大的优势在参众两院顺利通过。

你现在可能会想：因为社保是独一无二的，与其他政府计划不同，社会保障制度规划调整的自然时间单位是一代人，所以格林斯潘社会保障委员会的把戏不能再重复了吧？你错了。

显而易见的是，如今美国社会保障的长期财政收支再次失衡。虽然财政收支系统需要修复，但无须立即完成。假如美国国会颁布法案，在 10 年或 20 年后施行工资税的小幅度增长和福利的小幅度削减，那么它可以在不用造成太多政治尴尬的情况下，使社保的财政基础重新稳固，就像 1983 年那样。

同样的政治柔术也适用于其他地方。例如，美国联邦医疗保险就是在以一代人为时间单位运作的。最新的受托人报告显示，美国健康保险信托基金余额目前约占全年支出的 2/3，将于 2029 年基本降为零。没错，医保资金的“危机”在几年后即将到来。这意味着未来的美国不能原地踏步，否则问题只会恶化。美国今天就可以立法，将增加收入和削减成本结合起来，从 10 年后开始生效。由此，政治上的尴尬将大为缓解。

类似的逻辑也适用于经济学家应对气候变化的补救措施：碳排放税。如果我们希望人类的生命在地球上延续下去，人类就必须减少碳排放，这是毫无疑问的。更好的策略是循序渐进，比如先征收小额度的碳排放税，并以此为基础进一步推行。如果美国国会今天通过了贝克－舒尔茨计划的缩减版（比如从每吨 5 美元的税收标准开始，在接下来的 19 年里每年每吨增加 5 美元），那么几乎没有人会注意到这个变化。这个调整幅度非常小，大约每加仑[①]汽油征收 5 美分的碳排放税，但通过 19 次难以察觉的递增，最终碳排放税将提高到每吨 100 美元。（我想强调的不是具体数字，而是分阶段施行的做法。）多提前一些时间将相关法律制定并公布，将为企业和家庭带来足够的时间与动力，在更高的碳排放税到来之前改用更环保的技术以重新改造他们的办公室、工厂、商店和住所，从而节省后续税费。可预见的结果将是绿色投资产业的迅速繁荣。

最后一个例子来自美国联邦预算赤字。美国国会预算办公室最新公布的预期报告显示，如果维持目前的政策不变，到 2047 年，美国联邦政府债务占 GDP 的比例将从 2016 年的 77% 左右升至耸人听闻的 150%。该预测使一些人担心美国政府财政的世界末日即将来临，并建议立即采取严格的、创新型的预算改革。然而，预计的国债与 GDP 之比的上升是极其缓慢的。例如，到 2020 年，该比例只从 77% 上升到 79%。因此，美国政府还有机会通过尽快立法来提高税收、削减支出，只需让这些措施在未来发挥作用，就有足够的时间避免即将到来的灾难。利用这个简单的“日历插件”，我们可以推演出拉塞尔 · 朗名言的现代版本：别向你征税，别向我征税，向 2033 年的那个家伙征税。

这种先获得（部分）收益且缓解尴尬的办法不可能放之四海而皆准，有些

① 加仑是体积单位，分为美制和英制两种，此处指的是美制体积单位。1 加仑（美）=3.785 412 升；1 加仑（英）=4.546 092 升。——编者注

政策问题需要立即解决，但是这种办法的潜在适用范围却非常广泛。回顾我刚刚提到的这几点——社会保障、医疗保险、气候变化和预算赤字，它们都是美国最重要的长期经济问题，每一个都可以通过缓解尴尬来实现政策改革。

格林斯潘社会保障委员会的成功来得如此之早，以致大多数当代政界人士似乎已经遗忘了这一点。是的，如今想要模仿这种成功更难了，因为愿意听取专家意见的人越来越少，两党合作只剩余烬。虽然如此，但依然值得一试，而且值得反复尝试。毕竟，如果可以先尝到甜头，那么改良的经济政策或许更容易实现。

跨越时间视野的鸿沟

我之前强调过，经济学家和政界人士经常鸡同鸭讲的一个主要原因是，政界人士的时间视野太短，而经济学家的时间视野又太长。这之间似乎有一个难以逾越的鸿沟。但我也提出过，4 年的总统任期本身就是一个妥善的解决方案：4 年对于经济学家来说不算太短，对于政界人士来说不算太长。考虑到总统竞选在美国政坛中卓越的影响力，政界人士和他们的团队应该发现，将注意力集中在那些能被 4 整除的年份上有着巨大的吸引力，甚至可以说是一种本能。这是我提出的第二个“简单”的权宜之计。请注意，为了让它发挥作用，政界人士不需要变得多么高瞻远瞩，只需要让自己的政治节奏放慢一点就可以了。

但是，这种富有远见的想法与当今美国政界人士的行为形成了鲜明的对比，他们如今仅能将注意力集中在下一条推文上。美国政客能从根本上改变政治世界的时间框架吗？听起来似乎不太可能，但我认为这符合政界人士的既得利益，所以不排除这种可能性。政界的每个人都知道总统选举是重中之重，而总统选举之前的经济状况对投票有着深远的影响。因此，让选民在下届总统大选前对经济前景感到乐观，应该成为任何一位新当选总统（以及国会）自然的关注焦点。里根的理解就很直观："你比 4 年前过得更好吗？"现代的政界人士似乎已经忘记了这一点，他们需要被提醒。

当然，一旦总统任期满一年，"自然"的政治视野将缩小到三年，这对推行经济政策来说仍然是可以接受的。总统任期满两年后，剩余时间将缩小到仅仅两年，某些经济政策很难在这么短的时间内达成目标。你还记得吗，无论怎样，在中期选举之后出台明智经济政策的希望就很渺茫了，政治的愚昧期将全面到来。

让政界人士在每届总统任期的前半段都有足够的自制力来维持 2 ～ 4 年的视野，将是一个重大的进步，例如税收政策、贸易政策和监管政策的质量可能会有巨大的飞跃。然而，这条路并不好走，政界人士将不得不忽视媒体顾问和舆论顾问提供的许多"明智的建议"。然而，这并不是他们第一次为了自身利益而改变做法，政界人士的适应力强得惊人。

容易达成目标的方法已经说得够多了。现在我们来讨论更困难的问题，其中很多来自党派斗争中对经济学的误用，也就是灯柱理论。

我们能削弱灯柱理论的影响吗

减少当代美国的党派斗争就好比在没有锚钩帮助下攀登冰面斜坡一样。无畏的攀岩者很可能会摔下来，伤及他们的自尊心和政治前途。自奥巴马上任以来（甚至更早），美国所经历的党派斗争一直就没有消停过，在特朗普任期结束时依然存在，甚至加剧，如特朗普所说：可悲！在放弃之前，我试着讨论几个可以稍微减少党派斗争的办法（没错，我的目标仅此而已）。

我之所以提到这个或许不可能的梦想，是因为它有助于把经济学的功能指针转向更多的启示和更少的支持。按照目前的情况，政界人士寻求经济学家的帮助，主要是为他们已经制定好的政策争取更多的党派支持。政客们希望经济学家可以忠诚于政治，而不只是提供硬性的数据和理性的逻辑。事实上，在特朗普时代，美国社会似乎面临比参议员丹尼尔·帕特里克·莫伊尼汉所指出的更糟的情况："每个人都有表达观点的权利，但没有说出事实的权利。"你或许还记得，特朗普上任的第一周，谎言又有了一个新的委婉表述，叫作"另类事实"。

很遗憾，我在这本书中所倡导的许多理智且善良的政策并没有固有的党派之分。通常，各党派都是将保守派理智的、以市场为导向的态度与自由派善良的、支持弱者的态度结合起来。或者更确切地说，如果美国还有任何两党合作的话，就应该以此为标准。

起源于马萨诸塞州的罗姆尼医改的奥巴马医改就是一个很好的例子。它主要通过市场手段解决了一个公认的重大社会问题——太多美国人没有医疗保险。与大多数发达国家的单一支付体系不同，奥巴马医改并没有让政府成为医保的提供者，甚至不作为单一承保人。相反，它把数百万没有医保的人交给市场，私营保险公司将在所谓的交易所为他们提供保险计划。这些计划中没有一个是由政府执行的，尽管政府设置了很多规定。也就是说，每个人都必须从私营公司购买医保。

理论上，你可能会认为共和党人会为这样的私营部门解决方案（而非单一支付系统）所吸引。2006年马萨诸塞州的共和党人肯定如此。[①] 在一个党派偏见有限的世界里，国会共和党人会提出对民主党2010年的计划的修订，其中

① 马萨诸塞州于2006年颁布医疗相关法案，在州内几乎实现全民医保。——译者注

一些会为了两党法案的顺利通过而被采纳。[①] 然而极端的党派偏见主导着当下。随着奥巴马医改的轮廓逐渐成形，共和党提出了一连串的批评，却从未表达过他们希望如何修改。

奥巴马医改被诬蔑为“政府接管”的医保系统。真是这样吗？共和党人可能忘记了，该计划的实质是强制人们以消费者的身份进入私营保险市场。顺便说一下，这也是保险公司在 2010 年支持奥巴马医改的主要原因。

奥巴马医改是否像许多共和党人多年来所指责的那样“监管过度”？有可能，它的设计肯定不是完美的。如果共和党人参与起草该法案（他们大多会拒绝），那么奥巴马医改可能会少一些监管。但请记住，这些监管是为了达到全民保险的目标而不可避免的手段。也就是说，如果国会不强制参保，那么更年轻、更健康的人就会选择退出医保，留下高龄的、健康条件较差的参保群体。后果之一就是更高的保费。更高的保费又将导致更多健康的人退出或不加入保险计划，从而形成恶性循环，以致整个医保体系将开始瓦解。

这就引出了监管的第二个主要原因。如果全民医保是目标，并且由市场而非政府来设定保费，那么病人、贫困者甚至家境普通的人群将如何支付保费就很值得担心了。而以营利为目的的私营公司则不会考虑如下问题：如果你付不起保费，你就得不到保障。这样的话，全民医保的目标就失败了。因此，就像之前的罗姆尼医改一样，奥巴马医改也包含了一个复杂的补贴体系。这些补贴的来源需要税收等新的收入来资助。

共和党大惊失色：新的监管和新的税收？！简直无法忍受。2010 年 3 月，

---

① 其中一项被采纳的修订是，放弃将政府经营计划纳入私营计划的想法。当一些私营保险公司在 2016 年和 2017 年退出奥巴马医改，某些市场上只剩下一家保险公司或者没有保险公司时，观察人士对这一修订提出了疑问。

在众议院进行关键投票的前夕，当时的议长约翰·博纳宣布，美国正接近“世界末日”，因为民主党的法案将“毁掉我们的国家”。[3] 历史记录表明，这样的事情并没有发生。

会不会存在另一种选择呢？如果共和党人对参与新方案的设计表现出兴趣的话，那么细节肯定会有所不同。白宫幕僚长拉姆·伊曼纽尔（Rahm Emanuel）在医改进程早期就对他的下属们说：“其他一切都可以协商，唯一没有商量余地的原则就是成功。”[4] 这句听起来非常温和的话语，当初还激怒了许多左翼人士。

事实上，任何依赖私营保险公司以提供全民医保的法案，都必须强制参保，并为那些负担不起医保的人提供补贴。也就是说，它必须类似于奥巴马医改。从 2009 年美国国会就医改法案展开辩论，一直到 2017 年特朗普就职，共和党人从未提出任何一致性的方案来替代奥巴马医改，这绝非偶然。共和党只是强烈反对并多次投票支持废除该法案，这也不是什么新鲜事。正如博纳在 2017 年 2 月的医保会议上所反省的：“我在美国国会工作的 25 年里，共和党人从来没有就医保提案应该是什么样子达成一致，一次也没有。”

特朗普当选总统后，共和党人发现自己陷入了骑虎难下的尴尬境地。怎么办呢？众议院共和党人的第一次尝试被右翼批评为“奥巴马医改的简化版”，因为它（在某种程度上）保留了三个关键要素：较弱的强制购买要求，规模及累进程度分别降低的补贴，以及市场化程度略高（因此监管更少）的条款。它被左派批评为倒退且无情，可能会让数千万美国人失去医保的庇护。共和党人的这次提案在众议院没有进行投票表决就夭折了。

共和党人的第二次尝试使医改法案进一步偏右，他们放松了一些要求，比如福利计划、强制要求和对既有病史保险人的覆盖范围。该法案获得了一些右翼选票，勉强在众议院获得通过。法案在参议院的第一次尝试则有些偏左，甚至保留了民主党在 2010 年通过的为奥巴马医改提供资金的部分税收。然而，尽管多数党领袖米奇・麦康奈尔为争取 50 票做出了艰苦的努力，该法案甚至没有进入参议院投票环节。麦康奈尔随后的几次提案虽然成功提交到了参议院，但都没有获得通过。非常接近成功的一次极具戏剧性，是因为参议员约翰・麦凯恩（亚利桑那州共和党议员）前往医院治疗癌症而没有参加投票。

但凡两党能表现出多一点合作的姿态来修订奥巴马医改，而不是“废除并取代”它，医改法案可能都会在 2017 年甚至 2016 年获得批准，毕竟有成功的过往案例可以证明这一点。《21 世纪医疗法案》（*21st Century Cures Act*）是奥巴马总统即将卸任之际（2016 年 12 月 13 日）签署生效的一项医保法案。该法案旨在简化食品药品监督管理局（FDA）批准几类治疗致命疾病的药品的程序。这项改革以两党合作的方式进行，并在参众两院以压倒性的优势获得通过：392 票赞成，25 票反对；94 票赞成，5 票反对。

但两党从未在《患者保护与平价医疗法案》中尝试过合作。毕竟，从 2008 年至 2016 年的美国大选期间，共和党人反对民主党人提出的所有提议，这一做法取得了巨大的政治成功。共和党把自己塑造成一个反政府的政党，并在 2010 年之后证明了联邦政府是多么的功能失调。当 2016 年的竞选成功使共和党重新控制了白宫、参议院和众议院时，他们“拥有”了政府。但事实证明，他们很难从反对党转向执政党，特朗普的滑稽行为更是无济于事。

围绕经济政策的长期党派之争中最愚蠢的一个分歧是“大政府”与“小政府”之争，如果这样的称呼可以将其美化的话。民主党人倾向于依靠政府来解决社会问题，共和党人倾向于让政府不要插手。这听起来像是一个重要的理念分歧，但由于许多原因，这场辩论实际上是没有结果的。

简单来说，这不是比赛。在美国，小政府一方几乎总是赢家，尤其以国际标准来评判的话。正如前文所指出的那样，不管是以公共开支还是以税收来衡量，美国政府比大多数发达国家的政府都要小。是的，罗斯福的“新政”和约翰逊的“伟大社会”建设都扩大了联邦政府的规模和范围。一些共和党人想要废除这两个法案，但这两次联邦政府权力的扩张旨在帮助美国完成其他富裕国家多年来一直在做的事情，并没有使美国成为一个“大政府”国家。

20 世纪 30 年代和 60 年代已经成为历史，我们很难证明自 20 世纪 60 年代以来联邦政府的规模有所扩大。事实上，相对于经济而言，以大多数标准来衡量，联邦政府已经持续萎缩了几十年。例如，联邦政府雇员的就业人数已下降到不足 140 万人，而沃尔玛的员工人数却增加了 50%！如果你觉得这听起来仍然像“大政府”，那么别忘了，美国是一个幅员辽阔的大国，总就业人数超过 1.5 亿人，联邦政府雇员只占很小的部分。此外，自 20 世纪 80 年代以来，尽管美国经济持续增长，但联邦政府雇员的人数几乎没有变化，占总数的比例明显下降了（见图 10–1）。

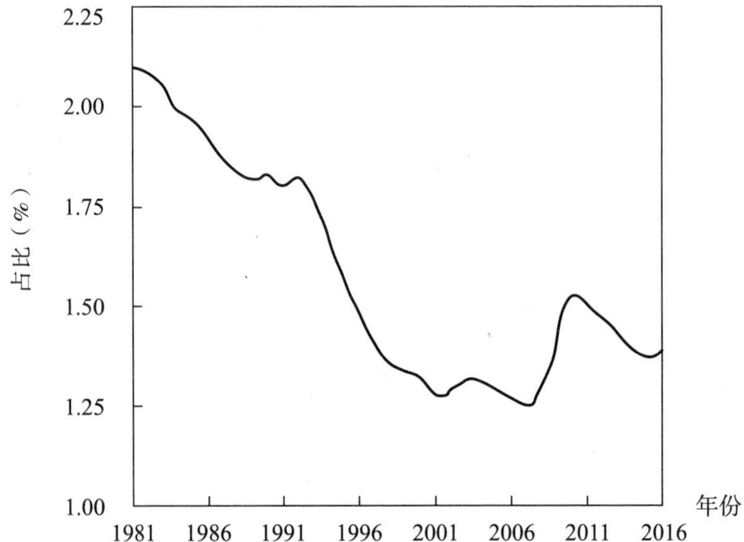

图 10–1　1981—2016 年美国联邦政府雇员人数占社会总就业人数的百分比

注：联邦政府雇员包括所有全职的行政部门雇员、国防部雇员，但不包括邮政部门的雇员。

资料来源：美国劳工统计局；美国政府预算。

雇员人数也许不是衡量政府规模和范畴的最佳标准，因为政府的工作不需要很多人去四处推销。联邦政府的支出总额（包括转移支付和发放给各州及地方的款项）或许是一个更好的指标。如图 10–2 所示，目前美国联邦政府支出占 GDP 的比例与 1953 年差不多，约为 20%。艾森豪威尔也曾领导过类似规模的政府。

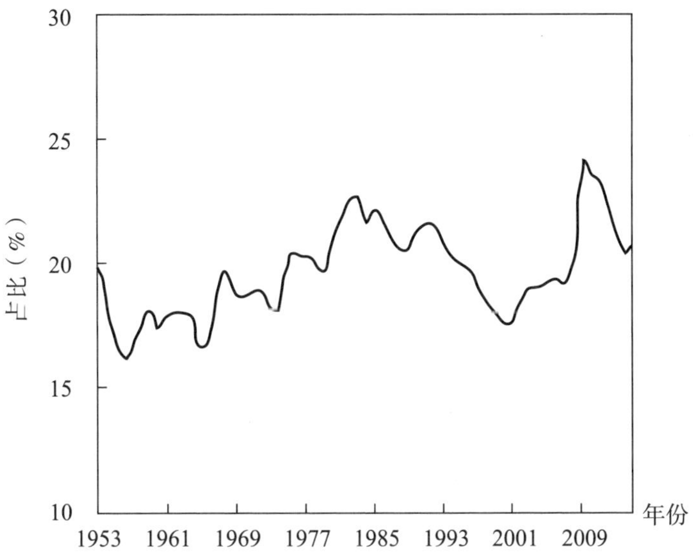

图 10–2　1953—2015 年美国联邦政府支出占 GDP 的百分比

资料来源：美国政府预算。

数据已经很充足了。更广泛以及更重要的一点是，美国人不该纠结于政府在某种抽象意义上到底是“大”还是“小”，而应该多关注政府是否在做正确的事情，并把它们做好。以下是三个例子：

- 作为在小布什政府对“9 · 11”恐怖袭击应急反应的产物，美国国土安全部是从当时已有的诸多机构中匆匆拼凑而成的。国土安全部的年度预算约为 410 亿美元，雇用近 25 万人，显然属于“大政府”。但有人质疑过它的使命是至关重要的联邦职能吗？没有。然而，国土安全部的结构着实是一场官僚主义的噩梦，亟须改革。一个简单但骇人听闻的指标是，该部门受到超过 90 个国会委员会和小组委员会的监督。

- 社会保障局管理着美国最大的联邦项目之一，这是另一个明显的“大政府”的例子。现在，这个系统每年要征收超过 8 250 亿美元的税款，从它的信托基金中收取利息，然后向 6 000 多万受益人支付 9 000 多亿美元的退休金和伤残救济金，全部是天文数字。然而，社会保障在选民中广受欢迎，而社会保障局的运营成本却相当低廉——每年的行政预算只有 60 亿美元，占总支出的比例不足 0.7%。私营的寿险公司和养老金公司的运营成本要远高于此。

- 没有人怀疑过国家食品供应（从食品安全检查到发放食品券）的重要性。美国农业部有很多聪明且敬业的雇员，然而它却是一个雇用了近 10 万人、每年支出超过 1 500 亿美元的庞大机构。目前大概有 100 万美国人在农场工作，所以美国农业部大约为每 10 个农场主配备了一名雇员。从某种程度上说，美国农业部的庞大规模是早期农业在国民经济中占很大比例的遗留产物。以前有个笑话，说有个人走进了某地的农业推广服务办公室，却发现员工在办公桌前哭泣。“你怎么了？”访客问。“我的农场主死了。”员工含泪回答。没错，削减农业预算的时机已经成熟，但在政治上却难以实现。

在我看来，美国农业部是一个臃肿的政府机构，其雇员规模对于其职能来说过于庞大；社会保障局的规模合适，效率很高；国土安全部的规模合适，但在官僚体制的影响下效率较低。你可能会有不同的判断，这没有问题。我只是阐述了我的个人观点。我们可以就细节展开讨论，而不是就“大政府”与“小政府”的话题展开毫无结果的辩论。可悲的是，这就是我们在目前这个由舆论公关主导的政治体系中所要面对的。

你可能看过在重要的政治事件之后的“赛后秀”，比如一次国情咨文演讲或一场总统辩论。这些略显荒谬的电视表演无一例外地都会发生在“采访接待室”，媒体被邀请到这里，聆听双方党派发表滑稽的言论。没有人会把他们的自吹自擂当真。所有人都知道这不过是公关说辞罢了，也无伤大雅，直到公关说辞变成赤裸裸的谎言——这是一条我们必须坚决守住的底线。

遗憾的是，经济知识的匮乏使公众难以区分出经济政策到底是言过其实的说辞（又称公关说辞）还是彻头彻尾的谎言。因此，如果政界人士能更尊重这条底线，那就再好不过了。可悲的是，特朗普在 2016 年的竞选中拉低了不诚实的底线，并在任期内继续回避真相。我们知道，获胜对于特朗普来说比什么都重要，尤其是比起像诚实品格这样虚无的东西。任何人都不应该指望他做出改变。而危险在于被他的选举奇迹迷惑的其他政界人士，他们可能会开始效仿特朗普。我们能预防这种情况发生吗？

我不会假装知道答案。但是感谢上苍，美国国会预算办公室对政策选择的客观分析得到了广泛的认可，有时会得到媒体的大量报道，偶尔还能起到让政界人士保持诚实的作用。2017 年医疗改革引发的公愤就是一个很好的例子。美国国会预算办公室预计，众议院最初的提案将使超过 2 400 万美国人无法被医疗保险覆盖，这一数字被媒体广泛引用，并很可能因此导致了提案最终的失败。众议院领导人匆忙修改，赶在国会预算办公室评估之前通过了法案。但当评估姗姗来迟时，它预计还将有 2 300 万美国人享受不到医保的福利，这使得该法案在参议院几乎成了一纸空文。当国会预算办公室受到攻击时，公民应该站出来捍卫它。

同时，我希望两党政策中心（Bipartisan Policy Center）的出色工作也能得到媒体的关注。这是一家华盛顿智库，由 4 名前参议员创建，旨在对一系列政策问题进行认真的研究。

公共传媒亦是公民应该努力保护的宝贵资源，但它也受到了特朗普政府的围攻，像公共利益新闻网这样的无党派网站也没有幸免。如果大众和受利益驱使的媒体能够更重视事实核查工作就太好了，就像政治真相新闻网、事实核查网（FactCheck.org）和《华盛顿邮报》做的那样。我有个疯狂的想法：一些媒体可以设置一个政治骗子排行榜。毫无疑问，特朗普总统可能总是排在每个榜单的首位。但又有多少政界人士愿意看到自己的名字出现在十大政治骗子榜单上呢？如果像谷歌、脸书和推特这样的社交媒体巨头能够对明显的谎言和假新闻进行更多的监管和过滤，那一定会有所帮助。它们声称正尝试在避免成为审查者的前提下努力做到这一点。把握好尺度如同走钢丝，就让我们拭目以待吧！

面对困难不要畏缩！我并不是年少无知，所有这些“改革”都无法解决党派斗争问题，我只是希望找到权宜之计。

美国政府需要平衡的力量

即使前面所说的全部实现，也还远远不够。美国的政治体系急需有意义的变革，而不能寄希望于政界人士变成圣人。

记者乔纳森·劳赫等人认为，近几十年来许多重要的政治改革都适得其反，既鼓励极端的党派斗争，又将狭隘的地方利益置于广泛的公共利益之上——与改革者的初衷截然相反。劳赫等人的观点认为，美国需要的是部分地回到政界人士一边抽着雪茄一边达成交易的时代。

劳赫或许言过其实，甚至连他自己都不愿重塑坦曼尼协会①的巨大影响，但以下方面值得沉思：[5]

- 美国让提名程序更加开放和民主，例如，用初选和预选取代幕后交易。这听起来是一件正确的事情，但事实证明，大多数人并不想参与提名过程。因此，少数的极端党派人士占据了主导地位——他们经常威胁要在那些被荒谬划分的不公正选区（单一党选区）选择更温和的候选人。这是一种奇怪的民主形式，它甚至波及总统竞选。2016 年，特朗普击败了一长串老牌共和党人，而自称社会主义者的桑德斯几乎将希拉里拉下马。2016 年美国总统初选的投票率很高，你知道那是什么意思吗？只有不到 29% 的合格选民。说不定党内官员之间的幕后交易都会带来更好的候选人。或者像在加州那样，让民主党和共和党都在同一张选票上公开初选，这将使极端党派人士更难取胜。

- 美国“改革”了政治献金的来源，最后发现并没有降低其规模，只是将金融力量的天平从政党（虽然它们仍然经手大量资金）向利用（或者滥用）政治行动委员会或超级政治行动委员会的富人和利益集团倾斜。这些独立的私人实体更难监管，毕竟，它们所做的一切都可以说是“言论自由”，而且它们还经常在暗地里运作。这是公众希望看到的吗？由公共资金来支持选举将会改善这种情况，但这是另一个难以实现的梦。与此同时，要求更多的信息披露和对小额捐赠提供激励或许可以改善现状。[6]

- 美国在许多方面对国会进行了改革，使得党派领导人被掣肘，尤其

① 坦曼尼协会（Tammany Hall）是美国历史上操纵纽约市政的民主执行委员会的俗称。——编者注

是在众议院，从而加大了跨党派达成协议的难度。在共和党方面，茶党的自由核心小组进一步将权力下放。众议院前议长博纳有一句令人难忘的话："一个没有追随者的领导人只不过是一个在散步的普通人。"[7]

- 美国将更多的政治谈判从幕后转移到了阳光下，也意味着要暴露在摄像机前。美国政客逐渐意识到，在幕后更容易达成一致和做出妥协，而在电视中却得故作姿态保持立场。是的，阳光是最好的消毒剂，但它也会无差别地消灭其他有价值的东西。

- 2011 年，茶党和政府进步主义者组织促使国会停止专项拨款。这在当时似乎是个好主意，毕竟，其中的一些政治分肥项目实在令人发指。但后来的实践证明，专项拨款（用乔纳森·劳赫的话说）"给议员一种可交易的货币"，有助于将脆弱的政治体系凝聚在一起，或者说以奖励来促进立法合作。恢复专项拨款尽管存在缺陷，但有助于达成更多实质合作。

所有这些改革加在一起，破坏了美国几十年前相对有序但缺乏吸引力的政治秩序，这种秩序能产生当今最珍稀的东西：妥协。以里根与国会民主党人的合作，或者克林顿与共和党人的合作为例，它们原本都是出于好意，却让我们失去了两党之间的黏性，最后美国得到了什么？作用失衡的国会、极端分裂的党派以及特朗普总统。这就是进步吗？

在一定程度上，回到老路并不容易。有多少国会议员会站出来支持专项拨款或幕后交易？在现有最高法院关于联合公民诉联邦选举委员会案的判决下，美国政府要如何控制政治资金呢？众议院议长保罗·瑞安能否对难以驾驭的众议院共和党人，尤其是茶党派系施加控制？这些事情都很难让人保持乐观。但是也许，仅仅是也许，美国公民会对一成不变的政治感到厌倦，从而要求改革。

或许选民们会要求更多的妥协。妥协被从美国当代政治中驱逐出去是一个历史性的错误，因为国父们给美国民众留下了一个依赖于妥协的宪法体系，否则所有的制衡将把美国人紧紧束缚。

并非所有形式的民主政治都依赖于妥协，例如，英国的议会制度并不依赖于妥协，而是被称为连续的独裁统治，穿插以周期性的选举。在下议院拥有多数席位的英国首相几乎可以在不征求反对党意见的情况下通过任何议案。如果选民对执政党的所作所为感到不满，他们可以在下次选举中把这些人赶走。这就是英国的政治体系的运作方式。

美国宪法制度的设计却截然不同。美国宪法规定的美国联邦政府由 3 个分支机构组成，它们之间彼此制衡，因此，除非国会两院的各党派之间、参众两院之间、国会和总统之间可以达成妥协，否则美国的宪法体制几乎不会产生任何成果。正如我之前提到的，这正是麦迪逊和他的同僚们希望看到的样子。在寻求废除专制的政府体制的过程中，他们创造了一个带有强烈的维持现状倾向的体制，这种倾向让所有事情都难以改变。他们成功了，240 多年来美国没有过独裁者。但要克服美国宪法中固有的惰性，通常需要妥协。

美国怎样才能改善现状呢？上面提到过一种方法：用少量的政治专项拨款来促进国会的运转。和许多人一样，我过去也常常反对专项拨款，但是和现状相比，少量的拨款并不是一个坏主意。我们可以把它看作是一个小小的代价，以使我们受到严格制衡的政府体系发挥作用。

现在让我们概括并提炼一下主旨。我把专项拨款称为缩小版的“联动”，也就是说，把一些零碎的内容放在同一个法案中，使每部分的支持者加在一起可以达到众议院的多数和参议院的 60 票（尽管没有人能得到他们确切想要的）。这种“联动”可能会导致一些复杂的甚至笨拙不堪的立法计划，但如果处理得当，就能产生积极的甚至具有里程碑意义的立法。即使处理得不太好，至少也是一种进步。

这是什么原理呢？至少在某种程度上，你在立法方案中加入的东西越多，联合利益的范围就越广。联合利益的范围越广，它与整个国会的关系就越密切。记住，狭隘的思想只会催生狭隘的法案，只会让特定的利益集团而非公众受益。美国政府需要创造的一种平衡力量是，一个约等于全民委员会的利益集团。

过往的成功留下的六条宝贵经验

真的可以创造一种平衡力量吗？可以。1986 年税制改革法案的立法是有史以来最好的例子之一。这项著名的法案是如何在国会获得通过的，为未来提供了宝贵的经验，值得被关注。

里根总统在 1984 年的国情咨文演说中，发出了一个简短的呼吁："简化税法，让所有纳税人，无论纳税多少，都能得到更公平的对待。"呼吁的内容很短很模糊，但恰到好处。

经验一：总统的领导能力很重要（你懂的）。

值得注意的是，总统对财政部的技术官僚几乎没提出任何限制。技术官僚们带着满腔热情去工作，遵循经济原则，而不是政治原则。技术官僚们花了不少时间来起草税制改革法案，然后又花了更多的时间来消除整体计划中的政治障碍，因为他们在政治上并不总那么精明。1985 年夏天，里根政府的财政部向民主党控制的众议院提交了一份精心起草的税制改革法案，在诸多方面都是经济学家梦寐以求的。

然后，法案到了令人敬畏的丹·罗斯滕科斯基的手里。罗斯滕科斯基当时是筹款委员会的主席，也是立法和政治交易的大师，但不精通经济学。因此，当筹款委员会在感恩节前后公布这项法案时，更多的是基于政治原则，而非经济原则。罗斯滕科斯基欣然承认"这还不是一部完美的法案"[8]，这引起了绝大多数筹款委员会成员的共鸣。

但是，当罗斯滕科斯基的感恩节大礼被送到参议院财政委员会时，麻烦开始了。当时参议院财政委员会的主席帕克伍德已经公开声称反对税制改革。有一次，财政委员会经过投票对所谓的"生产力财产"给出了极为慷慨的折旧额度。涉及哪些财产呢？清单里包括牙科设备、乐器和棺材，但不包括办公家具、通信卫星和核电站。你能从中找到规律吗？反正我没看懂，毫无经济学逻辑可言，但可以打赌，某个参议员的家乡肯定有不少棺材厂。

然而，那些宣称税制改革已死的权威人士很快就被证明是错误的。在寻求连任的政治压力下，帕克伍德觉得有必要改善自己的形象。因此，在参议员比尔·布拉德利（Bill Bradley，新泽西州民主党议员）的极力推动下，帕克伍德在 1986 年 4 月提出了一项 180 度大转变的税法法案，提出彻底清除税收漏洞，以大幅降低税率。"白宫游说专家"帕克伍德组建了一个由 6 名参议员组成的核心小组，在前所未有的短时间内说服参议院委员会通过了该法案，一路投票终止了数十项特殊利益修正案。令人震惊的是，该法案在财政委员会的最终投票结果是 20 票赞成，0 票反对；在参议院的最终投票结果是 97 票赞成，3 票反对。

经验二：趁热打铁（特朗普和共和党人在 2017 年很好地运用了这一点）。

在帕克伍德的态度转变之后，参议院财政委员会迅速采取了行动。从帕克伍德的转变到委员会一致投票通过税制改革仅用了 19 天。48 天之后，参议院在几乎没有任何修改的情况下全体通过了这项法案。游说者还没来得及擦亮他们的古驰牌休闲皮鞋，更不用说发起反击了。正如一位备受打击的房地产行业说客当时所说："至少我们的人可以从自己拥有的大楼上跳下去。"[9]

天哪，经济学战胜了政治力量了吗？下定论还为时尚早。众议院通过的是另一个截然不同的法案，充斥着对于个人纳税者的漏洞和花招，仍在国会的议事日程中。由于这两项法案几乎没有共同点，因此召开一次重要的参众两院会议来协调它们显得尤为必要。游说者们做好了战斗的准备，期望在这一轮中获胜。

罗斯滕科斯基的举动让游说者们大吃一惊。罗斯滕科斯基为参议院一边倒的投票和超低税率的伟大力量所触动，对税制改革的支持已不太可能改变。两位主席主宰了会议。一位惊讶的共和党工作人员在一篇打油诗中这样写道：

> 税改国会今来定，
> 通过降税戏剧性。
> 罗帕配合为大局，[10]
> 左右合心国之幸。

两位主席，一位共和党人和一位民主党人，共同制定了具有里程碑意义的《1986年税制改革法案》。1986年10月，里根总统愉快地签署了该法案。包括我在内的许多经济学家认为，这是国会有史以来通过的最好的税收法案。

经验三：当一些国会领袖比如帕克伍德和罗斯滕科斯基，决定像政治家一样行事时，会大有裨益，也很罕见。

你肯定明白这一点。但是请注意，政治才能的实现只有通过切实地领导他人才能获得，而不能只是出去散散步。早在1986年，这两位委员会主席就有足够的影响力让他们的委员会强行通过激进的税收法案，并影响两院。这在今天几乎是不可能的，如今没有一个真正致力于税制改革的领导人能够带领国会通过税收法案。

我提到过罗斯滕科斯基向税制改革转变的一个象征性力量：承诺将最高税率降至 27%（最终调整成 28%）。在当时最高税率为 50% 的情况下，提供引人注目的税率降低法案，让富人们无比心动。但是为了收支相抵，参议员们不得不削减一系列的避税政策和其他优惠政策，将超低的最高税率与对税收漏洞的全力打击结合在一起，以一种罕见的方式将经济、政治双赢的条件结合在一起，并最终取得了成功。

经验四：通常，你需要一个噱头来推销政治理念。

税制改革成功的因素之一是传说中的密谈室，尤其是与之对应的保密效果。在税收法案制定期间，从白宫幕僚长调任财政部部长的詹姆斯·贝克曾经这样说道："我们经历过公开讨论提高税收时的情况。我们如果不进行秘密会谈，就不会对法案形成共识。"帕克伍德表示同意："每当我们要在阳光下投票时，全国所有贸易协会的邮件、电话都会在 12 个小时内蜂拥而至，向议员们大发牢骚。但当我们在密谈室时，参议员可以安心地为他们认为对国家有利的一方投票。然后他们可以走到说客面前说：'上帝，我已经为你而战。我做了我能做的一切。但你知道，顽固的帕克伍德就是不肯让步'。"[11] 顺便说一句，民主党人和共和党人都坐在帕克伍德那所谓的密谈室里。

经验五：如前所述，阳光是一种无差别的消毒剂。有时，存在政治风险的妥协需要幕后交易。当然，并非所有的幕后交易都是有益的。

最后，也是至关重要的，1986 年的成功秘籍反映了"联动"概念的重要性。前文已经有所论述，税制改革饱受其典型政治缺陷的折磨：大多数税收漏洞的消除会给小部分既得利益者带来明显的痛苦，同时为其他所有人带来微小的好处（大多数人都没有注意到）。正如我一再强调的那样，这种情况在经济上取得了胜利，但在政治上却是惨败。

1986 年，为了打破参议院财政委员会的僵局，布拉德利和帕克伍德创造性地运用“联动”将整个税改方案打造成一个整体，而不是各自为政。假如你一次性清除掉 20 个漏洞，而不是一个一个地清除，那么许多纳税人或许会因为他们曾经从中受益的一两项改革而不满，但是他们会对另外的十八九项感到满意，因为每消除一个漏洞都会优化他们的税单。所以如果他们的国会代表被迫投票的话，那么投票支持整个方案的可能性很大。正如布拉德利当时所说的那样：“我们的做法是一开始就主张实行普遍较低的税率，而此后当有人试图改变这一政策时，他们就会出现手足相残的现象。”[12] 因此，在布拉德利的劝说下，帕克伍德提出了一个彻底的改革方案，封堵了诸多漏洞，然后他坚持把这个方案作为一个整体，而不是让委员会分开审议每个条款。事实证明，整体方案在政治层面实现了 1+1>2 的效果，因为它具有给绝大多数人带来净收益的前景。

参议院财政委员会对于规则的巧妙改变，极大地推动了这种罕见的由良性经济向良性政治的转变。1986 年 5 月，帕克伍德的核心支持者们达成了一项协议，即任何使税收降低的修正案（例如恢复一些税收漏洞）都必须伴随着同等价值的税收增加的修正案。几年后，这一想法被称为“现收现付制”，这将有助于减少预算赤字。在 1986 年的春天，这是一个崭新的、政治上很英明的想法。①

如此匹配并联动修正案的做法，从根本上改变了政治演算。竞争不再是在我喜欢的税收漏洞和合理税法的抽象原则之间进行，而是发生在我喜欢的税收漏洞和你喜欢的税收漏洞之间。因此，税制改革的具体内容不再是分散隐蔽的

① 这个想法最早是由众议员乔治·米勒（George Miller，加利福尼亚州民主党议员）和其他众议院成员在 1982 年提出的，但当时并没有被采纳。

利益与集中可见的成本这对政治上令人反感的组合。相反，参议员们发现，他们如果想要新增一个漏洞，就必须堵上另一个漏洞，这样做并没有什么吸引力。随着比赛变得更加公平，几乎所有的反改革修正案都失败了。公众利益获胜，精彩的一役。

经验六：联动众多方案可以使“利益集团”的规模更接近全体人民，可以使政治考量更接近经济考量。这种情况是否曾发生在 2017 年，还值得商榷。

1986 年的成功改革能复制吗

美国的确复制过类似 1986 年税制改革的成功案例，尽管那是许久前的事了，而且背景不同。老布什总统和民主党国会在 1990 年预算协议中采取“现收现付制”规则，要求任何提议减税或增加福利支出的申请，都要搭配一个“支付对象”，即相同额度的税收增加或开支削减。“现收现付制”的重要意义在 1990 年备受诟病的预算协议中被低估，因为老布什总统违背了“不增税”的承诺，使得其在当时的政治环境中相形见绌。但实际上，“现收现付制”表现得非常出色，不仅在老布什政府的剩余任期内如此，在后来的克林顿政府中也是如此。

事实上，“现收现付制”是帮助国会平衡预算，并且在克林顿的第二个任期内产生预算盈余的主要功臣之一。遗憾的是，“现收现付制”在小布什总统任期内被弃用，以便共和党能够在 2001 年和 2003 年通过削减预算的减税法案。伴随着不受欢迎的“现收现付制”障碍被清除，预算赤字再次飙升。因此，美国的政界人士几乎是在进行一项对照实验：“现收现付制”在 1990 年被启用，预算赤字随之缩减；“现收现付制”在 2001 年被停用，预算赤字随之激增。两者都不是巧合。

在税制改革方面，美国能复制1986年的成功吗？特朗普总统宣称要在2017年“改革”税制。但是他做到了吗？大多数经济学家认为没有。事实上，税制改革永远是一场艰难的政治运作。为什么这么说？

从积极的一面来看，现在再打着“现收现付制”的旗帜，把多个政策绑定在一起，已经不像1986年那么新颖了。这种做法肯定还是可行的，但有利条件却是凤毛麟角。经验丰富的政界人士懂得如何利用口号式的理念去推动立法进程，而如今这些操作往往变了味道——政治家风度难得一见，党派斗争却比以往任何时候都更加极端。妥协会被视为对政党的背叛，私下交易也难以成行。政治体系充斥着特殊利益的金钱，而最高法院也不会阻拦。没有足够追随者的党派领导人难以施展拳脚，何况在特朗普执政期间。

这听起来很无望。当谈及真正的税制改革时，我的确也这么认为。但是请记住，我在这一章设定的目标是适度的：稍微拨动指针并将其指向启发方位。正如本章章首隽语中提到的“摸着石头过河”，这条河把理想经济和理想政治远远隔开。

本章没有提供万全之策，我提出的关于减少党派之争的一些想法可能听起来有些一厢情愿、不切实际。但不要忘记我在本章开头提到的两个政治上“容易做到”的建议：将政治的时间视野跨度延长至4年，寻找能够在获得收益的同时延缓尴尬的政策解决方案。这些建议都不违背任何政治规律。最后，不要忘记寻找“联动”，这是会带来理想结果的可行途径。

一种可能有价值的联动形式可以追溯到“专项拨款”一词的旧有含义。专项拨款一词过去的意思是，将特定的税收或其他收入来源与特定的支出项目挂钩。美国联邦政府最著名的例子可能要数从汽油税中拨出专款来资助道路建设和维修。[①] 另一个例子是用工资税收来支付社保支出，涉及更大的金额。你缴纳的大部分工资税都分配给了社会保障信托基金，用于支付退休金和残疾福利。在地方一级，政府通常将大部分房产税指定用于资助公立学校。

经济学家总是觉得专项拨款的字面定义非常奇怪。例如，为什么我们应该期望汽油税能带来我们想要花在建设高速公路上的钱呢？为什么工资税收刚好可以支付社保福利呢？按照纯粹的经济学思维方式，美国国会不应该指定税收与拨款之间一一对应的关系。相反，它应该决定每个项目需要支出的金额，然后设计一个公平、高效的税收体系，筹集所需的全部资金。将税收 A 与支出项目 B 单独挂钩有什么意义？

或许二者的挂钩在政治上是很有意义的。如果公民看到他们缴纳的税款和得到的福利之间有着直接的联系，那么他们可能更愿意纳税。他们肯定会认为这样才更公平。在这两种情况下，人们可能会觉得专税专用会减轻税收负担，而他们资助的支出项目会更有吸引力。从保守的角度来看，专税专用清楚地反映了政府支出的增加不是免费的午餐。要得到更多，你必须付出更多。不管怎么看，专税专用虽然在经济上并不划算，但是在政治上却是有利可图的。

近年来，一个看似疯狂的专项拨款的例子引起了广泛的讨论。正如前一章所提到的，美国的跨国公司将大量的利润留存在海外，而不是汇回国内并纳税。政界人士，民主党人和共和党人，包括奥巴马总统和特朗普总统在内，都建议达成这样的协议：如果企业承诺将利润汇回美国，并用于达成“×”条件，则可以大幅降低汇回利润的企业的税负。多年来，“×”的几个选择被持续争论，基础设施是近期的热门。

---

① 美国国会在 2015 年 12 月的预算协议中调整了这一准则，该协议将部分美联储资产转移到高速公路信托基金。

大多数经济学家对专税专用的观点嗤之以鼻。他们提出了一些正当合理的问题：汇回利润的金额与需要建设的基础设施的投资额有什么关系？公司在爱尔兰留存的资金是否与波士顿需要维修的桥梁数量有关？从纯粹的经济学角度来看，这些问题没有满意的答案。因此，大多数经济学家无法理解将税收收入与支出挂钩的想法。但是，如果承诺建设更多基础设施可以为一项明智的政策铺平道路，也就是让国家财政从汇回利润中获得更多收入，反之政策就无法达成，那孰优孰劣呢？在这种情况下，将汇回利润和基础设施绑定在一起可能具有更好的政治意义。

冒着被逐出经济学家圈子的风险，我建议通过为特定目标筹集资金来打破一些僵局，或许可以利用政治逻辑制定一些好的（虽然不一定是最理想的）经济政策。如果是这样，这种联动将朝着正确方向迈出一大步。

所以趁着为时未晚，也许我们设定一个适度的目标，经济学的作用就有可能朝着经济启发而远离党派支持的方向做出调整，向着更多有益的经济建议和更少的政治异议的方向前进。这也许真的可以实现，但是移动政治治理和专家治理之间的界线，或许会让我们走得更远。下一章，我们将一起来看看这个问题。

ADVICE
AND DISSENT
WHY AMERICA SUFFERS WHEN
ECONOMICS AND POLITICS COLLIDE

第 11 章

移动决策分工的界线

> 精神错乱就是一遍遍地做同一件事，却期待不同的结果。
>
> ——爱因斯坦

加州大学伯克利分校的阿兰·奥尔巴克教授（Alan Auerbach）是一位一流的经济学家，也是美国税收方面的顶级专家之一，经常在税务问题方面给予我帮助。几年前，奥尔巴克和他的同僚们开始倡导一种虽然复杂但可以创造性地解决跨国公司税收问题的方案。[1] 世界上有许多不同的税收系统，难有完美的解决方案，奥尔巴克的方案也不能解决所有的问题。但我认为，90% 的经济学家（也许是 99%）会认为该方案可以改善目前企业所得税的混乱局面。虽然该方案涉及的税收标准较低，但它确实与跨国公司税收问题高度相关。

在大多数税收制度下，跨国公司的税单主要取决于在哪里设立公司总部，在哪里生产商品，以及在哪里报告利润。在一定的范围内，公司可以全盘操控，有时比做一份纸质合同麻烦不了多少。正如我之前提到的，大量美国企业的收入是通过某种方式在百慕大、爱尔兰和卢森堡等避税天堂“挣得”的。

奥尔巴克的核心思想是：一个公司很难篡改其产品的实际销售地。他因此推断，如果我们根据产品的销售地，而非对外宣称的生产地对企业进行征税，就可以简化税法，减少税收扭曲。举例来说，美国政府可以对在美国本土生产但销往海外的商品（出口商品）免税，而对在美国本土销售的不论哪里生产的外国商品（进口商品）征税。这种税收处理被称为“边境调节”，它还有一个拗口的名字：基于目的地的边境调节现金流税（试着读快一点）。这个想法在很大程度上是非常合理的，它将消除美国跨国公司将工厂或公司总部迁往海外的动机。诚然，它确实存在一些技术问题，但是前进的步伐不会就此打住，因为美国的税收政策无关技术官僚，而是由政界人士决定的。

2016 年 6 月，保罗 · 瑞安、凯文 · 布雷迪和其他众议院共和党人意识到美国的进口远远超过出口，可以抓住边境调节这一具有政治吸引力的方式来增加税收。对进口征税以及对出口免税，可以筹集大量资金用于其他方面，比如这些众议院共和党人希望的大幅减税。此外，边境调节看起来更像是对外国人征税，谁在乎经济学的解释并非如此呢？

因此，奥尔巴克思想成为众议院共和党人“更好的”税收计划的一部分。2016 年 11 月，共和党当政，媒体和市场开始广泛讨论大幅减税问题。人们很快就发现，基于目的地的边境调节现金流税对技术官僚的吸引力要远远大于对政界人士的吸引力。政界人士不得不面对沃尔玛等严重依赖进口商品的大型零售商及其数以百万计的消费者的强烈反对，况且他们很难向社会解释清楚。很快，税改就和边境调节说再见了，专家意见也到此为止。

将政府的经济职能去政治化

运用前一章探讨的一些方法，社会可以将经济学指针拨向启发一侧，偏离政治支持一侧，从而制定出更好的经济政策。在这里，让我们继续探索，打破政治决策和专家决策之间的原有界限。具体来说，就是把更多的权力由政界人士交给接受过培训的技术官僚。美国已经在一些政策领域有所行动了，进一步的推进并不需要彻底改变一切。尽管如此，将更多的经济决策从政治领域转移到技术领域仍有很长的一段路要走。

大约 20 年前，我在《外交》（*Foreign Affairs*）杂志上发表了一篇文章，我故意起了个容易引起争议的文章标题："政府是否过于政治化？"[2] 当然，我并不是说我们应该让政府去政治化，这是自相矛盾的。我也不是说经济学家应该负责制定经济政策——我在本书的开篇就否定了这一观点。我想要表达的意思是，不管是在 20 年前还是在今天，技术官僚或许比政界人士更擅长制定经济政策，而且这并不会削弱民主程度。税法的制定就是一个典型的例子，稍后我将回到这个问题。

停下来想一想，我们便会得知：每一个社会、每一级政府，都会做出一些主要的政治决定，而把其他的决定权留给专家和下级官员。美国国会为大型军备项目拨款，但是会把新型火箭发射器和坦克的精密功能设计留给军事专家；州议会将从政治角度决定在高速公路上的投入，可能还包括公路的位置，但是通常会由土木工程师来决定如何完成项目建设；市政府将决定雇用的警察人数，但通常会让非政治家型专家选聘工作人员，并决定将他们部署在哪里。大家可能都能想到一些打破这种典型决策分工的例子，通常是因为一些政界人士越界，进入了本该属于技术官僚的领域。一般来讲，这些越界行为的结果都不理想。

假设我们把界线朝另一个方向移动，将一些目前从政治角度做出的经济决策交给经济学家和其他专家，那么我们能获得更好的结果吗？显然，我们做不到在以这种方式转移所有的经济政策决定的同时还能保持民主。我们也不希望改变全部的经济决策，但或许改变其中的一部分是有效的。

事实上，美国已经有所行动了。美国已经将一些政府职能甚至一些经济职能去政治化，最突出也是最重要的例子就是由美联储独立制定的货币政策。

非政治性决策中权力移交的真相

美国宪法第一条第八款授予国会“铸造货币和调节货币价值”的权力。其中，调节货币价值直指我们现在所说的货币政策。当然，宪法的制定者既不知道这个术语，也不知道这个概念，所以他们不知道向国会所分配的权力后来成了货币政策。在经历了一个多世纪的摸索后，美国国会于 1913 年将这一权力授予了一个独立的中央银行——美联储。

人们经常错误地以为美联储无须听从美国国会的命令。事实正相反，美联储需要时刻听从国会的命令。毕竟，美联储是国会根据一部普通法《联邦储备法》创建而成的，不受特别的宪法保护（宪法中没有提到中央银行）。因此，美国国会可以随时收回或修改央行的权力。幸运的是，美国国会并没有这样做。

你可能会问，是什么原因促使美国国会在 1913 年将如此巨大的权力移交给一群未经选举洗礼的技术官僚，而且在此后保持了一个多世纪（至今）。大概有以下几个原因。

首先，美国国会没想到制定货币政策的权力会有多大。在 1913 年，任何人都意识不到这一点。用当时的话来说，美联储的建立和授权是为了提供“弹性货币”，例如，在金融恐慌时期防止货币和信贷的剧烈收缩（1907 年可怕的恐慌是压垮骆驼的最后一根稻草）。美联储现在依旧承担这个职责。尽管如此，我们现在所认为的货币政策——通过调节短期利率来影响货币总需求的增长，是在 1951 年美国财政部与美联储达成历史性“一致”，赋予美联储控制利率的权力之后，才成为美联储最重要的使命的。

其次，历史上有很多这样的例子：君主、总统和国会通过印制太多的货币导致了毁灭性的通货膨胀，而且都是发生在很短的时间内。因此，世界各地的人们开始将独立的央行视为抵御通胀的堡垒，或者更具体地说，是阻止政界人士控制货币的堡垒。由于美国的通货膨胀率相对温和，控制通货膨胀几十年来都不是美联储的核心任务，直到第二次世界大战后爆发了短暂的通货膨胀。然而自那以后，控制通胀一直是美联储政策的核心，从而加强了美联储的独立性。

再次，货币政策的制定多少需要些专业技术性，最近几十年更是如此。很少有美国国会议员自称接受过相关培训，并且有能力做出良好的货币政策决定。他们知道自己的比较优势在于批评美联储，而不是运作美联储。因此，即使是最近试图限制美联储权力的事件（我认为是被误导的），也集中在推动美联储遵守固有规则等方面，而不是将货币政策决策移交给国会。

最后，为了对抗通货膨胀，央行有时必须提高利率从而达到货币政策的目标，这会给民众造成损失（希望是短期的），自然在政治上不受欢迎。正如历史上任职时间最长的美联储主席威廉·麦克切斯尼·马丁（William McChesney Martin）那句名言：**美联储的工作就是在派对开始之际拿走酒杯。**政界人士可不喜欢给选民带来痛苦，他们会选择加入派对而不愿意做坏人阻止派对。

综上所述，第一个原因，即不知道自己在干什么，是国会做出授权政府职能这个决定的糟糕基础，我们不再赘述。其他三个原因也都是显而易见的。当一项工作是高度技术性的，需要长期的时间视野，并且需要不时地让选民感到不快时，它可能就是美国国会甚至总统愿意移交给一群非政界人士去做的事情。

这些原因或多或少地也反映在当今美国经济政策的非政治性决策中，或者更准确地说，反映在政治性较弱的决策中。

“快速通道”特权

正式的贸易谈判极其复杂，涉及多个技术性很强的领域，需要经济学家、律师和很多其他专家的参与。仅仅是通读贸易协定文本就是一项需要大量时间和精力的艰巨任务，比如特朗普总统在 2017 年 1 月扼杀的《跨太平洋伙伴关系协定》，全文 7 318 页，这还不包括数百页的附加协议。

从这种艰苦的谈判中产生的协议旨在服务于长远的未来。随着不同行业的扩张和收缩，必要的经济调整可能需要几十年的时间。因此，对贸易协定的成本和效益进行长期评估成为必需。以《跨太平洋伙伴关系协定》为例，美国国际贸易委员会所做的背景分析工作，是按照 30 年的执行期做的效果预测。

最重要的是，每一项贸易协定都会产生诸多赢家和输家。如果美国国会议员们亲自进行谈判，美国社会就会陷入一团混乱（类似于税法），谈判也很可能无疾而终。认识到这一现实，美国国会定期授予了总统“快速通道”特权，以便其与其他国家进行贸易协定谈判时，相对不受国会干预。最终协议将送往国会进行直接表决，国会如果对协议不满意，可以投票否决，但不能对其修改。

“快速通道”的初衷简单且直接，然而现实情况要复杂得多，涉及国会对谈判的干预，在直接表决之前的修改，甚至直接拒绝对协议进行表决。尽管如此，“快速通道”仍然加强了美国贸易谈判代表的力量，在某种程度上做出了有约束力的承诺，从而达成更好的协议。美国国会议员深谙此道，并愿意放弃部分（但不是全部）对协议吹毛求疵的机会。因此，“快速通道”虽然没有完全消除美国国会的干预，但是也将干预大大减少了。我认为，这是一种可以广泛使用的办法。

“快速通道”具备了货币政策的三大特征：大量使用技术专家，具有长远的时间视野，在必要时吞下苦果。美国国会似乎已经认识到将这些任务交给技术官僚的好处（至少是偶尔），尽管给予贸易谈判代表的独立权限远不及美联储。

邻避效应：关闭军事基地

关闭废弃和冗余的军事设施不是什么新鲜事，格兰特将军在美国内战后就不得不面对这个问题。但是，当一个计划关闭的基地位于 435 个国会选区中而不是在国外时，一定会有反对的声音，针对的是关闭军事基地带来的失业和对当地企业的潜在损害。如果不进行约束或收买，该州的两名参议员和当地的国会议员将会奋起反抗，激烈地批评五角大楼，让总统听到他们的不满。

冷战结束后，这种特殊的邻避效应（NIMBY，别在我家后院闹事）成了一个严重的问题。对于冷战后的世界来说，美国的军队规模太大了，数十个（如果不是数百个的话）军事设施不得不缩减规模或关闭。国防部、老布什总统甚至国会都明白此事的重要性，但有一个很大的政治问题：大多数冗余的基地都位于某人家的后院。

怎么办？根据以往的一些先例，美国国会成立了国防基地调整和关闭委员会（Defense Base Realignment and Closure Commission，简称 BRAC），以客观、非政治的立场来评估五角大楼的建议。委员会的决定在某种程度上是技术性的，所以其具备权威的专业知识。决定关闭哪些基地需要很长一段时间，可以一直延续到下次选举之后，所以要尽量减少政治影响。然而，关闭军事基地将有损经济的发展。委员会的任务是决定在哪里关闭基地，而不是在哪里新建基地，因此它只会带来损失而没有收益，并不会引起国会的嫉妒。

出人意料的是，国防基地调整和关闭委员会运作得非常好。全国各地的很多基地都已关闭，这些决定在很大程度上是由独立委员做出的，而非政界人士。这是另一个成功运用美国国会授权的例子。美国国会似乎从来没有急于收回授权，就像对于货币政策一样，美国国会本可以在任何时候收回授权。

这三个主要由技术官僚掌权的例子都“成功”了，虽然未必完美，但结果相当不错。美国国会起到必要的监督职能，除了一些例外，政治干预基本上被排除在外。

话虽如此，我还是要补充一句：依赖技术官僚并不能够保证成功。我不是军事专家，不想为国防基地调整和关闭委员会的每一个决定做辩护。所有的贸易协议都涉及权衡和判断，所以都会受到质疑。美联储在货币政策上肯定也犯过错误。即使是出于好意、训练有素、聪明理性的技术专家也会犯错，他们可能背负着意识形态或官僚主义的包袱，从而导致系统性的偏见，他们也常常会因为跳出框框思考而惹上麻烦。

但在所有这些情况下，我们都应该发出疑问：政界人士可以做得更好吗？如果你好奇政治治理和专家治理之间的界线该画在哪里，那么这个问题恰到好处，而答案通常是否定的。

价值判断问题请交给政界人士

稍等，我漏掉了一些重要的东西。的确，许多经济决策都涉及重大的技术层面问题，这些是经济学家擅长而政界人士不擅长的。但有些决策更敏感地依赖于价值判断，经济学家在这方面并不具备比较优势，甚至处于劣势。技术官僚的政治认知肯定远不如民选政界人士。当一个问题充满价值判断要素时，将决策权交给一群未经选举洗礼的技术官僚或许是一个重大错误。

例子比比皆是。比如，关于社会保障体系的覆盖范围和程度的决定，技术专家或政策顾问有着各自的见解。食品券和福利金在多大程度上削弱了人们工作的积极性？失业保险在多大程度上延长了失业期？社会保障是否促使许多人提前退休？此类问题具有高度相关性，按理说，政策制定者希望从经济学家口中得到答案。

但在根本上，保罗·瑞安所谓的“温床”对穷人来说舒适与否的问题可归结为价值判断：我们想给予穷人多大程度的慷慨？在追求更公平的过程中，我们愿意容忍多大程度的低效率？温和的民主党人通常更慷慨，更致力于公平；理智的共和党人通常不那么慷慨，他们更关心效率。两党在这些问题上的尖锐分歧可能更多地源于不同的价值判断，而非不同的技术判断。无论是经济学教科书还是经济专家官员，都无法判断谁对谁错，而从政治的角度来解决问题却能起到积极的作用。

第二个重要的例子是设定个人所得税的最高边际税率。保守派人士声称，高所得税率造成了激励扭曲，并导致经济效率下降。用高税率“惩罚”成功人士，从根本上讲是不公平的。自由主义者对税收扭曲的代价轻描淡写，有时甚至否认其存在。更重要的是，他们认为富人只有缴纳更高的税才是公平的。

如前文所述，经济学家可以为效率成本的争论提供一些建议，但在旁观者的眼中，或者说在政界人士的眼中，公平与决策更密切相关。没有人能说服自由主义参议员兰德·保罗（Rand Paul，肯塔基州共和党议员）向富人多征税是公平的，也没有人能说服社会主义参议员桑德斯不向富人多征税才是公平的。技术官僚也无须徒劳了，因为这两位议员有着截然不同的价值判断，他们都认为自己是对的，而且他们都是由自己的选民正式选举出来的议员。

因此，修改筛选条件，找出适合交给技术官僚来决策的经济政策势在必行。如果问题在技术角度是复杂的，需要长期视野，并且会让选民吞下苦果，那么它很可能非常适合由技术官僚来决策。如果价值判断是决策的核心，那么答案则恰恰相反。

经济专家可拓展的两个治理领域

那么，我们前进的方向是哪里呢？还有哪些有意义的领域，政界人士可能愿意将决策权力授予经济专家呢？为了抛砖引玉，我有两个建议，你可能会想到其他更好的。

基础设施银行

似乎每个人都同意，对于美国这样一个富裕的国家来说，公共基础设施少到令人尴尬。美国的道路、桥梁、隧道、机场、水处理设施等严重不足，美国的客运铁路更是少得可怜。在 2016 年美国大选中，特朗普和希拉里唯一一致的地方，或许就是双方都承诺改善美国薄弱的基础设施。事实上，他们都提到了同一个数字：10 年 1 万亿美元。然而，特朗普当选总统后，随着其他优先事项（比如医疗和税改）和紧急事项（比如“通俄门”调查）占用了政府的资源，基础设施建设逐渐淡出了人们的视线。

建设更多更好的基础设施的主要障碍之一是寻找资金，基础设施建设往往成本很高。另一个难点是，得让大部分政界人士远离项目选择，如果不这样做，结果会出现很多特定区域的拨款，导致一些高成本项目建在人口稀少地区。多年前，当已故参议员罗伯特·伯德（Robert Byrd，西弗吉尼亚州民主党议员）执掌参议院拨款委员会时，人们常常好奇他的目标是不是要把路铺满他的老家（看起来确实如此）。在这些问题上，技术官僚可以做得更好。

一个由来已久的广泛建议是设立一个国家基础设施银行，或者可以是 50 个州立基础设施银行，由摒除政治原则的技术专家来运营，根据经济价值选择项目。为了防止汽车颠簸，我们还需要建设些什么：一座新桥，一座新的污水处理厂，或者仅仅是填补更多的坑洼？收益、成本比最高的地方在哪里？有了这些问题的答案，基础设施银行将选择项目，并在资本市场上筹集必要的资金。最后，技术官僚雇用的承包商想必也不会是当地政界人士的亲戚。

设立国家基础设施银行听起来是个不错的主意吧？那为什么我们没有让更多的基础设施银行来管理更多的资金呢？一个重要原因是剪彩仪式的政治吸引力。这也是为什么政府在维护和维修方面投入很少的原因，因为这不会给渴望宣传的政界人士提供露脸的机会，而新建的桥梁却可以，即使这些桥毫无用处。另一个原因是，由技术官僚来管理基础设施合同，将严重削减甚至消除政界人士施惠和受惠的能力。

从政界人士的角度来权衡这个问题：你可能会失去上电视的宝贵机会，并放弃分配资源的能力；作为回报，你可以为你的选民带来更多更好的、管理得更完善的基础设施，虽然功劳不会记在你的身上。也许对政界人士来说，这并不是一笔划算的买卖；但对我们其他人而言，基础设施银行虽然算不上万能，但很可能意味着对现状的明显改善。

因此，许多基础设施建设的管理权似乎急切地需要从政界人士转移到技术官僚手中，但如果没有选民的大力推动，这一切都不会发生。在许多方面，基础设施银行提供的政治利害和关闭军事基地案例截然相反。国防基地调整和关闭委员不可避免地给民众带来苦果，政治上几乎没有任何收益，因此政界人士愿意甚至渴望把这项工作交给技术官僚。当涉及新的基础设施项目时，主要关乎利益分配，不会带来任何苦果，所以要求政界人士放弃这等好事，就像要求孩子们把糖扔掉一样。

目前，美国大多数州都有基础设施银行，主要投资于道路建设。多数州立基础设施银行是在 1995 年克林顿政府的一个试点项目下启动的，它们大多规模较小，有一些甚至可谓聊胜于几。即使在高速公路已经成为一种生活方式的加州，州立基础设施银行也只资助了两个公路项目。从 1995 年到 2012 年，美国境内所有州立基础设施银行的支出加在一起也没有达到 90 亿美元，这对于基础设施来说是个非常不起眼的数字。[3] 看来，如果政府计划兴建大量的基础设施，联邦政府将不得不采取行动。

税收政策

重头戏留在最后。美国税法的技术性和复杂性令人难以置信，可能甚于货币政策。此外，制定税法应该考虑长久的时间跨度，因为个人和企业可能需要多年时间来适应税法规则（因此有句老话说："老税种就是好税种。"）。事实上，税收政策考虑的自然时间框架甚至比货币政策考虑的还要长。最后，对于民众来讲，提高税收带来的全是苦果，甚至比提高利率的后果更严重；减税则是人喜闻乐见，甚至比降息的结局还要好。

因此，货币政策应独立于政治的三个主要原因似乎对于税收政策同等适用或者更加适用。然而，从最宽泛的原则到所有细枝末节，税收政策的决定权都掌握在政界人士手中。尽管美国财政部的专家们确实制定了大部分的细节条款，但从未有人谈论过国会是否该将税法的控制权交给技术官僚。为什么呢？

一个明显甚至是决定性的原因是，税收政策决策比货币政策决策更敏感地取决于价值判断。哪些团体或活动应该受到税法的支持与禁止，应当由政治官僚而非技术官僚来决定。这点没有错，但技术官僚的决定权仍然以 3 ： 1 的优势领先于政治官僚。如果国会授权把税法的制定工作交给像美联储那样的独立专家委员会，有人会怀疑美国的税法将变得更简单、更公平、更有原则、更少扭曲吗？我认为这无须质疑。让我们来探讨一下这个想法。

设想一下，美国国会将仿照联邦储备委员会（Federal Reserve Board）设立一个联邦税务委员会（Federal Tax Board）。其成员将由总统提名，并经参议院批准，法律将明确规定他们都应是税收政策方面的专家。我想该委员会成员可能有很多律师、会计师和经济学家（想想那些激动人心的委员会会议吧！），肯定会把几乎所有的政界人士排除在外。其工作人员可能来自美国国税局、财政部和其他部门。

法律将规定联邦税务委员会对于税收政策的法律授权。作为对比，美联储的货币政策授权是简短而模糊的。美联储被指示实施货币政策，“以有效促进最大就业、稳定物价和适度的长期利率的目标”。请注意，这三个目标并不是用数字来定义的。几十年过去了，不是国会，而是美联储自己定义了“稳定物价”意味着 2% 的通货膨胀率（参照某个特定的通货膨胀标准），以及“最大就业”意味着把失业率降到经济学家预估的“自然率”或“平衡率”（在撰写本书时为 4.6%）。

相似地，联邦税务委员会的授权可以是这样的：

> 设计、实施和维持一种税收制度，以促进经济的长期增长，并适当考虑公平、简单和效率原则。

正如《联邦储备法》所规定的那样，这些目标只会被含糊地表述出来。然而，美国国会很可能会对这些细节加以明确，它也应该这么做，例如，由国会而非技术专家，在广泛的范围内决定如何增加税收。那么，是通过对个人收入、公司收入、工资、消费还是其他活动征税？国会还应该制定一份粗略的分配表来指导联邦税务委员会，比如应该从最富有的 1% 的纳税人、最富有的 10% 的纳税人那里获得总税收的多少份额等。如果抵押贷款利息、慈善捐款或资本利得等特殊活动需在税收方面享有优惠，那么国会也应予以明确规定。技术官僚的默认目标始终应该是制定一套公正的、中立的、没有特殊优惠的税法。

有了法律授权和国会指导方针，联邦税务委员会可以着手制定比现有税法更公平、更简单、更少扭曲的税法。当然，技术判断是必需的。实际上，如果把政治因素排除在外的话，制定一套更加完善的税法比你想象的要容易很多。最后，我们可以借用“快速通道”的概念：无论委员会拿出什么方案，国会都应该投票决定赞成或反对，而不是无条件同意——这是不民主的。如果方案没有获得通过，那么国会应向税务委员会致函解释反对的原因，然后让专家来解决细节问题。

这种机制能有多大概率让美国的税法得到较大改善？我认为接近百分之百。美国国会以这种方式放弃税法制定权的可能性有多大？我认为是零，原因很简单：制定税法给国会议员提供了无数施惠的机会。特别是对参议院财政委员会和众议院筹款委员会的成员来说，既然得利，为何放弃？

现在，我们来思考一个更基本的问题：技术官僚式的税法是为公共利益做出的明智之举吗？美国是否应该把大部分政治因素排除在税收政策之外？一些人可能会说不应该，美国国会是调解社会不同主张的理想场所，将如此大的权力授予一群未经选举洗礼的技术官僚有悖民主。他们说的或许有几分道理，但我不敢苟同，原因与支持美联储独立性的诸多理由如出一辙。

我完全认同税收政策的目标应该由国会制定，并由国会修订。国会还应该决定税法的大致框架（比如征税对象是以收入为主还是以消费为主），以及税法的累进程度。由美国总统提名，并经参议院批准，赋予联邦税务委员会成员政治合法性，就像现在的美联储理事一样。联邦税务委员会将被要求定期向国会相关委员会报告，也像美联储那样。国会将保留拒绝联邦税务委员会的提议并要求其重新起草的权利。

情人眼里出西施，我的这些建议确实充分考虑了政治合法性。由一个失控而专横的委员会制定出无视公众意见和违背健全经济的税法的可能性看起来很低——可能性不是零，但一定很低，和美国现状形成了鲜明的对比。

国会和技术官僚的分工

上述关于假想的永远不会建立的联邦税务委员会的讨论，指向了我们曾经用过的分工方法。在我看来，以下分工可以发挥更大的作用：国会决定大方向，剩下的交给技术官僚。

正如我所指出的，这在税收政策中是不会发生的，因为美国国会正深陷其中。在货币政策方面，美国国会赋予美联储广泛的法律授权，制定了其基本结构（华盛顿的 1 个委员会和全国各地的 12 家储备银行），并授权美联储使用一套功能有限的政策工具，例如：美联储可以完全控制隔夜利率，但不得购买公开市场的公司债券或股票。

国防基地调整和关闭及“快速通道”授权也与此有相像之处。建立国防基地调整和关闭委员会的法律要求是“提供一个公平的程序，以及时关闭和重新部署美国境内的军事设施”。法律规定了标准和程序，国会拥有否决权。同样地，国会也需要通过投票，才能赋予总统“快速通道”授权——通常是在有限的时间内遵循相关谈判内容的指导原则。例如，2015 年授予奥巴马总统谈判《跨太平洋伙伴关系协定》的“快速通道”授权的法令列出了 12 大具体目标，还包括几份冗长的清单。更夸张的是，如果国会根本不希望达成《跨太平洋伙伴关系协定》（这也正是特朗普总统后来的决定），那么它本可以投票否决“快速通道”授权。事实上，美国国会险些否决了。

政治官僚和技术官僚之间分工的另一个关键影响因素是每届政府的政治任命深入到政府行政部门的程度。英国和其他国家的议会制度是一个极端的例子。当英国大选政府换届时，内阁大臣们全部失业，但政府里其他人不受影响。在某种程度上，他们都是技术官僚或专业人士，与党派政治毫无瓜葛。

美国则处于相反的极端。当一位总统新鲜出炉时，他有成千上万的政治岗位要去任命。特朗普总统在 2017 年 1 月收到的所谓的“紫皮书”——《美国政府政策性和辅助性职位》（*US Government Policy and Supporting Positions*）列出了大约 9 000 个职位。一个典型的内阁部门，不仅要有一个国务卿，还要有一个副国务卿，一长串的国务次卿和助理国务次卿，一大批副助理国务次卿，以及许多低于这个级别的工作人员。联邦政府中有成千上万个政治岗位，所有这些职位都需要政治任命。如果新一届政府在填补这些职位上动作迟缓，就像 2017 年的特朗普政府一样，政府就会步履蹒跚。

现在的问题是：哪个国家的做法是正确的，美国还是英国？换句话说，国家的政治任命应该深入到何种程度，才可以避免产生政治野心家和官僚主义者？我个人的观点是，两国的做法都不可取。美国体制中有太多的被任命者，他们可能永远都得不到重用和认可，抑或昙花一现；他们必须经常面对陡峭的学习曲线；他们会在工作中带入更多的政治考量，却缺乏足够的专业能力。相反，在英国的体制中，政府更迭过程中通常缺少“新鲜血液”的补给，从而导致顽固的官僚主义徒有表面奉承。

就像生活中经常出现的情况一样，美国体制的优势（新鲜的想法和人才）也正是其弱点所在（缺乏经验和过于政治化）。折中的办法介于美国和英国的极端做法之间，这是一个很大的范围区间。每个国家的选择，将在其政策制定过程中对政治和专业技术的融合产生重大影响。

这不是一个非此即彼的判断题

上一段最后一句的关键词是“融合”，因为没有一个真正的治理体系能够在技术官僚政府和政治官僚政府之间做出明确的选择，它们三者都将发挥作用。金融监管就是一个很好的例子，它的特点与技术官僚的决策模式非常吻合（尽管并不完全契合）。

首先，技术细节的程度可能令人难以置信。作为 2010 年《多德－弗兰克法案》的一部分，所谓的“沃尔克规则”就是个很好的例子。受人尊敬与崇拜的伟大经济学家保罗·沃尔克（Paul Volcker）在 2009 年提出了一个看似简单合理的原则：银行家们不应该被允许使用联邦存款保险公司担保的存款进行所谓的“自营交易”，即以营利为目的投资于金融市场。为什么不应该呢？因为如果这些投资失败，银行的安全就会受到威胁，甚至需要政府救助。听起来没错吧？沃尔克认为，只需几段话就能将这一常识性原则缜密地写入法律。美国总统奥巴马在推动他所谓的“沃尔克规则”进入《多德－弗兰克法案》时，十有八九也是这么想的。

事实上，情况却有所不同。如果不去深究那些令人难以忍受的细节（它们确实令人痛苦），监管机构就很难分辨哪些是自营交易，哪些是对冲交易（对冲交易使银行更安全，而不是更有风险）或客户服务驱动的交易。因此，在起草《多德－弗兰克法案》的过程中，沃尔克寥寥几句话被扩充到了 39 页。你可以查一下第 619 条，但我不建议你去读。

然而，《多德 – 弗兰克法案》的第 619 条仅仅是个开始。在美国的体系中，国会制定法律，然后由具有技术专长的监管机构将这些含糊其词的条款转化为具体的规章制度。就“沃尔克规则”而言，从最初的设想到最终在《联邦公报》上以 268 页密密麻麻的小字刊出，过程耗时三年半。在这个过程结束时，沃尔克都想不到他“简单”的想法发生了什么。

“沃尔克规则”的故事尽管有点极端，但绝不罕见。毫无疑问，金融监管以优异的成绩通过了第一个标准测试——技术复杂性。

其次，金融监管的自然期限很长。想想看：“沃尔克规则”花了三年半的时间才最终敲定，而且还是在没有判例法累积的情况下。2010 年《多德 – 弗兰克法案》提出的其他一些规则甚至还没有制定出来。国会不会每年通过一项重要的金融监管法案，因为这需要太多的时间和精力，它根本做不到。《多德 – 弗兰克法案》本应沿用几十年，但特朗普在参选总统期间便发誓要“废除”它，而且众议院在 2017 年 5 月通过的所谓的《为投资者、消费者和企业家创造希望与机会的金融法案》（*Creating Hope and Opportunity for Investors*, *Consumers and Entrepreneurs Act*）已经朝着这个方向迈出了一大步。尽管如此，参议院尚未考虑过这个问题。

最后，金融监管通常是一个给予和获取的集合——一些人付出代价，另一些人得到好处，这是金融监管与货币政策、贸易协定的共同特征。加强金融监管的难度可想而知，这往往会把富有而强大的金融公司变成输家，而它们拥有反击的武器，比如竞选捐款和大批说客。加强金融监管的受益者通常是金融服务的消费者或者纳税人，总之是像你我这样的普通人，雇用不起说客，政治声音微弱。我强调过，当政界人士被要求把苦果分配给那些有权力和意愿进行反击的人们和机构时，政治力量会造成一边倒的结果。政界人士愿意把这样的任务交给技术官僚吗?

政客们或许会愿意，就像硬币有其另一面一样。在当今政坛呼吁放松监管时，也就是向有能力偿还债务的个人和机构提供大量福利时，政界人士希望和这种事扯上关系。就像两个税务委员会的成员一样，众议院和参议院的银行委员会的成员把他们的席位视为竞选捐款的金矿。

有解决政治力量不平衡问题的办法吗?虽然不完美，但美国独立金融监管的传统肯定会有所帮助。美国国会不愿撤回美联储、联邦存款保险公司和其他机构的监管职能，不是因为这样做超出了其法定权限，而是因为这样做肯定会造成可怕的公众影响。迎合特殊利益的做法被广大公众发现时，场面往往很难看。如果美国国会对诸如美联储等机构施加影响，那么这样的影响终究纸包不住火。

另外，独立是分程度的，其中最重要的是预算独立。美联储不会每年向国会申请拨款，而会从自身货币政策运作的固有盈利中获得资金。[①] 联邦存款保险公司也不申请拨款，它的运营资金来自银行支付的存款保费（当然，两者都受到国会的监督）。

美国证券交易委员会（SEC）和商品期货交易委员会（CFTC）等其他金融监管机构就没那么幸运了。它们必须每年带着预算需求来到白宫和国会。如果政治力量对它们的工作不满意，它们的预算就会被缩减。这不是虚构的，而是会真实发生的。例如，商品期货交易委员会获得的预算比其在特朗普总统的第一个预算方案中申请的少了大约 11%。指望证券交易委员会和商品期货交易委员会拒绝可观的金融利益，未必是件好事，而把这些指望列在应该改变的

① 简而言之，美联储从它所拥有的证券中赚取利息，但对你钱包里的现金（“联邦储备券”）却不支付利息。

清单上则是当务之急。

预算独立是将消费者金融保护局纳入《多德－弗兰克法案》而引发政治纷争的主要原因之一。民主党人希望新机构拥有预算独立，这样国会就不会再压榨消费者金融保护局了。共和党人从来就不喜欢消费者金融保护局的立场，他们希望该机构的预算由每年的年度拨款控制。因为民主党人在 2010 年赢得了选举，两党达成了一个奇怪的妥协：消费者金融保护局在法律上成为美联储的一部分（尽管事实上不是）。重要的是，消费者金融保护局的预算直接来自美联储，而不是国会。我不想为这个繁复的方案辩护，但它至少给了消费者金融保护局以预算独立。

任务艰巨，但未必不可实现

从前文中的一系列案例来看，向专家治理的方向发展的想法并非都是空中楼阁，更多这样的转变是具备可行性的。

美国会创建一个国家基础设施银行，抑或创建一系列规模更大的州立基础设施银行，以经济原则而非政治原则运作吗？事实上，近年来有很多关于这个想法的讨论。到目前为止，联邦政府停留在讨论阶段，尚未落实到行动上，但这种情况可能会有所改变。

美国会在一个非政治性的政府委员会的带领下，拥有一个主要由经济学家、律师和会计师制定的税法吗？想必不会，毕竟那样的话竞选捐款就会岌岌可危。但人们对现行税制的普遍反感，加上政界人士未能在税法方面取得重大进展，让情况变得更加棘手。或许有一天问题爆发时，政界人士会得出结论：至少税收政策的某些方面应该移交给技术专家。希望如此吧！

增加专家决策的支持者已经可以讲出一些杰出的成功案例了，本章已讨论了其中的几个。显然，提升技术官僚在一些政策决策中的地位绝不是笑谈。但要想往这个方向发展，经济文明和政治文明都必须做出一些改变——这些改变会给政策制定带来更多的经济启发和更少的党派偏见。这是一个艰巨的任务，但希望不是一个无法实现的梦想。

| 结 语 |

弥合分歧：用更简单的方案解决复杂问题

你只是不了解。

——德博拉·坦嫩（Deborah Tannen）的一本畅销书的书名

前两章专门讨论了政治体制中人们所期望的和潜在的变化，这些变化可能会增加对经济学启示的需求。如果要改善经济政策的表现，政界人士必须认识到，政治体系中真正重要的时间周期是以年为单位来衡量的（特别是到下一届总统选举的时间跨度），而不是以天或分钟为单位。他们还必须认识到，逻辑、数学和事实最终将战胜谎言、一厢情愿和另类事实，即便短期内未必如此。所以，就算竞选像是诗歌，一旦候选人当选并主政，政策就不再富有动人的韵律。政界人士也要认识到，做正确的事情对选民来说要比起初那些（或者表面上）听起来正确的事情更重要。最后，政界人士如果能多一点政治家风度，就再好不过了。他们应该读读宪法，或者去看看舞台剧《汉密尔顿》。

但是，经济学的启示作用呢？经济学家能让他们的建议在政策制定过程中发挥更大的作用吗？一定可以。经济学家的任务清单很长，让我来把每项简要地介绍一下，因为我们只是这场情景剧里的小角色，政界人士才是主角。

首先，经济学家要多说通俗易懂的话，少讲专业术语，至少在公共场合要做到。这将有助于他们更有效地参与政策辩论。尤其重要的是，经济学家（其中多数是学者）必须认识到，在民主国家，话术很重要。在实践中，话术可能比纯粹的思想和完美的计划重要得多。哪怕再绝妙的政策想法，如果无法让大众听起来有吸引力，就不可能吸引到他们选出来的代表。

结论就是，经济学家应该牢记 KISS 原则——“保持简单，傻瓜”。许多经济问题本身就很复杂，解决办法也很复杂，但这就是现实。经济学家需要寻找和推广简单的解决方案，学着接纳更简单的替代方案。这些政策可能并非经济学家所能想到的最佳解决方案，但如果不能向民众解释清楚，经济学家就不太可能说服政界人士。根据政治相关标准来排名，“好的”政策可能排在“最好的”政策前面。

其次，经济学家还要记住，现实中的人不会像模型中的人那样行事。我们称后者为“经济人”是有原因的，那是一个奇怪的物种。人类不是会走路、会说话的计算机：人们一遍又一遍地犯着系统性错误；[1] 人们的情感常常压倒理智；人们可能对更好的工作比对便宜的消费品更感兴趣；当发现自己陷入经济困境时，他们希望政府能帮他们找到工作，而不是提供施舍般的救济。

经济学家必须学会更多地思考和关注民众的关切而不是其自认为重要的事情。特别是经济学家要认识到，对大多数人来说，公平远比他们所珍视的效率更有意义、更重要。也就是说，那些提高效率但让人们感到不公平的政策提案，不太可能在政治舞台上获得成功。这并不意味着经济学家错了，在通常情况下，他们是正确的。但是，如果你们是唯一一个为经济效率而游说的团体，而且你们的规模和影响力都不够分量，那么结果注定会失败。

经济学家还必须学习一些他们已经知道但经常忽略的东西：顺序的重要性。在很大程度上，人生都是存在路径依赖的，而不是像许多经济学理论所假设的那样，可以回到以前的平衡状态。举例来说，美国国会处理政策的先后顺序可能会严重影响哪些事项最终被立法，哪些事项会最终被遗忘。

最后，听起来无关紧要但实际上非常重要的一点是：经济学家必须学会重视过渡成本。我们越是把经济变化带来的“短期”混乱弱化为可以忽略的“过渡成本”，就越会把自己置于政策舞台的边缘。残酷的事实是，几乎每个人都生活在过渡期。我们应该认清这一现实，同时保留经济学最擅长的部分：关注长期。

如果要经济与政治这两种文明彼此走得更近，把双方对于彼此的绝望态度（你只是不了解！）转变成一个彼此可以有效交流和互动的状态，那么双方一定要从彼此身上学习并了解一些东西。

政界人士要学会欣赏经济约束和激励，而经济学家则需明白政治约束和激励往往要被优先考虑。政治官僚和技术官僚所掌控的领域可能需要重新分配，经济分析和政治考量之间截然不同的时间视野必须更加接近。经济学家必须克服对均衡状态的迷恋（在尘埃落定后达到的状态），而政界人士必须明白经济学定律不会轻易失效。经济学家必须更多地考虑公平，加深对公平的理解，而政界人士则必须更多地考虑效率。

道阻且长，行则将至。如果能做到这一点，我们就能实现凯恩斯 90 多年前的梦想：在这个世界上，经济学家“被视为像牙医一样谦逊又能干的人”。[2]更重要的是，我们将会穿过灯柱理论的迷雾，从而使更多有用的经济学建议面对更少的政治异议。

| 参考文献 |

前言　经济政策的灯柱理论

1. Alan S. Mackay, *Scientific Quotations: The Harvest of a Quiet Eye*（New York: Crane, Russak, 1977）, 91.
2. Francis X. Clines, "White House Winces at Economist's Words," *New York Times*, October 28, 1982.

第1章　文明的冲突

1. As quoted in *Newsweek*, September 8, 1986,14.
2. Upton Sinclair, *I, Candidate for Governor: And How I Got Licked*（Berkeley: University of California Press,1994）, 109.
3. David A. Stockman, *The Triumph of Politics: Why the Reagan Revolution Failed*（New

York: Harper & Row,1986）, 14.

4. Jacob Weisberg, "Overnight Statesman: Dan Rostenkowski's New Look," *New Republic*, March 24, 1986, 22.

第2章 视野的冲突

1. David A. Stockman, *The Triumph of Politics: Why the Reagan Revolution Failed*（New York: Harper & Row, 1986）, 80, 105, 123.
2. See Mike DeBonis, "How Health Care for 9/11 Responders Became Just Another Political Football," *Washington Post*,December 14, 2015.
3. See Haynes Johnson and David S.Broder, *The System: The American Way of Politics at the Breaking Point*（Boston: Little, Brown, 1996）, 118–127. Ironically, that same budget reconciliation process helped health care reform get passed in 2010.
4. US Government, *Budget FY 2018: A New Foundation for American Greatness*, May 23, 2017.
5. Noam Scheiber, *The Escape Artists: How Obama's Team Fumbled the Recovery*（New York: Simon & Schuster,2012）, 147, 15–16.
6. The story is nicely told by Paul A. David, "Clio and the Economics of QWERTY," *American Economic Review* 75, no. 2（May 1985）: 332–337, on which this paragraph is based.Its accuracy has been vigorously disputed, but it illustrates my point.

第3章 麦迪逊诅咒与麦迪逊大道

1. Executive Office of the President, Council of Economic Advisers, *The Economic Case for Health Care Reform: Update*, December 14, 2009, obamawhitehouse.archives.gov/sites/default/files/microsites/091213-economic-case-health-care-reform.pdf.

2. Niccolò Machiavelli, *The Prince*, trans. N. H. Thompson (New York: Dover, 1992).

3. For a sampling of misleading headlines and quotations, see Glenn Kessler, "No, CBO Did Not Say Obamacare Will Kill 2 Million Jobs," *Washington Post*, February 4, 2014.

4. Jonathan Chait, "Obamacare, Jobs, and 'What Matters Politically,'" *New York Magazine*, February 5, 2014.

5. David Nather and Jason Millman, "Obamacare and Jobs: CBO Fuels Fire," *Politico*, February 4, 2014.

6. See Haynes Johnson and David S. Broder, *The System: The American Way of Politics at the Breaking Point* (Boston: Little, Brown, 1996), especially Chapter 10.

第4章　作为政界信使的媒体与公众利益的冲突

1. S. Robert Lichter, as quoted in Tatiana S. Boncompagni, "Washington Coverage Is Steady but Public Doesn't Seem to Care," *Wall Street Journal*, August 13, 1997.

2. Thomas J. Friedman, "Clinton's Fibs, and Her Opponents' Double Whoppers," *New York Times*, June 1, 2016.

3. James M. Fallows, *Breaking the News: How the Media Undermine American Democracy* (New York: Pantheon Books, 1996), 108–109.

4. Among the dozens of studies that could be cited, see Ronald Stunda, "The Market Impact of Mergers and Acquisitions on Acquiring Firms in the U.S.," *Journal of Accounting and Taxation* 6, no. 2 (September 2014): 30–37.

5. James Bennet, "The On-the-Record Flap About Off the Record," *New York Times*, March 8, 1998.

6. My remarks were subsequently published. See "Overview," in *Proceedings of the Federal Reserve Bank of Kansas City Symposium on Reducing Unemployment: Current Issues and Policy Options*, Federal Reserve Bank of Kansas City, August

25–27, 1994, 329–342. Don't read them; they're banal.

7. Paul Starobin, "Economy: Blindsided," *National Journal*, October 8, 1994.
8. Keith Bradsher, "Fed Official Disapproves of Rate Policy," *New York Times*, August 28, 1994. Notice, by the way, the absurdly misleading headline. The Fed had just raised interest rates, and I had voted with the majority.
9. Robert J. Samuelson, "Economic Amnesia," *Washington Post*, September 7, 1994.

第5章 经济政策中的墨菲定律

1. Central London has had a congestion fee since 2003, so we know it is workable in a huge city. Mayor Michael Bloomberg recommended such a fee in 2007, but the idea died in the New York State legislature. See Bruce Schaller, "New York City's Congestion Pricing Experience and Implications for Road Pricing Acceptance in the United States," *Transport Policy* 17, no. 4（2010）: 266–273.
2. Paul A. Samuelson, "Economists and the History of Ideas," *American Economic Review* 52, no. 1（March 1962）: 1–18.
3. See Alan S. Blinder and Mark Zandi, *The Financial Crisis: Lessons for the Next One*, Policy Futures Report, Center on Budget and Policy Priorities, October 15, 2015.
4. H. L.（Henry Louis）Mencken, *Prejudices: Second Series*（New York: Alfred A. Knopf, 1920）, 158.

第6章 呼吁：理智且善良的政策

1. Milton Friedman, *Capitalism and Freedom*（Chicago: University of Chicago Press, 1962）.
2. Neil Irwin, "How a Quest by Elites Is Driving 'Brexit' and Trump," *New York Times*, July 1, 2016.

3. This idea is often attributed to Mancur Olson, *The Rise and Decline of Nations: Economic Growth, Stagflation, and Social Rigidities* (New Haven, CT: Yale University Press, 1982).

4. Robert Greenstein, "Statement of Robert Greenstein, President, on Chairman Ryan's Budget Plan," Center on Budget and Policy Priorities, March 21, 2012.

第7章 对国际贸易问题的分歧

1. See, among others, David H. Autor, David Dorn, and Gordon H. Hanson, "The China Shock: Learning from Labor Market Adjustment to Large Changes in Trade," *Annual Review of Economics* 8 (October 2016): 205–240.

2. Howard Rosen, "Trade Adjustment Assistance: The More We Change the More It Stays the Same," in *C. Fred Bergsten and the World Economy*, ed. Michael Mussa (Washington, DC: Peterson Institute for International Economics, 2006), 81.

3. Office of Technology Assessment, *Trade Adjustment Assistance: New Ideas for an Old Program—SpecialReport*, PB87-203741, US Government Publishing Office, June 1987, 23–25, ota.fas.org/reports/8730.pdf.

4. US Department of Labor, Employment and Training Administration, *Trade Adjustment Assistance for Workers Program, FY 2015*, Annual Report to the Committee on Finance of the Senate and Committee on Ways and Means of the House of Representatives, 10, doleta.gov/tradeact/docs/AnnualReport15.pdf.

5. Robert J. Shiller, "Donald Trump and the Sense of Power," *Project Syndicate* 79, November 21, 2016.

6. See, for example, Ryan A. Decker, John Haltiwanger, Ron S. Jarmin, and Javier Miranda, "Declining Business Dynamism: What We Know and the Way Forward," *American Economic Review Papers and Proceedings* 106, no. 5 (May 2016): 203–207.

7. Henry George, *Protection or Free Trade: An Examination of the Tariff Question with Especial Regard to the Interests of Labor* (New York: Doubleday, 1886), 51.

8. Among many possible sources, see Maggie Haberman, "Donald Trump Insists

That Wages Are 'Too High,' " *New York Times*, November 11, 2015.

9. Pablo D. Fajgelbaum and Amit K. Khandelwal, "Measuring the Unequal Gains from Trade," *Quarterly Journal of Economics* 131, no. 3 (2016) : 1113–1180.

10. The International Trade Commission keeps tariff lists at hts.usitc.gov.

11. Adam Smith, *The Wealth of Nations*, Modern Library Edition (New York: Random House, 1937) , 461.

第8章　从经济学角度看收入差距的根源

1. Claudia Goldin and Lawrence E. Katz, *The Race Between Education and Technology* (Cambridge, MA: Harvard University Press, 2008) .

2. Data are from the OECD database.

3. Joe Heim, "On the World Stage, U.S. Students Fall Behind," *Washington Post*, December 6, 2016.

4. See Larry M. Bartels, *Unequal Democracy: The Political Economy of the New Gilded Age* (Princeton, NJ: Princeton University Press, 2008) , especially Chapter 2.

5. The precise question is: "Should the government redistribute wealth by heavy taxes on the rich?" Notice the words "redistribute" and "heavy." See Kathleen Weldon, "If I Were a Rich Man: Public Attitudes About Wealth and Taxes," Roper Center for Public Opinion Research, Cornell University, February 4, 2015, ropercenter.cornell.edu/public-attitudes-wealth-taxes.

6. Robert J. Shiller, "Donald Trump and the Sense of Power," *Project Syndicate* 79, November 21, 2016.

7. This is an instance of psychologists Daniel Kahneman and Amos Tversky's "loss aversion." A good nontechnical exposition can be found in Michael Lewis, *The Undoing Project: A Friendship That Changed Our Minds* (New York: Norton, 2017) .

8. See, for example, David Card and Alan B. Krueger, "Minimum Wages and Employment: A Case Study of the Fast-Food Industry in New Jersey and Pennsylvania: Reply," *American Economic Review* 90, no. 5 (December 2000) : 1397–1420.

9. Joseph R. Blasi, Richard B. Freeman, and Douglas L. Kruse, *The Citizen's Share: Reducing Inequality in the 21st Century*（New Haven, CT: Yale University Press, 2013）, 112, estimate that 47 percent of full-time private-sector wage and salary workers receive some form of profit sharing.

10. Ibid., Chapter 5.

11. For this and other ways to encourage profit sharing, see ibid., Chapter 6.

12. Harry J. Holzer and Robert I. Lerman, "Work-Based Learning to Expand Opportunities for Youth," *Challenge* 57, no. 4（July–August 2014）: 18–31.

13. See Morris M. Kleiner, *Reforming Occupational Licensing Policies*, Hamilton Project Policy Brief 2015-1, Brookings Institution, January 2015.

14. Martin Gilens, *Affluence and Influence: Economic Inequality and Political Power in America*（Princeton, NJ: Princeton University Press and the Russell Sage Foundation, 2012）.

第9章　对税制改革的分歧：漏洞还是支柱

1. James Stewart, "A Rare Moment of Unity on Capitol Hill, Thanks to Trump's Tactics," *New York Times*, November 4, 2016.

2. Robert Mann, *Legacy to Power: Senator Russell Long of Louisiana*（Lincoln, NE: iUniverse, 2003）, 333.

3. Daniel P. Moynihan, "The Diary of a Senator," *Newsweek*, August 25, 1986.

4. William G. Gale and Andrew A. Samwick, "Effects of Income Tax Changes on Economic Growth," in *The Economics of Tax Policy*, ed. Alan J. Auerbach and Kent Smetters（Oxford: Oxford University Press, 2017）, 13–39, 11.

5. Brigitte C. Madrian and Dennis F. Shea, "The Power of Suggestion: Inertia in 401（k）Participation and Savings Behavior," *Quarterly Journal of Economics* 66, no. 4（November 2001）: 1149–1188.

6. James J. Choi, David Laibson, Brigitte C. Madrian, and Andrew Metrick, "For Better or for Worse: Default Effects and 401（k）Savings Behavior," in *Perspectives on the Economics of Aging*, ed. David A. Wise（Chicago: University

of Chicago Press for NBER, 2004), 81–125.

7. See, for example: David Kocieniewski, "G.E.'s Strategies Let It Avoid Taxes Altogether," *New York Times*, March 24, 2011; Danny Yadron, Kate Linebaugh, and Jessica E. Lessin, "Apple Avoided Taxes on Overseas Billions, Senate Panel Finds," *Wall Street Journal*, May 20, 2013.

第10章 移动经济学作用的指针

1. Glenn Kessler, "Trump Aides Sell Tax Plan with Pinocchio-Laden Claims," *Washington Post*, September 29, 2017.
2. Annamaria Lusardi and Olivia S. Mitchell, "The Economic Importance of Financial Literacy: Theory and Evidence," *Journal of Economic Literature* 52, no. 1 (March 2014): 5–44.
3. Kimberly Schwandt, "Boehner: It's 'Armageddon,' Health Care Bill Will 'Ruin our Country,'" *Fox News*, March 20, 2010.
4. Matt Bai, "Taking the Hill," *New York Times Magazine*, June 2, 2009.
5. The bullet points that follow are adapted from Jonathan Rauch, "How American Politics Went Insane," *Atlantic* (July–August 2016).
6. See E. J. Dionne Jr., Norman J. Ornstein, and Thomas E. Mann, *One Nation After Trump: A Guide for the Perplexed, the Disillusioned, the Desperate and the Not-Yet-Deported* (New York: St. Martin's, 2017), Chapter 9.
7. Stated on a *Tonight Show* interview with Jay Leno. Ed O'Keefe, "Boehner Appearing on Leno: GOP Is to Blame for Shutdown," *Washington Post*, January 24, 2014.
8. Gary Klott, "How Tax Plan Differs a Year Later," *New York Times,* November 25, 1985.
9. Jeffrey H. Birnbaum, "Reborn Bill: Radical Tax Overhaul Now Seems Probable as Senate Panel Acts," *Wall Street Journal*, May 8, 1986.
10. Jeffrey H. Birnbaum and Alan S. Murray, *Showdown at Gucci Gulch: Lawmakers, Lobbyists, and the Unlikely Triumph of Tax Reform* (New York: Random House,

1987）, 281.

11. Birnbaum and Murray, *Showdown at Gucci Gulch*, 278, 260.
12. Michael McQueen, "Hughes, Barnes Aim at Mikulski in Senate Candidates' Debate," *Washington Post*, June 16, 1986.

第11章　移动决策分工的界线

1. A recent and accessible version of the idea is Alan J. Auerbach and Douglas Holtz-Eakin, "The Role of Border Adjustments in International Taxation," American Action Forum, November 30, 2016.
2. Alan S. Blinder, "Is Government Too Political?" *Foreign Affairs* 76, no. 6（November–December 1997）: 115–126.
3. Robert Puentes and Jennifer Thompson, *Banking on Infrastructure: Enhancing State Revolving Funds for Transportation*, Brookings Institution, September 2012.

结语　弥合分歧：用更简单的方案解决复杂问题

1. Michael Lewis, *The Undoing Project: A Friendship That Changed Our Minds*（New York: Norton, 2017）.
2. John Maynard Keynes, *Essays in Persuasion*（New York: Norton, 1963）, 373.（The original edition was published in 1931.）

未来，属于终身学习者

我这辈子遇到的聪明人（来自各行各业的聪明人）没有不每天阅读的——没有，一个都没有。巴菲特读书之多，我读书之多，可能会让你感到吃惊。孩子们都笑话我。他们觉得我是一本长了两条腿的书。

——查理·芒格

互联网改变了信息连接的方式；指数型技术在迅速颠覆着现有的商业世界；人工智能已经开始抢占人类的工作岗位……

未来，到底需要什么样的人才？

改变命运唯一的策略是你要变成终身学习者。未来世界将不再需要单一的技能型人才，而是需要具备完善的知识结构、极强逻辑思考力和高感知力的复合型人才。优秀的人往往通过阅读建立足够强大的抽象思维能力，获得异于众人的思考和整合能力。未来，将属于终身学习者！而阅读必定和终身学习形影不离。

很多人读书，追求的是干货，寻求的是立刻行之有效的解决方案。其实这是一种留在舒适区的阅读方法。在这个充满不确定性的年代，答案不会简单地出现在书里，因为生活根本就没有标准确切的答案，你也不能期望过去的经验能解决未来的问题。

而真正的阅读，应该在书中与智者同行思考，借他们的视角看到世界的多元性，提出比答案更重要的好问题，在不确定的时代中领先起跑。

湛庐阅读 App：与最聪明的人共同进化

有人常常把成本支出的焦点放在书价上，把读完一本书当作阅读的终结。其实不然。

时间是读者付出的最大阅读成本

怎么读是读者面临的最大阅读障碍

“读书破万卷”不仅仅在“万”，更重要的是在“破”！

现在，我们构建了全新的“湛庐阅读”App。它将成为你“破万卷”的新居所。在这里：

- 不用考虑读什么，你可以便捷找到纸书、电子书、有声书和各种声音产品；
- 你可以学会怎么读，你将发现集泛读、通读、精读于一体的阅读解决方案；
- 你会与作者、译者、专家、推荐人和阅读教练相遇，他们是优质思想的发源地；
- 你会与优秀的读者和终身学习者为伍，他们对阅读和学习有着持久的热情和源源不绝的内驱力。

下载湛庐阅读 App，
坚持亲自阅读，
有声书、电子书、阅读服务，
一站获得。

本书阅读资料包

给你便捷、高效、全面的阅读体验

本书参考资料

湛庐独家策划

- ✔ 参考文献
  为了环保、节约纸张，部分图书的参考文献以电子版方式提供
- ✔ 主题书单
  编辑精心推荐的延伸阅读书单，助你开启主题式阅读
- ✔ 图片资料
  提供部分图片的高清彩色原版大图，方便保存和分享

相关阅读服务

终身学习者必备

- ✔ 电子书
  便捷、高效，方便检索，易于携带，随时更新
- ✔ 有声书
  保护视力，随时随地，有温度、有情感地听本书
- ✔ 精读班
  2~4周，最懂这本书的人带你读完、读懂、读透这本好书
- ✔ 课　程
  课程权威专家给你开书单，带你快速浏览一个领域的知识概貌
- ✔ 讲　书
  30分钟，大咖给你讲本书，让你挑书不费劲

湛庐编辑为你独家呈现
助你更好获得书里和书外的思想和智慧，请扫码查收！

（阅读资料包的内容因书而异，最终以湛庐阅读App页面为准）

图书在版编目（CIP）数据

浙 江 省 版 权 局
著作权合同登记号
图字:11-2021-277 号

当灯光暗淡之后 / （美）艾伦· 布林德
(Alan S. Blinder) 著 ; 朱晨路, 徐冰译. -- 杭州 :
浙江教育出版社, 2022.6
书名原文: Advice and Dissent: Why America
Suffers When Economics and Politics Collide
ISBN 978-7-5722-3501-6

Ⅰ. ①当… Ⅱ. ①艾… ②朱… ③徐… Ⅲ. ①经济政
策—研究—美国 Ⅳ. ①F171.20

中国版本图书馆CIP数据核字(2022)第092123号

上架指导：经济 / 金融

本书法律顾问　北京市盈科律师事务所　崔爽律师

当灯光暗淡之后

DANG DENGGUANG ANDAN ZHIHOU

[美] 艾伦 · 布林德（Alan S.Blinder） 著

朱晨路　徐　冰　译

责任编辑： 童炜炜
文字编辑： 周嘉宁
美术编辑： 曾国兴
封面设计： ablackcover.com
责任校对： 朱子俊
责任印务： 刘　建
出版发行： 浙江教育出版社（杭州市天目山路 40 号　电话：0571-85170300-80928）
印　　刷： 天津中印联印务有限公司
开　　本： 710mm ×965mm 1/16
印　　张： 20.25　　**字　　数：** 307 千字
版　　次： 2022 年 6 月第 1 版　　**印　　次：** 2022 年 6 月第 1 次印刷
书　　号： ISBN 978-7-5722-3501-6　　**定　　价：** 119.90 元

如发现印装质量问题，影响阅读，请致电 010-56676359 联系调换。